ANDRÉ VERGEZ
Docteur ès Lettres
Ancien Élève de l'ENS
Ancien Professeur Agrégé de Philosophie
aux Lycées Pasteur et Victor-Hugo
Professeur à L'Université de Besançon

DENIS HUISMAN
Docteur ès Lettres
Ancien Attaché de Recherche au CNRS
Ancien Professeur de « Philo » à Turgot,
Montaigne, Charlemagne et Ste Barbe
Dir. de l'École des Attachés de Presse

avec la collaboration de
DENISE LACHENAL
Professeur de Philosophie
au Lycée de Vitry

nouveau «cours de philo»

classes terminales A et B

tome 1

PHILOSOPHIE • ANTHROPOLOGIE MÉTAPHYSIQUE

Préface de HENRI BIRAULT
Professeur à la Sorbonne

FERNAND NATHAN
18, rue Monsieur-Le-Prince, Paris 6e

COLLECTION VERGEZ, HUISMAN, LACHENAL

- **Nouveau « Cours de Philo »**

  Programme 1974

  — Classes Terminales A et B - 4 volumes
  — Classes Terminales C, D, E et F 11
  — Classes Terminales F8, G, H

- **Histoire des Philosophes illustrée par les textes**
- **La Philosophie contemporaine en cent textes choisis**

COLLECTION « ABC DU BAC »

- **La composition philosophique en 100 dissertations**
- **La Philosophie en 1 500 citations**
- **Le commentaire philosophique au Baccalauréat**
- **Petit dictionnaire de la Philosophie**
- **Abrégé de Philosophie**

AUTRES OUVRAGES D'ANDRÉ VERGEZ

Faute et Liberté, Belles Lettres, 1969.
David Hume, P.U.F., 1969.
Marx et Freud ou les Frères ennemis (article).
Hume, lecteur de Pascal (article).
Technique et morale chez Platon (article).
Réflexions sur les techniques de séparation et d'union de l'âme et du corps (article).
Les Étapes de la Psychologie, in Encyclopédie de la Psychologie (article).
La Pédagogie de la Philosophie, in Encyclopédie de l'Education (article).
Marcuse, P.U.F.
Fourier, P.U.F.

AUTRES OUVRAGES DE DENIS HUISMAN

L'Esthétique (Que sais-je ?), P.U.F.
L'Esthétique Industrielle (Que sais-je ?), P.U.F.
Les relations publiques (Que sais-je ?), P.U.F.
Guide de l'Étudiant en Philosophie, P.U.F.
Guide de l'attaché de Presse, Dunod.
L'art de la Dissertation philosophique (3 tomes), S.E.D.E.S.
Tableau de la Philosophie, Fischbacher (3 volumes).
Encyclopédie de la Psychologie, F. Nathan (6 volumes).
Encyclopédie du Droit, F. Nathan (3 volumes).

la « PHILO » en bandes dessinées, Hachette.
la « PSYCHO » en bandes dessinées, Hachette.
Dictionnaire des Philosophes de tous les pays et de tous les temps, P.U.F.

- En couverture : illustration Ange Manganelli.

I.S.B.N. 2-09-175814-0

PROGRAMME DE PHILOSOPHIE DANS LES CLASSES TERMINALES

Le programme se compose :
— d'une liste de notions suivie de questions au choix;
— d'une liste d'auteurs.

I. — Notions

Les notions sont groupées par thèmes fondamentaux.

Dans le programme ci-après, des groupements sont proposés parmi d'autres possibles. En effet, certaines notions, par exemple l'imagination, pourraient aussi trouver place au sein d'un autre groupement, par exemple *l'homme et le monde :* il suffit que toutes les notions du programme soient examinées.

L'étude des notions est toujours déterminée par des problèmes philosophiques dont le choix et la formulation sont laissés à l'initiative des professeurs.

Les notions qui figurent sous chacun des titres indiquent non pas des chapitres successifs, mais des directions dans lesquelles la recherche et la réflexion sont invitées à s'engager.

Les questions au choix — deux questions en section A, une question dans les sections B, C, D E, dans les classes préparant aux baccalauréats de technicien F 8, F 11, G et H — ne doivent pas être considérées comme s'ajoutant au programme de notions : elles en constituent d'éventuels approfondissements. Toutefois, il n'est pas exclu que, dans des sections à programme léger, telles F 8, G et H, la question choisie puisse être sans rapport direct avec le programme de notions.

Dans chaque section, le temps réservé à l'étude de ces questions sera proportionné au nombre d'heures dont dispose l'enseignement philosophique; il ne dépassera pas un cinquième de ce nombre dans l'ensemble de l'année scolaire.

Série A

L'homme et le monde : La conscience. L'inconscient. Le désir. Les passions. L'illusion. Autrui. L'espace. La perception. La mémoire. Le temps. La mort. L'existence. Nature et culture. L'histoire.
La connaissance et la raison : Le langage. L'imagination. Le jugement. L'idée. La formation des concepts scientifiques (un exemple). Théorie et expérience. Logique et mathématique. La connaissance du vivant. Constitution d'une science de l'homme (un exemple). L'irrationnel. Le sens. La vérité.
La pratique et les fins : Le travail. Les échanges. La technique. L'art. La religion. La société. L'Etat. Le pouvoir. La violence. Le droit. La justice. Le devoir. La volonté. La personne. Le bonheur. La liberté.
Anthropologie. Métaphysique. Philosophie.

Série B

L'homme et le monde : La conscience. L'inconscient. Les passions. Autrui. L'espace. La mémoire. Le temps. L'histoire.
La connaissance et la raison : Le langage. Théorie et expérience. Logique et mathématique. La connaissance du vivant. Constitution d'une science de l'homme (un exemple). Le sens. La vérité.
La pratique et les fins : Le travail. Les échanges. La technique. L'art. La religion. L'Etat. La violence. Le droit. La justice. La personne. La liberté.
Anthropologie. Métaphysique. Philosophie.

Questions au choix

I. — Etude analytique et critique d'un certain nombre de concepts et de thèmes métaphysiques (par exemple : l'être et le néant, l'essence et l'existence, l'absolu, Dieu...).

II. — Réflexion critique concernant quelques théories et quelques concepts fondamentaux d'ordre scientifique ou épistémologique étudiés en eux-mêmes et, le cas échéant, dans leur histoire (par exemple : le nombre, les ensembles, la matière, l'évolution, le comportement, la parenté, modèle, structure...).

III. — Réflexion critique concernant quelques concepts fondamentaux d'ordre esthétique (par exemple : imitation, création...).

IV. — Réflexion critique sur les problèmes fondamentaux de l'éducation (par exemple : les « modèles » éducatifs, école et société...).

V. — Etude d'œuvres non philosophiques de caractère religieux ou littéraire (par exemple : la Bible, les tragiques grecs...) ou scientifique (par exemple : textes de Galilée ou de Darwin, de Mauss ou de Lévi-Strauss...) pouvant intéresser la réflexion philosophique.

VI. — Etude d'une doctrine, d'un courant ou d'un moment de la pensée ayant joué un rôle majeur dans l'histoire de la culture (par exemple : le stoïcisme, le libéralisme, les lumières...).

VII. — Etude analytique et critique de notions et de thèmes ne figurant pas au programme, mais en liaison avec ce programme (par exemple : en liaison avec l'espace : le corps; en liaison avec le travail : les loisirs, en liaison avec la société : l'idéologie...).

VIII. — Etude de questions propres au monde contemporain dans leur rapport avec une problématique philosophique.

II. — Auteurs

Il n'y a pas lieu d'établir une liste des œuvres dont l'analyse peut contribuer à l'étude des notions du programme. Le professeur choisit, dans ces œuvres, les textes qui répondent aux besoins philosophiques de son enseignement. Mais dans toutes les classes terminales on entreprendra l'étude suivie d'œuvres philosophiques choisies dans une liste limitative.

Cette liste est celle à laquelle se réfèrent les épreuves orales du baccalauréat (1). Parmi les œuvres des auteurs dont le nom figure sur cette liste, le professeur choisit celle dont l'analyse peut être entreprise en même temps que l'étude des thèmes et en relation avec elle.

Telle œuvre sera étudiée dans son ensemble : le professeur délimite alors les passages qui seront expressément l'objet d'une explication de texte. Telle autre sera étudiée dans certaines de ses parties; celles-ci auront une certaine ampleur, formeront un tout et présenteront un caractère de continuité.

Dans toutes les sections, au moins l'une des œuvres choisies sera de l'un des auteurs dont le nom est précédé d'un astérisque.

* Platon — * Aristote — Epicure — Lucrèce — * Epictète — Marc-Aurèle — Saint Augustin — Saint Thomas
Machiavel — Montaigne — Hobbes — * Descartes — Pascal — * Spinoza — Malebranche — Leibniz — Montesquieu — Hume — * Rousseau — * Kant.

* Hegel — * Comte — Cournot — Kierkegaard — Marx — Nietzsche — Freud — * Husserl — * Bergson — Alain — Bachelard — Merleau-Ponty.

Dans chaque section, le nombre d'œuvres, proportionné à l'horaire, s'établit comme suit :

En section A :

Trois œuvres au minimum, choisies dans 2 périodes différentes (la liste des œuvres fait apparaître 3 périodes : l'Antiquité et le Moyen Age, la période moderne, la période contemporaine).

De ces trois œuvres, l'une au moins sera étudiée dans son ensemble. Si 2 œuvres sont choisies dans la même période, l'une au moins d'entre elles doit être d'un auteur dont le nom est précédé d'un astérisque.

En section B :

Deux œuvres au minimum, dont l'une au moins sera choisie dans l'Antiquité et le Moyen Age, ou dans la période moderne.

De ces deux œuvres, l'une au moins sera étudiée dans son ensemble.

(1) Pour les terminales qui comportent un oral, une note indiquant les œuvres étudiées figurera sur le livret scolaire des candidats ou sera remise à l'examinateur par les candidats sans livret.

PRÉFACE

« Deux excès : exclure les manuels, n'admettre que les manuels ». Tout se passe comme si avec beaucoup de modération le Nouveau « Cours de Philo » *de MM. Denis Huisman et André Vergez avait voulu se tenir dans ce juste milieu que symbolise ici la facile parodie d'une formule de Pascal. D'emblée, cette modération de bon aloi éveille notre sympathie. Il y a vingt ans, il était facile et il était de bon ton de pourfendre tous les manuels de philosophie, leurs auteurs et leurs utilisateurs (avoués ou occultes) élèves ou professeurs. Il était entendu — et c'est vrai (mais cette vérité n'est qu'une partie de la vérité) — que la philosophie ne doit être ni enseignée, ni apprise comme les autres formes de savoir et que le bon maître de philosophie est celui qui, stérile comme la sage-femme de Socrate, n'enfante pas mais accouche seulement les esprits, d'un savoir qu'ils possédaient déjà sans le savoir. Philosopher c'est socratiser, on n'enseigne pas la philosophie, mais seulement à philosopher! Haro sur les manuels! Tout le monde sur le pont! Tout le monde à l'atelier de la pensée, les enseignants promus maîtres et les élèves promus compagnons pour le plus noble des métiers. Le plus incertain, le plus inutile et le plus secrètement décisif dans le destin des individus et des peuples :* le métier de la pensée.

Autant et plus que tous leurs accusateurs, MM. Denis Huisman et André Vergez connaissent et comprennent toutes ces invectives : ils savent (et ils le disent ici même) que rien ne pourra jamais remplacer les leçons d'un vrai maître et la lecture des grands textes. Ce nouveau cours, actualisé et rénové, ne saurait donc être qu'un « manuel », c'est-à-dire quelque chose qu'il faut avoir « sous la main » plutôt que dans la tête, un outil, un instrument évidemment insuffisant mais cependant nécessaire — et même de plus en plus nécessaire depuis que l'enseignement de la philosophie sans être plus massif est devenu à doses diverses, un enseignement de masse.

C'est pourquoi cet ouvrage affirme lui-même son rôle simplement propédeutique. C'est pourquoi, à la fin de chaque chapitre, il propose des lectures et offre quelques pages judicieusement choisies des grands philosophes classiques ou contemporains.

C'est pourquoi enfin, et toujours en vertu de cette même modération, il marie heureusement les plus vieux problèmes de la philosophia perennis *avec les débuts ou les polémiques de la plus récente actualité.*

***

Ce cours de philosophie est conforme au programme officiel des classes terminales A et B. Non sans modestie réelle ou feinte (en vérité très réelle et un peu feinte : il faut bien avoir la vanité de sa modestie!), ce programme propose quatre thèmes fondamentaux (qui correspondent aux quatre tomes du Nouveau « Cours de Philo »*) :*

1) L'homme et le monde — *2)* La connaissance et la raison
3) La pratique et les fins — *4)* Anthropologie, Métaphysique, Philosophie.

Chacun de ces thèmes est destiné, dans l'esprit du législateur, à regrouper de manière très libre l'étude des notions philosophiques jugées essentielles. A titre d'exemple, des groupements possibles sont ainsi suggérés pour les trois premiers thèmes qui demeurent relativement intelligibles en dépit de leur généralité assez flottante. Dans le quatrième, au contraire, de loin cependant le plus abrupt et le plus énigmatique, toute explicitation fait défaut : ici, on ne rend pas la monnaie! On en conclura donc que sur le trépied assez instable de la jeune Anthropologie, de la vieille Métaphysique et de la Philosophie qui ne fait jamais son âge, le professeur pourra préparer les plats de son choix en prélevant au besoin quelques condiments ou ingrédients figurant à l'étalage des autres boutiques. Et d'ailleurs, comment pourrait-il en être autrement? Scientifique ou proprement philosophique, l'anthropologie, en effet, est toujours et de multiples façons, en aval ou en amont, comme aux confins d'une certaine idée de l'homme envisagé lui-même dans la totalité de ses relations théoriques ou pratiques avec le monde.

Et quant à la Métaphysique ou à la Philosophie (conjointes ou disjointes, on ne sait!), une vieille habitude nous fait répéter qu'elle n'a pas d'objet propre parce qu'elle les a tous : affirmation très sonore et un peu creuse qui exalte sa valeur et volatilise sa nature — une nature essentiellement infirme puisqu'il est entendu que la philosophie doit toujours ...s'appuyer (la pauvre!) sur autre chose qu'elle-même.

Il fallait donc beaucoup de courage à nos auteurs — en d'autres termes, une certaine foi philosophique — pour commencer la publication de leurs « cours » par le plus difficile et le plus indéterminé : Anthropologie, Métaphysique, Philosophie. *On trouvera bien ici (chapitres II et III) des considérations substantielles qui peuvent être tenues pour « anthropologiques », sur les problèmes que soulèvent ou bien l'intelligence (ses modalités, son acquisition, sa transmission...) ou bien l'esthétique (l'art et la nature, la création et la contemplation, le fondement et la vérité possible du jugement de beauté, la classification des arts, etc...). Mais enfin, aussi suggestifs, aussi scientifiquement étayés que soient ces chapitres, il ne faut pas hésiter à les intégrer dans ce que Denis Huisman et André Vergez appelaient naguère* Court Traité de Métaphysique. *La Philosophie, en effet, n'est évidemment pas une partie de la philosophie comme pourrait le faire croire une lecture hâtive et comique du programme. Et la Métaphysique de son côté, avant de se déverser dans les eaux tièdes d'une philosophie sans rivage, n'a nul besoin d'être retenue ou contenue par des préliminaires qui se voudraient scientifiques et qui ne le seront jamais tout à fait pour les véritables hommes de science. Non! La table des matières nous le dit assez : philosophie, anthropologie, métaphysique, c'est tout un, peu importe le nom. Ce n'est pas pour rien que sous le titre :* L'idée de Philosophie, *le premier chapitre de ce manuel philosophe sur la philosophie elle-même. Et de même à travers des perspectives différentes : l'espace, le temps, l'existence, la mort, la liberté, la destinée, Dieu, c'est à chaque fois la philosophie comme telle qui se trouve reconduite à la plus haute pointe d'elle-même, la plus fine et la plus vulnérable.*

***

Pour beaucoup, la philosophie est une science abstraite. Abstraction - Distraction : la philosophie est abstraite, en effet, parce qu'elle nous distrait de nos soucis quotidiens, de la même façon qu'elle est « étrange » parce qu'elle « dérange » notre manière de penser, de vivre et parfois de mourir. Oui, c'est la science vraiment « impossible » dans tous les sens du mot, impossible et très réelle, impraticable et toujours pratiquée... La philosophie, une science abstraite? Attention, la liberté, la mort ou Dieu ne sont pas des abstractions. Ce sont choses qui tiennent à cœur — fantasmes ou non — choses qui grandissent ou qui croissent avec nous : cum-crescere, *dit le latin, choses donc très concrètes quoique évidemment non matérielles. La philosophie est bien la science abstraite capitale et capiteuse, distrayante ou divertissante, comme on voudra. Mais c'est la science la plus abstraite des choses les plus concrètes : celles qui toujours nous sollicitent et toujours aussi nous échappent par excès de proximité.*

Une vieille définition fait de l'homme « l'animal métaphysique ». Métaphysique évoque un certain dépassement, un certain débordement de la physique ou de la naturalité immédiate. L'homme est ainsi l'être, qui par nature, est plus que nature. Métaphysique donc, est le « superflu *» qui pour nous autres hommes est plus nécessaire que le nécessaire lui-même : une certaine incandescence, une certaine consumation de la pensée au sein de l'universelle et morne consommation.*

***

« Pour beaucoup, dit Nietzsche, la pensée abstraite est une peine; pour moi — dans les bons jours — une fête et une ivresse. » Ce petit manuel de 192 pages ne veut pas du tout vous enivrer, il est très sage, il ne fait pas le savant et c'est plutôt dans les mauvais jours qu'il vous offrira une aide fatalement limitée mais peut-être irremplaçable.

Je vais vous ouvrir ou vous avouer sa finalité cachée, son espérance secrète, sa charmante modestie : se rendre bientôt inutile, et de lui-même disparaître insensiblement afin qu'un jour — un bon jour, cette fois! — une autre parole parle et vous parle : la parole des plus grands penseurs et aussi la parole des choses elles-mêmes. Les choses les plus grandes, les plus difficiles et les plus simples qui parfois se mettent à « dire quelque chose ». La philosophie commence...

Henri Birault

Henri BIRAULT
Professeur à la Sorbonne

AVERTISSEMENT

1 — Ce manuel, destiné aux Classes Terminales A et B, conforme au programme de **1974**, toujours en vigueur, est dans l'édition présente réactualisé en quatre volumes. Le premier volume est consacré aux thèmes que l'on peut regrouper sous la rubrique *Anthropologie, Métaphysique*. Trois autres volumes suivront : *L'homme et le monde, La connaissance et la raison, La pratique et les fins*. Nous nous sommes efforcés de tenir compte des centres d'intérêt les plus actuels. Par exemple sur les questions anthropologiques : l'intelligence humaine est-elle innée, héréditaire ou au contraire conditionnée largement par l'environnement? (Thème discuté cette année même par la « Nouvelle Droite » et ses adversaires.) Ou encore à propos de la mort « de l'homme », on trouvera l'essai de réfutation de l'humanisme existentialiste par les structuralistes (chap. sur la Liberté) et le problème posé dans toute son ampleur dans notre chapitre sur la Liberté humaine.

2 — Nous avons d'autre part renouvelé les illustrations de notre cours. Chaque chapitre est suivi d'une courte page : *Les idées essentielles*, qui s'efforce de dégager les thèmes fondamentaux pour rendre la lecture plus aisée et plus féconde.

3 — Enfin, nous avons pensé que les indications bibliographiques, les sujets de réflexion, de dissertations et de débats devaient être adaptés aux exigences d'une pédagogie plus moderne et plus active dont le besoin est ressenti aujourd'hui par tout le monde. Nous avons complété les références bibliographiques non pas évidemment pour que les élèves lisent tout, mais pour proposer un champ plus vaste à leur curiosité et à leur libre choix! Surtout nous avons tenu, après chaque chapitre, à proposer un ou plusieurs textes de philosophes, classiques ou contemporains. Un cours de philosophie risque à tout moment en effet de devenir une scolastique ennuyeuse et stérile s'il n'est pas illustré par des textes empruntés aux grands penseurs eux-mêmes. Par exemple, à la fin de notre chapitre sur l'Inconscient, après avoir exposé dans leurs grands traits les thèmes freudiens, nous avons jugé nécessaire de donner une page de Freud lui-même sur l'analyse d'un rêve. L'explication de texte est la méthode pédagogique la plus efficace en philosophie; car seule elle met l'élève ou l'étudiant en contact avec les grands philosophes eux-mêmes.

Certains, il est vrai, s'autorisent de ces justes remarques pour condamner en bloc l'usage des manuels de philosophie. Puisque l'explication des grands textes est l'essentiel, à quoi bon les manuels, qui — nous dit-on — se contentent de résumer superficiellement les grandes doctrines dans un éclectisme de mauvais aloi?

Mais ce « puritanisme » pédagogique nous semble comme tous les puritanismes affecté d'une bonne dose d'irréalisme pour ne pas dire d'hypocrisie. Nous avons eu en main une brochure pédagogique qui prétendait interdire aux élèves la lecture des manuels, mais la recommandait en revanche vivement aux jeunes professeurs! Nous pensons — de façon sans doute plus banale et plus plate — que les manuels sont plus utiles aux élèves qu'aux professeurs! Certes, le manuel ne remplace pas le cours du maître, mais il le complète, soit que le maître ait choisi de ne traiter qu'un nombre limité de questions du programme, soit que l'élève n'ait pu assister à tous les cours. Le manuel a moins encore la prétention de remplacer la lecture des grands textes. Mais il la prépare, surtout s'il est rédigé dans une langue claire, concrète, accessible aux jeunes esprits. La vulgarisation serait une entreprise de trahison si elle prétendait s'identifier à la science elle-même; elle garde sa valeur si elle s'attribue, plus modestement, un rôle propédeutique. Nous n'avons eu ici d'autre prétention que d'introduire progressivement les jeunes esprits aux lisières de l'univers philosophique. En France il n'y a pas plus, heureusement, d'ouvrages « officiels » que de doctrine philosophique d'État. Les maîtres recommandent les manuels de leur choix ou n'en recommandent aucun, à leur gré, et en dehors de toute pression. Le succès qu'ont obtenu, dans ces conditions, nos ouvrages précédents nous a vivement encouragé à persévérer dans notre entreprise et à présenter, aujourd'hui, cette édition remaniée.

En fait le problème des manuels est le problème même de la classe de philosophie. Est-il possible et souhaitable d'entreprendre l'initiation philosophique — forcément très élémentaire — d'élèves de dix-sept à dix-huit ans, dont la plupart consacreront leurs études supérieures et leur existence à de tout autres préoccupations?

Certains voudraient limiter l'enseignement de la philosophie à une seule section de l'année terminale de nos lycées. A la limite, d'aucuns seraient prêts à ce comble de l'absurdité, qui consisterait à ne plus enseigner la philosophie qu'aux futurs professeurs de philosophie! Quitte à passer pour des esprits rétrogrades et réactionnaires nous pensons que les futurs ingénieurs et les futurs médecins qui seront aux prises avec des problèmes humains, tout autant qu'avec des problèmes techniques ont besoin d'un enseignement philosophique au même titre que les futurs littéraires! M. Gusdorf rappelait que la grande majorité des médecins praticiens n'ont besoin de mathématiques, pendant toute leur carrière, que ce qui leur est nécessaire pour rédiger leur déclaration de revenus tandis que la culture philosophique et humaniste, fécondée par l'expérience clinique, demeure éminemment précieuse à tous les moments de leur activité.

Certains voudraient, pour les littéraires eux-mêmes, remplacer l'enseignement philosophique traditionnel par ces « sciences humaines » dont de grands personnages nous assurent qu'elles sont les véritables « humanités » d'aujourd'hui. C'est ainsi que la philosophie, tenue pour vaine rhétorique, serait remplacée par la psychologie expérimentale, l'économie politique, la démographie, la sociologie industrielle. Cette soi-disant « modernisation » de la philosophie, disons-le bien haut quitte à passer cette fois-ci pour des esprits « subversifs », nous semblerait extrêmement dangereuse. En fait ces « sciences » plus ou moins récentes ne sont pas, malgré l'appareil mathématique et expérimental sous lequel elles se dissimulent, des sciences exactes. Leur *application* n'est pas toujours pure d'à priori politiques (qu'on pense à l'exploitation qui est faite parfois aux États-Unis de la psychanalyse et de la sociométrie pour résoudre les conflits sociaux, pour adapter l'individu aux injustices de la société présente). D'autre part des hypothèses métaphysiques plus ou moins inconscientes guident plus souvent qu'on ne croit leur formulation *théorique* (en démographie l'interprétation malthusienne ou antimalthusienne des faits est de toute évidence liée aux opinions religieuses des auteurs). Il est donc absolument indispensable que le futur étudiant en psychologie, en sciences économiques et sociales ait tout d'abord reçu au lycée une formation philosophique sérieuse qui doit lui faire prendre conscience des diverses perspectives métaphysiques dont l'une ou l'autre préside inévitablement à l'approche « scientifique » des faits humains. Car rien ne serait pire qu'une position métaphysique inconsciente.

Bien entendu les données des sciences humaines doivent aujourd'hui figurer dans les cours de philosophie; nous leur avons fait pour notre part une assez large place, seulement de telles données sont situées par rapport à une réflexion philosophique d'ordre général susceptible de développer chez les élèves l'esprit de synthèse et le sens du relatif indispensables à toute culture.

L'enseignement de la philosophie, au niveau de toutes les classes terminales des lycées, si décrié par les technocrates, est une des réussites et des originalités les plus précieuses de l'enseignement secondaire français. A travers les réformes et les bouleversements qui vont secouer au cours des prochaines années notre système universitaire tout entier, il importe que cet enseignement soit maintenu et renforcé. Si le but de l'éducation est de former des citoyens réfléchis et non des sujets dociles, il faut reconnaître que l'enseignement de la philosophie, dans toutes les sections des classes terminales de nos lycées, demeure une école indispensable d'esprit critique et de probité intellectuelle.

D.H. A.V.

QUE FAUT-IL LIRE PENDANT L'ANNÉE DE PHILOSOPHIE ?

Un professeur de 1re supérieure au lycée Henri IV avait accoutumé de dire à ses élèves lorsqu'un auditeur lui demandait la liste des ouvrages indispensables à connaître pour se présenter au concours de l'École Normale Supérieure que TOUT ÉTAIT A LIRE depuis le quotidien du soir jusqu'à la **Critique de la Raison pure** de Kant!

En sens opposé, un penseur allemand du XVIIIe siècle, G. C. Lichtenberg remarquait : « Il y a véritablement beaucoup de gens qui ne lisent que pour être dispensés de penser. » Le philosophe Auguste Comte, le jour où il se sentit en pleine possession de son système, renonça à toute lecture afin de ne pas risquer d'être dépossédé de lui-même par les pensées d'autrui ! Et certains vous diront aujourd'hui : « Ne lisez pas trop. Méfiez-vous de la culture qui vous asservit à autrui et paralyse votre originalité, votre créativité ! » Il y a dans ces outrances une petite part de vérité. Si vous passez tout votre temps à lire sans essayer de vous exprimer vous-même, si vous renoncez à un exposé, à une dissertation pour avoir plus de temps à consacrer à la lecture, vous faites un mauvais calcul. La vérité est qu'il faut lire et même lire beaucoup mais qu'il convient de pratiquer une **lecture active**. Les lectures les plus fécondes sont celles que vous ferez à l'occasion d'un travail personnel (par exemple en vue de telle dissertation, de tel exposé, de votre participation à tel débat). En effet, vous posez alors, en lisant, des questions à l'auteur. Vous cherchez dans les ouvrages des solutions à un problème que vous vous posez, vous confrontez et vous discutez s'il y a lieu les solutions diverses qui vous sont offertes. Mais, même lorsque vos lectures ne sont pas immédiatement subordonnées à un travail précis, il importe avant tout de ne pas lire passivement. Prenez des notes, **faites une fiche de lecture**, écrivez vos réflexions et vos critiques.

La question : « **comment** faut-il lire? » n'est pas la seule, et un peu désorientés peut-être en entrant en philosophie, vous vous demandez aussi : « **Que** faut-il lire? » Vous trouverez à la fin de chaque chapitre une bibliographie assez détaillée qui doit vous permettre de vous orienter si vous désirez travailler d'une façon précise sur un sujet déterminé. Il est plus difficile de vous conseiller si vous réclamez la liste des ouvrages fondamentaux, nécessaires au philosophe débutant. Évidemment il ne saurait y avoir en cette matière de liste limitative, ni même indicative. Nous ne pouvons que vous donner quelques conseils.

Les plus courageux d'entre vous se jettent d'ordinaire avec un bel enthousiasme sur les ouvrages contemporains, sur les livres dont on parle. Mais ici une cruelle déception attend l'apprenti-philosophe. Si vous essayez de lire d'emblée **La critique de la raison dialectique** de J. P. Sartre, **La pensée sauvage** de Claude Lévi-Strauss, **Les mots et les choses** de Michel Foucault, **L'écriture et la différence** de Jacques Derrida, vous serez bien vite découragés et vous vous direz que vous n'êtes pas capable de comprendre la philosophie!

Sur ce point nous pouvons vous rassurer. D'abord les ouvrages des maîtres de la pensée contemporaine sont souvent, de fait, très difficiles. En outre, ils supposent la connaissance préalable des philosophes classiques. Même si Platon et Descartes ont pour vous moins d'attrait que Derrida, il est sage malgré tout, il est même indispensable que vous commenciez par Platon et Descartes. Cela ne signifie pas bien entendu que la lecture des classiques soit toujours plus facile que celles des contemporains ! Si vous vous lancez sans préparation dans la lecture de **l'Éthique** de Spinoza, vous vous heurtez à une citadelle inexpugnable. Vous pouvez lire cependant avec fruit l'admirable et fondamental **Appendice** du livre Premier de **l'Éthique**, qui vous permettra un peu plus tard d'aborder le reste.

Nous vous conseillons avant tout Platon : par exemple le **Banquet**, le **Gorgias** et aussi **la République** (pas seulement le livre VII mais aussi les livres I et II) **Le Discours de la Méthode** et les **Méditations** de Descartes; les auteurs qui sont à la fois des littérateurs et des philosophes : Montaigne, Pascal, Rousseau. N'oubliez pas Bergson, tombé aujourd'hui dans un très injuste discrédit (avant tout **Le Rire**, **Les deux sources de la morale et de la religion**, et **La pensée et le mouvant**). L'ouvrage de Sartre le plus accessible aux débutants est **l'Esquisse d'une théorie des émotions**.

Enfin, vous devez savoir qu'il existe une collection d'ouvrages contemporains spécialement rédigés à votre intention ! C'est la collection **Initiation Philosophique** dirigée par Jean Lacroix aux P. U. F. Vous y trouverez de remarquables analyses. Dans cette collection ont été publiés ou réédités **Le désir d'Éternité** d'Alquié, **le Souvenir** de Bridoux, le **Montesquieu** d'Althusser, **Maladie mentale et psychologie** de Foucault, et une foule d'autres travaux d'inspiration très diverse mais tous accessibles aux jeunes philosophes.

La source majeure de vos difficultés de lecture, c'est le vocabulaire employé par les philosophes. Nous pouvons vous donner à ce propos quelques indications.

LE VOCABULAIRE

La philosophie se veut une discipline rigoureuse et les mots y ont un sens précis — mais parfois différent suivant les systèmes des grands philosophes, qui ont leur vocabulaire propre dont ils ont souvent imposé l'usage.

Nous prendrons, pour être plus clairs, un exemple. Les mots **transcendant** et **transcendental** n'ont pas du tout le même sens. Le mot **transcendant** signifie en général **extérieur** et **supérieur** (le Dieu des théologiens judéo-chrétiens est transcendant au monde qu'il a créé). Le même mot transcendant, chez les existentialistes, s'applique non à Dieu mais à l'homme : on dit par exemple que la liberté humaine transcende toutes les situations où l'homme se trouve, c'est-à-dire les **dépasse** (parce que l'homme, par ses projets, peut modifier le sens d'une situation, en inventant le sens de son action). Le mot **transcendental** signifie tout autre chose. A vrai dire, il était employé au moyen âge par les philosophes scolastiques, mais c'est Kant qui en a fixé le sens actuel. Dans le langage kantien le mot transcendental désigne une condition **sine qua non**, une condition **a priori**. Par exemple la structure de l'entendement humain est une condition **transcendentale** de la connaissance, toute connaissance étant nécessairement relative aux « catégories » de l'entendement humain qui la construit.

Ne vous laissez donc pas arrêter par le sens des mots. N'hésitez pas à demander à votre professeur, à chaque occasion, le sens d'un terme philosophique qui ne vous est pas connu. Sachez aussi que dans ce domaine les **Dictionnaires** non spécialisés, même en dix volumes, ne vous seront pas d'un grand secours. Certes, à l'occasion d'une dissertation vous pouvez consulter le *Littré* et le citer mais l'instrument de travail essentiel demeure le *Vocabulaire technique et critique de la Philosophie* d'André Lalande, ouvrage fondamental que la Bibliothèque de Philosophie de votre classe au lycée possède vraisemblablement et qu'il faut consulter le plus souvent possible.

Deux autres gros dictionnaires vous rendront des services précieux : Le *Dictionnaire de la langue philosophique* rédigé par Paul Foulquié (P. U. F., 1962) et le *Dictionnaire des grandes philosophies* (Privat, éditeur, 1973). Enfin nous avons spécialement rédigé à votre intention, dans la collection des ABC du BAC (Nathan, édit. 1971) un *Petit dictionnaire de la philosophie* qui condense en 160 pages l'analyse de tous les termes anciens ou actuels du langage philosophique et de toutes les doctrines. Dans la même collection vous pourrez consulter notre recueil de courtes citations sur tous les problèmes philosophiques, *La philosophie en quinze cents citations* (1).

Vous pouvez aussi consulter le *Dictionnaire* de Robert. Vous trouverez enfin un petit *lexique philosophique* à la fin de *l'Art de la dissertation*.

L'HISTOIRE DE LA PHILOSOPHIE

On peut toujours consulter avec fruit **l'Histoire de la Philosophie** de Janet et Séailles (Delagrave, 10e édition 1939) épuisée aujourd'hui et qui s'arrête vers 1914. Elle était spécialement destinée aux candidats au baccalauréat.

Les meilleurs élèves pourront consulter l'admirable **Histoire de la Philosophie** de Bréhier (P. U. F.) et **l'Histoire de la pensée** de J. Chevalier (4 volumes chez Flammarion). Mais ces ouvrages s'adressent plutôt aux étudiants qu'aux lycéens.

Nous avons publié chez Nathan une **Histoire des philosophes illustrée par les textes.** C'est tout à la fois une histoire des philosophes de Platon à J. P. Sartre et à Teilhard de Chardin (d'une étendue et d'une écriture que nous avons voulu accessibles aux débutants) et un recueil de grands textes; en somme un ouvrage d'initiation où les testes sont situés dans leur contexte historique afin que la lecture et le commentaire en soient facilités.

Il existe d'autre part une **Histoire de la Philosophie** en trois volumes, à laquelle ont collaboré cinquante spécialistes français et étrangers et qui reste accessible aux élèves de lycée; celle de Weber dont l'un d'entre nous a récemment présenté une édition refondue et modernisée (2).

Plus récemment, sous la direction de François Chatelet a été entreprise la publication d'une *Histoire de la philosophie* en 8 volumes (Hachette littérature). On consultera également l'*Histoire de la Philosophie* en 3 volumes de la collection Encyclopédie de la Pléiade (Gallimard).

---

(1) Dans la même collection, chez Nathan, vous trouverez aussi *La Philosophie en cent dissertations, la Philosophie en 300 questions* et *Le commentaire philosophique*.

(2) Weber et Huisman, *Histoire de la philosophie européenne* et *Tableaux de la Philosophie moderne et contemporaine*, 3 vol., Fischbacher.

(Giraudon)

René DESCARTES (1596-1650).— Né en Touraine, à La Haye-Descartes, élève au collège des Jésuites de La Flèche, puis licencié en droit de l'Université de Poitiers, Descartes resta insatisfait de l'enseignement qu'il reçut. Parti guerroyer dans les armées du Prince d'Orange, il enrichit son expérience de la vie et des hommes. Mais les leçons de la vie, pas plus que celles de l'École, ne pouvaient répondre à l'exigence de vérité qu'il portait en lui. Seule la réflexion solitaire — la mise en question de toutes les connaissances par un esprit souverainement libre — lui permettra de constituer une philosophie. C'est en Allemagne, enfermé dans un « poêle » (c'est-à-dire dans une chambre chauffée par un poêle et non par une cheminée) que Descartes eut l'intuition de son système, au cours d'un songe prophétique. Dans les *Méditations*, son chef-d'œuvre, nous assistons aux moments successifs de son itinéraire spirituel. La clef de voûte du système, c'est le cogito. Même si mes pensées sont douteuses, confuses et fausses, il est certain que je pense. Ainsi, la réflexion philosophique déplace le centre d'intérêt des choses pensées à l'esprit pensant, de l'objet au sujet. C'est à cause de cette évidence première de l'esprit pensant que Descartes déclare que l'âme est plus aisée à connaître que le corps. Dans le système de Descartes, à la substance pensante — esprit pur — s'oppose la substance étendue, matière pure. La matière n'est que de l'étendue et du mouvement. Descartes fonde ainsi, du même coup une métaphysique spiritualiste de l'âme et une science mécaniste de la matière. Même la biologie se ramène à la mécanique et les animaux ne sont que des « machines ».

A.V.

CHAPITRE I

L'idée de philosophie

« Qu'est-ce que la philosophie? » se demandait Jules Lachelier au cours de sa leçon inaugurale, lors de sa toute première année d'enseignement à Toulouse. Il répondait, à la stupéfaction de ses jeunes élèves : « Je ne sais pas ! » Et toute la bonne ville de Toulouse de se gausser du jeune et brillant philosophe qu'on lui avait envoyé de Paris et qui ne savait même pas ce qu'était la discipline qu'il était chargé d'enseigner à ses élèves !

La philosophie n'est pas un savoir

Cependant la remarque de Jules Lachelier était pleine de sens. Elle signifiait que **la philosophie n'est pas une matière de connaissance.** Dans toutes les autres disciplines vous avez quelque chose à apprendre : en mathématiques, une suite logique de théorèmes; en physique, en sciences naturelles, en histoire, un ensemble de faits ou d'événements qu'on s'efforce de vous expliquer d'une façon rationnelle. En philosophie il n'est rien de semblable. Sans doute vous demande-t-on de retenir quelques-unes des idées et des théories des grands philosophes. Mais vous n'êtes pas tenus de partager ou d'approuver l'une ou l'autre de ces théories. D'ailleurs aucun système philosophique n'a jamais obtenu l'accord unanime des esprits compétents. Par exemple saint Thomas d'Aquin et Karl Marx sont tous deux de grands philosophes, mais leurs « systèmes » sont tout à fait différents et même antagonistes.

Si vous attendiez de la philosophie un ensemble de connaissances, précises et sûres et qu'il vous suffirait de recevoir, votre déception sera complète.

Les systèmes philosophiques se contredisent

Faute de vous donner un savoir, la philosophie vous proposera-t-elle un art de vivre, une morale? Mais les systèmes qui proposent à l'homme des règles de conduite sont aussi divers que ceux qui prétendent expliquer le monde. Il n'y a pas, en philosophie, de « vérités » du même ordre qu'un théorème ou qu'une loi physique. Au cours de l'histoire les systèmes succèdent aux systèmes. Chaque philosophe s'emploie à réfuter ceux qui le précèdent et sera réfuté à son tour. M. Gusdorf remarque qu'« aucune philosophie n'a pu mettre fin à la philosophie bien que ce soit le vœu secret de toute philosophie ». Ainsi chaque philosophe, un peu comme chaque artiste, — peintre, musicien ou poète, — a sa propre façon de voir et d'exprimer le monde, sa propre Weltanschauung, comme disent les Allemands. Faut-il en conclure avec Paul Valéry qu'un système philosophique « est chose ni plus ni moins sérieuse qu'une suite en ré mineur »?

En fait les discussions et les désaccords des philosophes ne poussent au scepticisme que le paresseux : les autres y verront au contraire l'invitation pressante à se pencher sur ces problèmes, à réfléchir par eux-mêmes. Les théories philosophiques ne sont pas précieuses avant tout par leur contenu, par les conclusions qu'elles apportent, mais par l'exemple qu'elles vous offrent d'une réflexion que l'on s'efforce de conduire avec rigueur. Comme l'avait noté Kant : « Il n'y a pas de philosophie que l'on puisse apprendre; on ne peut qu'apprendre à philosopher. »

La philosophie : plutôt recherche que possession

L'étymologie du mot « philosophie », si nous y prenons garde, confirme cette interprétation. La philosophie, ce n'est pas la « sophia » elle-même, science et sagesse à la fois. C'est seulement le désir, la recherche, l'amour de cette sophia. Cette distinction essentielle proposée par Pythagore est soulignée aujourd'hui par Jaspers. Dans son brillant petit ouvrage, **« Introduction à la philosophie »,** il insiste sur cette idée que l'essence de la philosophie est la recherche du savoir et non sa possession. Mais elle « se trahit elle-même lorsqu'elle dégénère en dogmatisme, c'est-à-dire en un savoir mis en formule, définitif, complet. Faire de la philosophie, c'est être en route; les questions en philosophie sont plus essentielles que les réponses et chaque réponse devient une nouvelle question ». Il y a donc dans la recherche philosophique une humilité authentique qui s'oppose au dogmatisme orgueilleux du fanatique ; le fanatique est sûr de posséder la vérité. Dès lors il n'a plus besoin de chercher et il succombe à la tentation d'imposer sa vérité à autrui. Se croyant dans le vrai, il n'a plus le souci de se rendre vrai, la vérité est son bien, sa propriété alors qu'elle est l'exigence du philosophe. Dans le cas du fanatique la recherche de la vérité s'est dégradée dans l'illusion de la possession d'une certitude. Le fanatique se croit le propriétaire de la certitude alors que le philosophe s'efforce d'être le pèlerin de la vérité. L'humilité philosophique consiste à dire que la vérité n'est pas plus à moi qu'à toi, mais qu'elle est devant nous. Ainsi la conscience philosophique n'est ni une conscience heureuse, satisfaite de la possession d'un savoir absolu, ni une conscience malheureuse en proie aux tortures d'un scepticisme irrémédiable. Elle est une conscience inquiète, insatisfaite de ce qu'elle possède, mais à la recherche d'une vérité pour laquelle elle se sent faite.

I — PHILOSOPHIE ET RÉFLEXION

Philosopher c'est réfléchir

On exprimera bien cette idée que la philosophie est recherche et non possession en définissant le travail philosophique comme **un travail de réflexion.** La réflexion est en quelque sorte un mouvement de retour sur soi-même (ré—flexion) de l'esprit qui met en question les connaissances qu'il possède. L'expérience de la vie nous donne une foule d'impressions et d'opinions. La pratique d'un métier, la connaissance scientifique nous livrent d'autres notions plus complètes et plus précises. Mais si riche que soit notre expérience de la vie, si approfondies que soient nos connaissances scientifiques ou techniques, rien de tout cela ne tient lieu de philosophie. Etre philosophe c'est réfléchir sur ce savoir, s'interroger sur lui, le mettre en question. Définir la philosophie comme réflexion, c'est voir en elle une connaissance non du premier degré mais du second degré, une connaissance de la connaissance, un savoir du savoir.

La maïeutique de Socrate

Le modèle de la réflexion philosophique — en même temps que son exemple le plus accessible — demeure l'« ironie » socratique, c'est-à-dire, à la lettre l'acte d'interroger, la mise en question. Dans le dialogue de Platon intitulé **Ménon**, Socrate interroge Ménon sur la vertu. Ménon a une certaine expérience de la vie et de la morale, la notion de vertu est pour lui familière : « il n'y a pas, dit-il, de difficulté pour moi à en parler. » Pressé par Socrate de définir la vertu, Ménon répond sans hésiter que « la vertu consiste à être capable de commander aux hommes ». Socrate objecte que l'enfant et l'esclave peuvent être vertueux et que pourtant il ne leur appartient pas de commander. Ménon n'a donné qu'un exemple de vertu parmi d'autres, il n'a pas proposé de définition. S'élevant alors au niveau du « concept », c'est-à-dire à l'idée générale qui « envisage la vertu dans toute son étendue », Ménon déclare qu'être vertueux « c'est vouloir les choses bonnes. » Mais Socrate fait observer que l'or et l'argent sont des biens et que celui qui les recherche n'est vertueux qu'à condition d'agir conformément à la justice et à la piété. Les réponses de Ménon suscitent, on le voit, chaque fois, de nouvelles questions de Socrate. Ménon croyait savoir tandis que Socrate déclarait « je ne sais qu'une chose c'est que je ne sais rien ». Ainsi Socrate ne cessait de poser les questions les plus candides à des gens qui, sûrs de leur savoir, s'amusaient fort, pour commencer, de la naïveté de Socrate. Mais bientôt les questions de Socrate les embarrassaient, ils découvraient les contradictions de leur propre pensée et s'apercevaient qu'ils ne savaient rien, révélés à eux-mêmes dans leur ignorance et leur nudité par l'ironie socratique. On le voit, Socrate ne transmet à Ménon aucun savoir. Il se contente de poser des questions. **La matière de la réflexion c'est ici non le savoir de Socrate, mais le savoir de Ménon. Ménon n'apprend rien, il réfléchit.** Les problèmes qu'il découvre étaient à son insu déjà impliqués dans son expérience et son savoir antérieurs. Socrate se comparait volontiers à sa mère qui était sage-femme. Il n'enseignait rien mais se contentait d'« accoucher » les esprits, de les aider à mettre au jour les problèmes et les difficultés qu'ils portaient en eux-mêmes. Socrate est le philosophe par excellence en ceci précisément qu'il n'enseigne rien mais nous fait réfléchir.

Socrate réfléchissait sur les problèmes de la vie quotidienne, sur les techniques des artisans, sur la politique. L'univers intellectuel et industriel dans lequel nous vivons après deux mille ans d'histoire est infiniment plus complexe que le monde des contemporains de Socrate. L'esprit de la réflexion philosophique n'a pas changé mais sa matière s'est prodigieusement enrichie. En particulier le philosophe ne saurait ignorer le développement prodigieux des sciences et des techniques qui est aujourd'hui un des aliments les plus précieux de ses réflexions. Certains même se spécialisent, dans la philosophie de l'histoire, dans la philosophie de la biologie, dans la philosophie du droit par exemple. Un contemporain a dit très justement que pour la réflexion philosophique « toute matière étrangère est bonne ». Il ajoutait même : « Toute bonne matière lui est étrangère », entendant par là que la philosophie ne doit pas être une méditation creuse mais une réflexion nourrie par des informations précises sur tel ou tel domaine du réel (1).

Réfléchir philosophiquement sur la science, c'est d'abord s'interroger sur les résultats de la science et sur ses méthodes. Quelle est la nature de la connaissance scientifique? Est-ce qu'elle atteint la réalité profonde ou bien nous donne-t-elle seulement des formules pratiques et des symboles opératoires? Quelle est la valeur et la signification des axiomes dont parle le mathématicien? Cette orientation philosophique — si importante aujourd'hui — est **l'épistémologie.**

La métaphysique

Mais la réflexion philosophique va bien au-delà et pose des problèmes que la science ignore. La science s'efforce d'expliquer les phénomènes naturels en les rattachant les uns aux autres par des lois intelligibles, c'est-à-dire exprimables en formules mathématiques. C'est ainsi qu'on explique scientifiquement pourquoi, dans une expérience donnée, **telle chose s'est passée plutôt que telle autre.** Mais il y a un autre problème, beaucoup plus général, que la science ne pose pas. C'est celui qu'exprimait Leibniz en ces termes : **« Pourquoi y a-t-il quelque chose plutôt que rien ? »** En effet l'existence du monde est un donné implicite à partir duquel la science déploie son effort de mise en ordre et d'explication, mais qu'elle présuppose toujours sans jamais le mettre en question. Pourquoi y a-t-il un monde plutôt que le néant? Voilà un type de problème proprement métaphysique, c'est-à-dire dont la formulation se situe au-delà des prises de la science. D'où vient

(1) De toute façon, à l'époque scientifique, la philosophie ne pourrait plus avoir la prétention d'être un **savoir.** La science s'est imposée dans son propre domaine. Successivement les mathématiques avec Euclide, la physique avec Galilée, la chimie avec Lavoisier, la biologie avec Claude Bernard sont devenues des sciences positives. Même le domaine de l'humain où les philosophes ont cru longtemps disposer d'une « chasse gardée » a été aujourd'hui conquis par la science. La psychologie, la sociologie ont introduit dans l'étude du comportement humain la méthode expérimentale et la mesure. Cela ne veut pas dire que la philosophie est devenue inutile ! Mais la philosophie nous apparaît plus clairement aujourd'hui comme une entreprise de **réflexion** à partir de connaissances qui lui sont fournies par d'autres disciplines.

l'homme, où va-t-il? La conscience est-elle le but final du monde ou un accident transitoire? L'homme est-il déterminé totalement ou possède-t-il un libre arbitre? Tous ces problèmes sont typiquement **métaphysiques.**

II — TECHNIQUE ET SAGESSE

Nous avons vu que la philosophie n'était pas un savoir — la fonction de connaissance étant dans le monde moderne remplie par la science — mais une réflexion critique sur le savoir. Pas plus qu'elle n'est un **savoir,** la philosophie n'est un **pouvoir.** Dans le monde actuel le pouvoir de l'homme est exprimé par la technique. L'idéal prométhéen de conquête et de transformation du monde s'est substitué progressivement à partir de la Renaissance à l'idéal philosophique de sagesse. La sagesse consistait à se soumettre au monde, à accepter toutes choses, à se résigner au malheur. La philosophie — nous enseignant avec les stoïciens que le cours du monde est bon et divin, ou avec Spinoza que la chaîne des causes et des effets est nécessaire, logique, inévitable — apparaissait comme l'instrument intellectuel de cette résignation. Le changement de perspective apparaît nettement au XVIIe siècle dans le **Discours de la Méthode** de Descartes. Dans la troisième partie du Discours, Descartes pour se constituer une « morale provisoire » se fait l'héritier de la sagesse stoïcienne. « Il vaut mieux, écrit-il, changer ses désirs que l'ordre du monde et se vaincre soi-même plutôt que la fortune. » Mais dans la sixième partie du Discours il substitue à ce cosmocentrisme de la sagesse l'humanisme de la technique qui, dit-il, rendra l'homme « maître et possesseur de la nature ». Et dans une intuition prophétique, il annonce les conquêtes futures de la mécanique et de la médecine.

Au XVIIIe siècle le grand chantre de la technique est Diderot. Il s'étonne qu'on attache parfois plus d'importance aux philosophes dont la sagesse est l'art de se passer du bonheur qu'aux industriels dont la technique, en transformant notre existence, peut effectivement nous rendre plus heureux : « On a bien plus loué les hommes occupés à faire croire que nous étions heureux que les hommes occupés à faire que nous le fussions en effet. Quelle bizarrerie dans nos jugements ! Nous exigeons qu'on s'occupe utilement et nous méprisons les hommes utiles. »

Aujourd'hui on a bien dépassé le mépris qui attristait Diderot. L'idéal technique triomphe partout. De même que la science positive vidait le **savoir** philosophique de tout contenu, de même la puissance technique prive le **pouvoir** philosophique de toute efficacité. En fait l'exigence philosophique réapparaît pourtant sous une autre forme. **A partir du savoir scientifique la visée philosophique se révèle comme réflexion critique sur les fondements de ce savoir. A partir du pouvoir technique la sagesse, au sens moderne, se présente comme une réflexion critique sur les conditions de ce pouvoir.**

C'est aujourd'hui un thème familier et angoissant que celui du technicien apprenti-sorcier. L'effroyable péril suscité par le développement des armes nucléaires, ainsi que les dangers de « robotisation » constitués par la mécanisation de notre existence soulignent avec éclat que la technique ne tient pas lieu de sagesse, pas plus que la science ne tient lieu de philosophie. « La technique, a écrit le R.P. Laberthonnière, nous apprend à nous servir des choses. Mais saurons-nous nous-mêmes à quoi nous faire servir? » La technique ne donne à l'homme que des **moyens** d'action. Elle reste muette sur les **fins** qui doivent guider notre conduite. Et nous avons plus que jamais besoin d'une sagesse pour nous éclairer sur les fins qu'il nous appartient de poursuivre. Dans le monde actuel l'éclat de nos **pouvoirs** humains fait ressortir dans une lumière tragique l'ambiguïté de nos **vouloirs.** Et si la technique est une médiation nécessaire pour concilier le pouvoir et le vouloir, seule la philosophie peut nous permettre de voir clair dans notre vouloir. Seule la philosophie pose le problème des **valeurs.**

III — LA RÉFLEXION PHILOSOPHIQUE ET LA VIE

Nous comprenons désormais comment la réflexion philosophique s'applique à tous les problèmes que pose la vie. Kant résumait tout le programme de la philosophie en une triple question : **« Que pouvons-nous connaître? Que devons-nous faire? Que pouvons-nous espérer? ».** La première question concerne la réflexion philosophique appliquée au problème de la connaissance. Elle enveloppe à la fois la philosophie des sciences et la métaphysique, définie comme recherche du sens profond de l'univers, de l'Être, au-delà de la systématisation des apparences opérée par la science. Nous traiterons de la philosophie de la connaissance dans le troisième volume de ce cours. La deuxième question définit la « philosophie de l'action », objet du quatrième volume. La troisième question, qui est d'ordre métaphysique, sera traitée dans le présent ouvrage. « Que pouvons-nous espérer? » L'homme est-il réellement le maître de sa vie ou seulement le jouet de forces aveugles à l'œuvre dans l'univers? Sommes-nous destinés à périr complètement ou bien avons-nous une âme immortelle? Quelle est la vraie signification de notre présence en ce monde? Quelle est la **destinée humaine ?**

Mais si la réflexion philosophique se donne comme objet le monde à connaître et l'action à accomplir, elle suppose un certain recul, un certain détachement à l'égard de ce monde et de cette action. Certes ce détachement est nécessaire à la sérénité et à l'objectivité de la réflexion philosophique. Il n'y a, disait Valery, que « les huîtres et les sots qui adhèrent ». Mais cette « ascèse » philosophique n'implique-t-elle pas une rupture périlleuse avec le concret et la réalité? Souvent l'homme d'action se moque du philosophe, perdu dans ses méditations, étranger à la vie réelle.

L'idéalisme de Platon et la caverne

Platon, dans le **Gorgias** et dans le **Téétète,** s'est fait l'écho de telles critiques et contre elles il prend la défense de la philosophie. Voici le point de vue de l'homme d'action : le philosophe qui veut élever sa méditation aux dimensions de l'univers et qui s'interroge sur la condition humaine en général est tout à fait désorienté et ridicule dans les problèmes quotidiens posés par la vie réelle et dans ses relations concrètes avec les individus. « Thalès étant tombé dans un puits tandis que, occupé d'astronomie, il regardait en l'air, une petite servante thrace pleine de bonne humeur se mit, dit-on, à le railler de mettre tant d'ardeur à savoir ce qui est au ciel alors qu'il ne s'apercevait pas de ce qu'il avait devant et à ses pieds. Or, à l'égard de ceux qui passent leur vie à philosopher, le même trait de raillerie est assez bien à sa place : c'est qu'en réalité l'homme qui est de cet acabit ignore, même de son voisin, non seulement ce que fait celui-ci, mais encore, ou peu s'en faut, si c'est un homme ou quelque autre créature... l'homme ainsi fait, quand dans la vie publique, au tribunal ou quelque part ailleurs, il a été forcé de parler sur les choses qui sont à ses pieds et sous ses yeux, prête à rire non seulement à des filles de Thrace, mais à n'importe quelle foule parce que son inexpérience le fait tomber dans des puits et dans toutes sortes de difficultés sans issue... La terrible incongruité de son attitude lui vaut d'être pris pour un être stupide (1). »

Mais, aux yeux de Platon, cette maladresse du philosophe aux prises avec le concret est sans importance, parce que le monde concret, le monde de l'expérience quotidienne, des événements mobiles, n'est qu'un monde d'apparences, un jeu d'illusions. Le vrai monde, c'est celui des Idées, des vérités éternelles parmi lesquelles vit le philosophe, auxquelles il a seul accès.

Ainsi les hommes sont comme des prisonniers enchaînés dans une caverne (2), le dos tourné vers l'ouverture, mais les yeux fixés sur la paroi. Ils ne voient rien de ce qui se passe au dehors, ils ont pour tout spectacle les ombres portées sur la muraille. Et comme ils ne peuvent rien voir d'autre, ils croient que ces ombres sont la seule réalité. Ces personnages symbolisent les empiristes, ceux qui croient que le monde de l'expérience sensible, des événements concrets (les ombres sur la muraille) est le seul monde réel.

Mais supposons qu'un de ces prisonniers soit brusquement arraché à la caverne et transporté à l'extérieur, en pleine lumière. D'abord ébloui, il s'accoutume petit à petit au monde ensoleillé. Il s'aperçoit que ce qu'il prenait naguère pour le réel n'était qu'image obscure. Cet apprentissage symbolise l'initiation philosophique et le monde ensoleillé symbolise les idées éternelles, patrie du philosophe. Si le philosophe abandonne les Idées lumineuses et se replonge dans la caverne, ses yeux qui ne sont

(1) *Théétète*, 173-174 trad. Chambry, éd. Garnier.
(2) *République*, Livre VII.

plus accoutumés à l'obscurité ne discernent même plus les ombres mouvantes que les prisonniers prennent pour la réalité. Le philosophe, dans les ténèbres de la caverne, ne voit plus rien et les prisonniers le croient aveugle et se moquent de lui. En réalité, ses yeux, faits pour la lumière, ne sont aveugles qu'aux apparences. De même l'albatros de Baudelaire, destiné à voler en plein ciel, est embarrassé par ses grandes ailes lorsqu'il est tombé sur le pont du navire :

« Ses ailes de géant l'empêchent de marcher. »

Le philosophe paraît ainsi justifié, selon Platon, de son ignorance des réalités matérielles, de son incompétence pratique. Il a le droit de mépriser le monde sensible, puisqu'il habite le seul vrai monde, le monde des Idées.

Critique de l'idéalisme

Cette conception « idéaliste » de la philosophie nous semble pourtant contestable. Elle est liée à un mépris des « réalités matérielles » qui reflète les préjugés sociaux de Platon. L'opposition de l'homme pratique et du philosophe est en fait — et très consciemment — dans la perspective platonicienne l'opposition de l'esclave et de l'homme libre. Voici comment les deux hommes nous sont présentés dans le Théétète : « L'un dont l'éducation s'est faite dans une liberté et un loisir réels, c'est celui qu'on appelle un ami du savoir, un philosophe auquel on n'en voudra pas de paraître naïf et de n'être qu'un zéro quand il lui arrive de tomber à des besognes serviles, ainsi de ne pas savoir pour voyager ficeler son paquetage, de ne pas savoir non plus assaisonner de douceurs sa cuisine ni de flatteries ses propos ; l'autre en revanche est capable de s'acquitter de toutes les besognes de ce genre avec habileté et vivement, mais il ne sait pas, à la façon d'un homme libre, d'un geste noble se rejeter sur l'épaule le pan de son manteau pas plus qu'il ne sait, bien sûr, quand dans un concert de discours, il a pris son tour de parole, chanter comme il convient une authentique existence aussi bien de Divinités que d'hommes heureux. »

Mais un tel philosophe ne peut méditer sur les idées pures que parce que l'esclave le délivre de ses soucis matériels. Ce philosophe idéaliste peut se permettre d'ignorer le monde matériel parce qu'il a mis un esclave entre le monde et lui. Coupée de la réalité concrète, une telle « philosophie » n'est-elle pas promise à toutes les mystifications?

La philosophie authentique, bien loin d'ignorer le monde matériel, réfléchira à partir de ce monde qui conditionne toutes nos pensées. Faite pour élever, la philosophie n'est pas destinée à exiler. Et la réflexion ne doit pas être une évasion. Cependant, le philosophe ne se contente pas de vivre les événements pêle-mêle, dans leur diversité concrète. L'entreprise philosophique qui vise, selon l'excellente formule de M. Lacroix, à « transformer un événement en expérience », se propose de tirer la leçon de l'événement, de rapprocher les événements les uns des autres pour les comprendre — pour les prendre ensemble — afin d'aboutir à une vision systématique, c'est-à-dire unifiée de l'univers (sun-istémi, en grec, signifie : je pose ensemble).

IV — PHILOSOPHIE ET PSYCHOLOGIE

Depuis 1960 la psychologie n'est plus représentée expressément — à titre de division particulière expressément énoncée — de la classe de philosophie. Toutefois beaucoup de problèmes « psychologiques » traditionnels y figurent. Par exemple, dans ce volume, nous avons traité des passions, de la mémoire, de l'inconscient et de la psychanalyse.

Pour un grand nombre de débutants ceci ne pose aucun problème, la psychologie étant considérée comme une simple partie de la philosophie. Une pareille opinion n'est plus soutenable aujourd'hui. Un de nos maîtres disait qu'il n'y a pas plus de rapports entre la psychologie et la philosophie qu'entre Réaumur et Sébastopol (la psychologie et la philosophie étant rattachées l'une à l'autre aussi artificiellement dans le cours traditionnel de philosophie que Réaumur et Sébastopol dans le nom d'une station du métropolitain à Paris).

Ce que nous avons dit de l'essence de la philosophie nous permet de comprendre ce point de vue. Nous répéterons donc que **la philosophie n'est pas une connaissance mais une réflexion,** c'est-à-dire une mise en question, une « critique » de toutes nos connaissances. On peut ainsi faire **la philosophie de la psychologie comme on fait la philosophie des mathématiques, de la biologie ou de l'histoire.** La psychologie est elle-même une connaissance originale de certains faits, connaissance qui se veut de plus en plus précise et scientifique. La psychologie est un domaine autonome.

On présentait il y a cent et même cinquante ans la psychologie comme la **science des faits de la vie intérieure :** en effet, comme il existe un monde extérieur de choses, d'objets physiques et chimiques accessible aux sciences de la matière, il existe un monde intérieur, concret et vivant de souvenirs, d'images, de rêves, le monde des états de conscience que chacun de nous découvre en lui-même par « introspection » et qu'il peut explorer systématiquement.

Mais cette définition de la psychologie a vieilli. L'étude de la vie **intérieure** manque inévitablement d'**objectivité** puisque c'est le moi qui étudie le moi et que toute observation scientifique exige non seulement le contrôle de plusieurs observateurs, mais encore, comme l'a bien vu Auguste Comte, le dédoublement du sujet observateur et de l'objet observé. Elle manque de **profondeur** parce que la vie mentale déborde de toutes parts la vie consciente et que nos modalités psychiques les plus importantes nous échappent le plus souvent et demeurent inconscientes : « Chacun, a dit Nietzsche, est l'être le plus distant de soi-même ». Enfin l'étude de la vie intérieure offre à la psychologie un **champ très limité** puisque seul l'adulte normal, cultivé, hautement civilisé, exercé à la méditation, peut s'observer lui-même fructueusement. A la limite, la psychologie de la vie intérieure n'est que la psychologie du psychologue.

Aujourd'hui il existe une psychologie animale, une psychologie de l'enfant, une psychologie du primitif, une psychologie du malade mental. C'est que la psychologie moderne n'est plus l'observation de soi-même par soi-même, n'est plus une psychologie en première personne. La psychologie moderne — psychologie en troisième personne — c'est l'**étude du comportement des êtres vivants** ou plus exactement l'**étude des réactions des êtres vivants aux stimuli que le milieu leur propose.** La psychologie, dans la mesure où elle parvient à observer et à **mesurer** des réactions (par exemple les réponses à un test sont des réactions objectivement observables), conquiert le statut d'une science positive.

Toutefois les prétentions scientifiques de la psychologie moderne ne doivent pas nous faire oublier que lorsqu'il s'agit d'étudier l'homme on ne peut expliquer les comportements de façon mécanique, comme le chimiste explique les réactions d'un corps matériel. L'homme doit être compris **humainement,** sa conduite a **un sens** qu'il faut élucider.

Cette dernière remarque nous invite à nuancer la séparation rigoureuse que nous étions tentés d'introduire entre la connaissance psychologique et la réflexion philosophique. **La réflexion philosophique est avant tout une interrogation sur la condition humaine. Les données de la psychologie fournissent donc au philosophe une matière de réflexion privilégiée.** Comment réfléchir sur l'action humaine, sur la liberté, sur la morale, sur la destinée si nous ne disposons pas de renseignements précis sur les diverses fonctions mentales? L'homme veut agir librement avec une **conscience** claire et lucide, mais souvent il est agi par des **mobiles inconscients.** Il est le jouet de ses **émotions,** de ses **passions,** dont il doit en quelque mesure s'affranchir pour parvenir à une conduite **volontaire.** Ceci nous montre assez que la philosophie ne saurait ignorer les données psychologiques sur la conscience, l'inconscient, la vie affective, la volonté. Même si la psychologie humaine pouvait se passer totalement de philosophie, la philosophie — en tant que réflexion sur la condition humaine — ne saurait, elle, se passer de la psychologie.

»»»»»»»»»»»» LES IDÉES ESSENTIELLES ««««««««««««

N'oubliez pas l'étymologie du mot philosophie : Amour de la sagesse ou, plus exactement, de la *sophia*. Ce mot grec sophia signifie tout à la fois art ou *pouvoir de bien vivre* et *savoir*, connaissance des vérités essentielles. Par modestie, Pythagore, à qui l'on prête l'invention du mot philosophie, a voulu dire que le philosophe n'était pas le possesseur mais l'*ami* (philo) de la sagesse et du savoir. La philosophie n'est pas un avoir mais une recherche.

Au XXᵉ siècle, la philosophie n'est à proprement parler ni un savoir ni un pouvoir.

Il n'est de savoir que scientifique. La connaissance scientifique s'est successivement imposée dans les domaines de la physique (XVIIᵉ siècle), de la chimie (XVIIIᵉ), de la biologie (XIXᵉ) et même de l'homme au XXᵉ siècle (sociologie, économie politique, psychologie). De même il n'est de pouvoir que technique (industrie, médecine, informatique).

Faut-il conclure que la philosophie a perdu toute importance? Bien au contraire! La philosophie est une *réflexion sur l'ensemble de nos savoirs et de nos pouvoirs*. Le savoir scientifique (qui est avant tout un pouvoir de manipuler la matière) et le pouvoir technique proprement dits ne sauraient avoir leur finalité et leur sens en eux-mêmes. La philosophie est réflexion sur les savoirs (épistémologie), réflexion sur les fins, c'est-à-dire les buts de l'action (réflexion d'autant plus nécessaire que le pouvoir technique devient plus grand). La philosophie pose également des questions qui lui sont propres : Les sciences expliquent pourquoi *tel phénomène plutôt que tel autre* se produit, seule la philosophie pose le problème de *l'être* (pourquoi y a-t-il quelque chose plutôt que rien?), le problème des *valeurs* (qu'est-ce que la justice, la beauté, la vérité?), le problème de la liberté, de l'existence, et de la mort, c'est-à-dire le problème de *la destinée humaine*.

LECTURES

Sur le sens même de l'entreprise philosophique et sur la métaphysique, on ne manquera pas de consulter les pages illustres de **PLATON** (*Gorgias* 485 d-486 d, *Théétète* 172 c-176 c), de **KANT** *(Prolégomènes à toute métaphysique future)*, de **COMTE** (*Cours de philosophie positive*, Leçons I et II), de **BERGSON** (*La pensée et le mouvant*, notamment les articles intitulés *Introduction à la Métaphysique, L'intuition philosophique*).

Parmi les ouvrages contemporains, avant tout la très accessible *Introduction à la philosophie* de **Karl JASPERS** (trad. française édit. 10/18), le petit ouvrage également très lisible de **B. RUSSEL** *Problèmes de philosophie* (Petit Biblioth. Payot) ainsi que **Pierre FOUGEYROLLAS,** *La philosophie en question* (Denoël), **Maurice MERLEAU PONTY,** *Éloge de la philosophie* (Gallimard). Très actuel, tout particulièrement **F. ALQUIÉ,** *Signification de la philosophie* (Éd. Hachette, 1971). Plus difficiles d'accès, mais importants : **HUSSERL,** *La philosophie comme science rigoureuse* (Trad. Q. Laver, PUF) et **Martial GUEROULT,** *Philosophie de l'histoire de la philosophie* (Aubier 1979).

Enfin, une vraie petite « somme » philosophique, accessible avec un peu d'attention : **Hubert GRENIER,** *La connaissance philosophique* (Masson et Cᶦᵉ, 1973) et un recueil d'articles particulièrement suggestifs de **Marcel CONCHE,** *Orientation philosophique* (Éditions de Mégare, 1974).

COMMENTAIRES DE TEXTES

1. *Le portrait du philosophe dans le « Théétète » de Platon.*

Texte. — Socrate : « Supposons, mon cher ami, que le philosophe ait réussi à tirer vers les hauteurs un homme de la foule et que ce dernier consente à sortir de ces questions : « Quel tort t'ai-je fait? ou quel tort m'as-tu fait? » pour s'élever à la considération de la justice et de l'injustice en elles-mêmes, pour chercher en quoi elles consistent et en quoi elles se distinguent de toutes choses aussi bien que l'une de l'autre; supposons que cet homme renonce également à se demander si le grand roi est heureux, ou si le propriétaire d'une quantité d'or est heureux, pour en venir à considérer la royauté et le bonheur ou le malheur humain en général, leur essence respective, la façon dont il convient à l'homme de viser l'un et de fuir l'autre. Notre homme vulgaire dont l'esprit est étroit et procédurier, lorsqu'il est ainsi contraint de répondre à des questions philosophiques, se montre à son tour embarrassé. De se trouver si haut suspendu, la tête lui tourne : il n'a pas l'habitude de regarder au milieu des airs et le voilà gêné, affolé et bredouillant : ainsi ce n'est pas aux servantes de Thrace ni aux autres ignorants que celui-ci prête à rire (car ceux-ci ne se rendent pas compte de sa situation), mais à tous ceux qui ont reçu une éducation contraire à celle des esclaves.

Telle est, Théodore, l'attitude de chacun des deux hommes dont nous avons parlé. L'un élevé dans la liberté et le loisir, que tu appelles justement philosophe, ne doit pas être blâmé de paraître naïf et nul quand il se trouve devant des besognes serviles, et par exemple de ne pas savoir ficeler une couverture de voyage, d'être incapable d'assaisonner un plat de condiments ou un discours de flatteries. L'autre homme est capable de faire tout cela habilement et rapidement, mais il ne sait pas, à la façon d'un homme libre, rejeter noblement son manteau sur l'épaule droite ni, quand il a pris son tour de parole, chanter comme il convient la vraie vie des Dieux et des hommes heureux. »

(Trad. Chambry, Garnier.)

2. *La philosophie selon Hegel* (Principes de la philosophie du Droit, Préface).

Pour dire encore un mot sur la prétention d'enseigner comment doit être le monde, nous remarquons qu'en tout cas, la philosophie vient toujours trop tard. En tant que pensée du monde, elle apparaît seulement lorsque la réalité a accompli et terminé son processus de formation. Ce que le concept enseigne, l'histoire le montre avec la même nécessité : c'est dans la maturité des êtres que l'idéal apparaît en face du réel et après avoir saisi le même monde dans sa substance, le reconstruit dans la forme d'un empire d'idées. Lorsque la philosophie peint sa grisaille dans la grisaille, une manifestation de la vie achève de vieillir. On ne peut pas la rajeunir avec du gris sur du gris, mais seulement la connaître. Ce n'est qu'au début du crépuscule que la chouette de Minerve prend son vol.

(Gallimard.)

SUJETS DE DISSERTATIONS OU DE DÉBATS

— La réflexion philosophique nous détache-t-elle du monde?

— Philosophie et sagesse.

— Science et philosophie.

— Confrontez ces divers jugements sur la philosophie et montrez les différentes conceptions de la philosophie qu'ils traduisent :

« Le philosophe est celui qui possède la totalité du savoir dans la mesure du possible » (Aristote). « La philosophie peut se définir non comme la science de tout mais comme la science du tout » (Thibaudet). « On ne peut apprendre la philosophie; on peut seulement apprendre à philosopher » (Kant). « La philosophie tire sa valeur de son incertitude même » (Russell). « Les questions en philosophie sont plus essentielles que les réponses » (Jaspers). « La philosophie n'est que la résolution... de regarder naïvement en soi et autour de soi » (Bergson). « Philosopher revient à ceci : se comporter à l'égard de l'univers comme si rien n'allait de soi » (Jankelevitch). « La philosophie est l'utopie d'une possession à distance. Elle peut donc être tragique puisqu'elle a son contraire en soi; elle n'est jamais une occupation sérieuse; l'homme sérieux s'il existe est l'homme d'une seule chose à laquelle il dit oui » (Maurice Merleau-Ponty). « Les philosophes n'ont fait qu'interpréter le monde de diverses manières, ce qui importe c'est de le transformer » (Marx).

— Karl Marx a écrit « L'humanité ne se pose que les problèmes qu'elle peut résoudre » Êtes-vous de cet avis?

« L'humanité ne se pose que les problèmes qu'elle peut résoudre » (Marx).
« La philosophie n'existe ni ne se justifie par le caractère valable de ses solutions mais par l'aspect inexorable de ses problèmes » (Ortega y Gasset).

SUJETS RÉCEMMENT DONNÉS AU BACCALAURÉAT

— La philosophie a-t-elle un objet propre? (Poitiers **1978**)
— « Curiosité de tout et curiosité du tout. » Définiriez-vous ainsi la réflexion philosophique? (Rouen 1977)
— De quelle servitude un philosophe essaie-t-il de se libérer? (Rennes **1978**)
— Peut-on reprocher à la philosophie d'être inutile? (Amiens **1979**)
— Peut-on être trop sage? (Bordeaux **1979**)
— La diversité des philosophies ruine-t-elle toute prétention de la philosophie au vrai? (Dijon 1979)

(Photo Rapho-Miller)

Qu'est-ce que l'intelligence? Nous voyons ici qu'un rat blanc a appris à distinguer, dans une cage à problèmes (problem-box) des raies verticales, des raies horizontales. Mais quelle est, dans cette performance, la part du dressage, et la part de la capacité innée? Le problème reste posé, pour l'intelligence humaine comme pour l'intelligence animale. Quelle est la part du don, quelle est la part du « conditionnement » et des circonstances dans les réussites et les échecs attribués à l'« intelligence »?

A. V.

CHAPITRE II

Un problème anthropologique : l'intelligence est-elle un don? Est-elle un mythe?

DIFFICULTÉ DE DÉFINIR L'INTELLIGENCE

L'intelligence est une fonction d'adaptation

Les définitions de l'intelligence ne manquent pas. Elles sont même aussi nombreuses que les philosophes ou les psychologues qui ont réfléchi à la question! Aucune de ces définitions n'est assez précise, assez rigoureuse pour faire l'accord des spécialistes.

Hartmann définit l'intelligence comme *la fonction qui adapte des moyens à des fins*. Une conduite intelligente apparaît en effet comme un ensemble d'opérations qui ne sont pas quelconques, mais qui sont subordonnées à un but, qui visent la solution d'un problème.

Seulement, une telle définition ne s'applique pas à la seule intelligence. L'instinct animal, le savoir-faire inné des insectes, résout aussi des problèmes. L'habitude (par exemple, l'automatisme de l'automobiliste qui donne à temps un coup de frein ou un tour de volant) résout comme l'instinct le problème pour lequel elle a été montée. Mais l'instinct inné et l'habitude acquise sont aveugles. Ils sont étroitement spécialisés et inefficaces en dehors d'un domaine strictement limité. Hors de la ruche, disait Voltaire « l'abeille n'est plus qu'une mouche » Et de même on peut être un automobiliste très adroit... et ne pas savoir nager. L'intelligence implique une plus grande plasticité, une aptitude à faire des choix inédits, elle est, disait le psychologue Claparède *une adaptation à des situations nouvelles*. Une telle définition reste vague et ne permet guère des comparaisons rigoureuses et des mesures scientifiques. Le psychologue allemand Kohler qui étudiait entre 1914 et 1920 l'intelligence des chimpanzés de la station de Ténériffe a proposé de définir l'intelligence des animaux par *l'aptitude à inventer des détours plus ou moins compliqués*. Par exemple, l'animal placé dans une cage aperçoit un appât à travers le grillage. Pour s'en saisir,

L'intelligence, art des détours

il faut qu'il fasse demi-tour (la cage est ouverte de l'autre côté). La poule échoue généralement devant ce problème (elle va et vient en gloussant le long de la grille, sans découvrir la solution). Le chien ne réussit que si l'appât est un peu éloigné de la grille. En revanche, tous les singes résolvent immédiatement ce problème. On pourrait donc imaginer que la définition de Kohler (l'intelligence considérée comme aptitude aux détours) permet de *mesurer* l'intelligence animale (le singe est plus intelligent que le chien, le chien plus intelligent que la poule). Mais les épreuves de Kohler ne nous paraissent pas décisives; un jaguar, par exemple, est incapable dans une salle d'expérience de faire un détour de trois mètres pour se saisir d'un morceau de viande tandis que n'importe quel chat domestique résout rapidement ce problème. Faut-il conclure que le jaguar est moins intelligent que le chat? Mais dans son milieu naturel, dans son « umwelt » le jaguar se montre capable de faire les détours les plus compliqués pour atteindre ses proies sans être éventé (les herbivores devinent de loin sa présence fortement odorante et il doit s'approcher d'eux contre le vent). La vérité est que dans une salle d'expérience le jaguar se trouve dans un milieu trop différent de son cadre naturel pour pouvoir résoudre le problème (tandis que le chat domestique est plus habitué à ce milieu humain). Ces expériences de psychologie animale nous indiquent en tous cas le point où réside la difficulté majeure. Il est bien difficile d'isoler l'intelligence proprement dite (à supposer que cette faculté mentale existe) de l'expérience, de l'habitude, de tout l'acquis qui nous permet de résoudre les problèmes.

L'INTELLIGENCE SCOLAIRE

C'est à l'école qu'on commence à parler aux enfants de leur intelligence. Le jugement redoutable : « Cet enfant est intelligent » ou bien « cet enfant est inintelligent » est d'abord un jugement de maître d'école. Pour le maître d'école, l'intelligence se manifeste et s'apprécie par la réussite à tel ou tel exercice. Sera jugé « intelligent » l'enfant qui résout les problèmes d'arithmétique, celui qui répond correctement aux questions qui suivent la dictée ou bien encore celui qui applique judicieusement les règles de grammaire. Le jugement du maître « cet élève est intelligent » implique à la fois une constatation et une hypothèse. Ce qui est *constaté*, c'est la réalité de la performance, c'est la réussite à un exercice scolaire. Mais voici maintenent *l'hypothèse :* ce succès est attribué à un pouvoir caché, à une faculté supposée qu'on appelle l'intelligence. En réalité, il est clair que le succès scolaire dépend d'une multitude de facteurs. L'élève Jean Martin a très bien réussi son thème anglais et le professeur déclare que cet élève est intelligent. Mais la réussite du jeune Martin peut dépendre d'innombrables conditions. Peut-être a-t-il passé ses dernières vacances en Angleterre;

peut-être son père ou sa mère parlent-ils eux-mêmes couramment l'anglais; peut-être cet élève est-il particulièrement « motivé » comme disent les psychologues : par exemple, il se destine à une carrière d'interprète et se passionne pour les langues vivantes. La réussite scolaire est liée pour une part à l'ambition, à ce qu'on appelle « le niveau d'aspiration » plus ou moins élevé. Les facteurs affectifs jouent un rôle très important même dans les matières les plus abstraites. Stendhal raconte que dans sa jeunesse il réussissait fort bien en mathématiques. Le goût de cette discipline, particulièrement rigoureuse, venait, assure-t-il de son horreur pour l'hypocrisie! Comment isoler dans les conditions multiples et complexes de la réussite scolaire ce facteur singulier qui serait l'aptitude intellectuelle proprement dite?

LES TESTS D'INTELLIGENCE

Le but des tests d'intelligence, et par exemple du premier d'entre eux, le célèbre test de Binet et Simon (le B S) qui a servi de modèle à tous les autres est précisément de mesurer l'aptitude intellectuelle elle-même, isolée de tous les autres facteurs, de dégager ce que Binet appelait la *belle intelligence native*.

Le point de départ des recherches de Binet et du docteur Simon était une question pratique. En 1904, le ministère de l'Instruction publique à Paris avait nommé une commission pour dépister les enfants intellectuellement arriérés.

Binet s'aperçut que les problèmes résolus par les enfants arriérés d'un âge donné sont résolus de façon analogue par des enfants normaux plus jeunes d'où l'idée fondamentale que chez les enfants les différences de niveau intellectuel peuvent se ramener à des différences d'âge. Binet et Simon établissent empiriquement pour chaque âge une liste d'épreuves et ne retiennent en définitive parmi celles-ci que celles qui sont réussies effectivement par 75 % des enfants de l'âge considéré. C'est ainsi qu'à trois ans la plupart des enfants savent donner leur nom, montrer leur bouche, leur nez et même énumérer les objets d'une gravure. A sept ans, 75 % des enfants montrent correctement leur main droite, leur oreille gauche, font trois commissions. A dix ans, la plupart des enfants réussissent, entre autres épreuves, à faire une phrase avec les mots Paris, fortune, ruisseau.

Le test ayant été ainsi étalonné il suffit alors de proposer ces épreuves à un enfant donné. Si cet enfant répond à presque toutes les épreuves de huit ans mais échoue à résoudre la plupart de celles de neuf ans on dira qu'il a huit ans d'âge mental. En comparant son âge mental et son âge réel on obtient immédiatement son quotient intellectuel son *QI* (au numérateur l'âge mental, au dénominateur l'âge réel).

Le QI moyen est ainsi égal à l'unité 1, ou dans la terminologie habituelle 100. Un QI de 130 accuse une intelligence supérieure. Un QI de 70 signale déjà la débilité mentale. Au-dessous de 50 c'est l'imbécillité, au-dessous de 20 l'idiotie. Les versions contemporaines les plus connues du BS sont le NEMI (nouvelle échelle métrique d'intelligence de Zazzo) et le test de Wechsler, le WISC (Wechler intelligence scale for children).

L'intelligence, don naturel?

DÉBAT SCIENTIFIQUE OU DÉBAT POLITIQUE

Si nous portons sur un graphique les résultats aux tests d'une population de plusieurs centaines d'individus, nous nous apercevons que le plus grand nombre de sujets atteint des notes moyennes tandis que les notes faibles ainsi que les notes élevées sont plus rares. A vrai dire, les notes faibles sont un peu plus nombreuses que les notes élevées (et nous expliquerons plus tard cette particularité) mais, en gros, la courbe réelle obtenue (à traits pleins) se rapproche sensiblement de la courbe

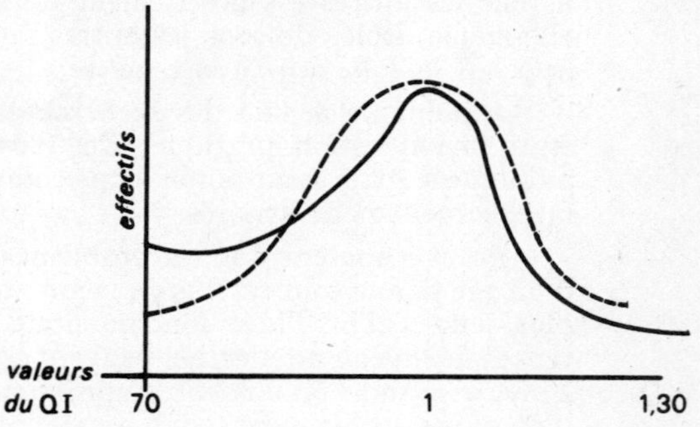

dite courbe en cloche ou courbe de Gauss (en pointillés) qui est caractéristique de toutes les mesures portant sur des aptitudes biologiques d'une population. Par exemple, si nous mesurons l'acuité visuelle de quelques centaines d'individus, nous obtenons une courbe de Gauss (beaucoup de vues moyennes, peu de vues perçantes, peu de vues basses) et de même pour la taille (beaucoup de tailles moyennes, peu de géants, peu de nains). Certains en concluent que l'intelligence (avec ses variations en plus ou en moins selon les individus) est une fonction biologique, héréditaire, obéissant aux lois de la *génétique*.

Nous savons en effet que la cellule originelle qui constitue chaque individu vivant (avec ses 23 *chromosomes* du gamète maternel l'ovule et ses 23 *chromosomes* du gamète paternel le spermatozoïde) contient tous les messages qui ordonnent notre poids, notre taille, notre groupe sanguin, la couleur des yeux, des cheveux, la longévité. Le long de chaque chromosome s'alignent des *gènes*, segments de doubles chaînes de nucléotides, porteurs chimiques de tous nos caractères héréditaires. Nous savons même avec précision que la couleur des yeux dépend d'un gène, la couleur de la peau (blanc, noir ou jaune) de cinq gènes au moins. Seulement, beaucoup de caractères dépendent à la fois de l'hérédité et du milieu ou du mode de vie. Par exemple, le poids d'un individu dépend non seulement de son hérédité, mais aussi de toute évidence de son alimentation, de son mode de vie (actif ou sédentaire). D'autres traits n'ont rien à voir avec la génétique. On ne parle pas français ou japonais de naissance, mais parce qu'on a *appris* telle ou telle langue !

Rôle de l'éducation et diversité des intelligences

Que dire à ce sujet de l'intelligence? Il ne faut pas trop se laisser impressionner par la courbe de Gauss qui semble montrer que le QI se distribue comme n'importe quel caractère biologique. Car nous avons dit plus haut précisément que les inventeurs de tests ne retenaient pour chaque âge que les questions auxquelles répondaient 75 % des enfants de cet âge. Les questions ont été choisies, le test « étalonné » justement pour qu'on trouve, à terme, une courbe de Gauss ! Que le psychologue retrouve à la fin ce qu'il a mis au départ ne doit pas nous émerveiller. Surtout n'oublions pas que l'intelligence n'a toujours pas été définie préalablement avec rigueur. Binet se tirait de cette difficulté par une boutade : « j'appelle intelligence, ce que mes tests mesurent », disait-il ! En fait, il faut le rappeler, on peut bien mesurer une performance dans tel ou tel exercice mais il est bien difficile d'abstraire les facteurs de réussite ou d'échec à ces épreuves ! Et puis n'y a-t-il pas plusieurs formes d'intelligence? Le mécanicien qui excelle à démonter et à remonter les pièces d'une machine est différent du philosophe qui construit un beau système de concepts. Peut-être le mécanicien ne comprendra-t-il rien à un système philosophique, tandis que le philosophe sera tout à fait incapable de réparer son poste de télévision ! Et encore ne savons nous-mêmes pas exactement quelle est la part dans ces performances diverses des *dons* que ces hommes ont pu trouver dans leur héritage génétique, et de *l'apprentissage* qu'ils ont plus ou moins longuement reçu ! Sans doute les psychologues ont-ils diversifié leurs batteries de tests. Certains tests prétendent mesurer l'aptitude aux calculs numériques, d'autres la compréhension verbale, d'autres encore l'aptitude spatiale dont l'importance est indéniable en géométrie ou en mécanique. Ce qui est fondamental ici — lorsqu'on prétend parler d'intelligence en général — c'est la *corrélation* entre divers tests. Si, par exemple (ce qui est loin d'être le cas), tous les individus qui ont 18 à une épreuve mécanique avaient 18 à une épreuve verbale, tous ceux qui ont 10 ou 8 à une épreuve mécanique avaient 10 ou 8 à l'épreuve verbale et ainsi de suite il y aurait entre les deux épreuves une corrélation positive de 1 (exprimable par une droite sur un axe de coordonnées). Une telle corrélation n'est jamais atteinte mais des corrélations positives de 0,7 ou 0,8 s'observent entre diverses épreuves.

Spearman après des analyses fort complexes de corrélations aboutit à la conclusion qu'il existe un *facteur d'intelligence générale*, le facteur G qui intervient dans toutes les épreuves pour une part plus ou moins importante, et aussi des *facteurs spécifiques* (facteurs S) très divers qui caractérisent chaque épreuve spécialisée (facteur mécanique, facteur verbal). Le facteur G aurait une importance plus ou moins grande selon les épreuves (l'aptitude verbale serait par exemple fortement saturée en facteur D, le talent musical beaucoup moins). Mais Thurstone, analysant en 1938 les performances de 240 étudiants d'Université dans 56 tests différents, a conclu qu'il n'y avait aucune preuve de l'existence d'un facteur G. L'existence d'une intelligence générale — que Spearman définissait comme « éduction des corrélats » c'est-à-dire en termes plus simples, aptitude à découvrir des rapports — n'est donc pas scientifiquement prouvée.

Peut-on isoler l'intelligence du savoir?

Nous en savons en tout cas suffisamment pour comprendre que sous le débat scientifique ouvert par l'invention des tests d'intelligence se cache une question politique et sociale. *L'intention des inventeurs* du test est d'ailleurs peut-être contraire à la *vraie signification* de la méthode. L'intention était nous l'avons dit de mesurer l'intelligence proprement dite, indépendamment de l'instruction et des notes scolaires. Comme le dit encore aujourd'hui Victor Serebriakoff « le test a été conçu en tant qu'instrument de justice sociale, façon de pénétrer le potentiel d'un enfant malgré son manque d'éducation » (1).

Mais s'il en était en fait tout autrement? Si précisément les tests ne parvenaient pas à isoler la pure intelligence du savoir, si comme les notes scolaires — mais d'une façon plus dissimulée donc plus dangereuse — les résultats aux tests dépendaient de l'éducation, des influences socio-culturelles? En ce cas, les tests loin de rétablir la justice au-delà des inégalités artificielles, apporteraient une caution pseudo-scientifique à la vieille thèse de l'inégalité des hommes. On voit donc quel est l'enjeu pédagogique et politique du problème : si vraiment la psychologie contemporaine prouve qu'il existe une intelligence innée, génétique, plus ou moins élevée selon les individus, en ce cas une pédagogie et une politique « de droite » se trouvent justifiées? Il convient de *sélectionner* très tôt les enfants les plus intelligents, de leur réserver l'instruction la meilleure et la plus prolongée, les autres, les moins intelligents se trouvant désignés — par les tests et par la nature — pour les apprentissages rapides et les métiers manuels. Si, au contraire, c'est le milieu social, ce sont les influences scolaires familiales, culturelles, qui sont pour l'essentiel responsables des résultats inégaux aux tests, alors ce n'est plus la nature qui est responsable mais l'histoire. Et ce que l'histoire a fait, l'histoire peut et doit le défaire et le refaire. En ce cas il convient (thèse « de gauche ») d'assurer quel qu'en soit le prix *à tous les enfants la meilleure instruction possible*, de briser

(1) Victor Serebriakoff, *Votre quotient intellectuel* (Éd. La Presse, Paris, 1973).

(*Photo Giraudon-Lauros*)

MONDRIAN : *Peinture abstraite*

La philosophie a ceci de commun avec l'algèbre et la peinture contemporaine qu'elles sont toutes trois tournées vers l'abstraction... Mais attention! Leibniz disait : « le concret n'est tel que par l'abstrait ». Ce tableau vous semble tout à fait incompréhensible : vous ne saisissez pas ce que Mondrian a voulu faire? C'est que vous ne cherchez pas dans l'art ce qu'il faut y voir. Malraux l'a dit : « l'art c'est ce par quoi les formes deviennent style ». Cela est vrai aussi de la philosophie. L'entreprise philosophique consiste à abstraire et à généraliser à partir de données concrètes, à systématiser le réel pour tenter de le rendre intelligible. C'est en cela que la pensée, comme l'algèbre ou l'art abstrait, recèle une certaine beauté. Il y a du beau dans le vrai, comme de l'élégance dans une démonstration mathématique. Ces formes et ces couleurs ont la rigueur impeccable de l'absolu.

D.H.

les inégalités artificielles, d'assurer à chacun le plus complet épanouissement. L'intelligence ne serait pas un donné brut, une fatalité. En transformant la société on donnerait à tous de meilleures chances d'accroître leur savoir, d'acquérir en quelque sorte de l'intelligence. Depuis soixante-dix ans qu'on a inventé les tests et qu'on les pratique, souvent à grande échelle, les chercheurs ont obtenu suffisamment de résultats pour que ceux-ci soient soumis à la réflexion du philosophe. Nous nous proposons ici d'abord de signaler les faits essentiels, ensuite d'entreprendre une critique impartiale des interprétations diverses.

QUELQUES RÉSULTATS CONSTAMMENT OBSERVÉS

Aux États-Unis d'Amérique, il apparaît presque constamment qu'en *moyenne* les résultats obtenus aux tests d'intelligence par les Noirs sont inférieurs à ceux des Blancs. Le QI moyen des Noirs tourne autour de 90, celui des Blancs autour de 100.

Partout le QI moyen des enfants testés varie avec la classe sociale et le milieu. Binet s'en était d'ailleurs aperçu dès le début de ce siècle. Par exemple, les questions étalonnées pour l'âge de trois ans se sont rapidement révélées trop faciles. Pourquoi? Parce que les premiers enfants de cet âge sur lesquels les tests avaient été essayés étaient de petits orphelins, ou des enfants abandonnés, recueillis dans des institutions charitables, milieu évidemment moins stimulant que celui de la plupart des familles. Les enfants des orphelinats avaient donc un QI inférieur, en moyenne, à celui des autres enfants.

D'autre part, Binet remarque, lors de ses toutes premières expériences, que les élèves d'une école des Batignolles, appartenant à une classe relativement aisée de commerçants, d'employés, d'ouvriers qualifiés avaient un QI moyen plus élevé que les enfants de l'école de la Grange-aux-Belles, pour la plupart fils de manœuvres.

En 1944, une vaste enquête portant sur des dizaines de milliers d'écoliers français de 6 à 13 ans (sous la direction de Piéron et du Dr Gilles) a montré que le QI moyen des enfants dépendait de la profession de leurs parents. Les parents qui occupaient des professions intellectuelles et libérales avaient les enfants pourvus, en moyenne du meilleur quotient intellectuel. Au-dessous venaient immédiatement les familles de cadres industriels et commerçants, puis les enfants des employés des villes; les QI les plus bas étaient ceux des enfants des ouvriers agricoles. La plus récente enquête menée en France, en 1965, par l'Institut national d'Études démographiques confirme en gros ces résultats. Le quotient intellectuel moyen des enfants de manœuvres ne dépasse guère 90. Celui des enfants de cadres supérieurs atteint presque 115.

Des analyses faites sur des micro-milieux donnent des résultats encore plus frappants. Gordon en 1923 a montré que le QI des enfants de mariniers (enfants qui changent sans cesse d'école au gré des pérégrinations familiales) était en moyenne le plus bas. En revanche, les enfants d'instituteurs (dont l'adaptation scolaire est évidemment facilitée par la profession des parents) ont en moyenne le QI le plus élevé, les meilleurs résultats scolaires, et les plus grandes chances de promotion sociale.

A ces données essentielles, nous ajouterons quatre autres faits indéniables dont il faudra tenir compte.

1) Les résultats indiqués ci-dessus sont des *moyennes*. A l'intérieur de chaque groupe, des plus brillants comme des plus médiocres, il y a une grande *dispersion* des résultats individuels; d'où les chevauchements entre les groupes. Par exemple, si le QI moyen des enfants de manœuvres est inférieur de plus de vingt points au QI moyen des enfants de cadres supérieurs, il n'en reste pas moins que les QI les plus élevés des enfants de manœuvres sont supérieurs aux QI moyens des enfants de cadres supérieurs. De même, si aux U.S.A. les QI des Noirs sont en moyenne inférieurs à ceux des Blancs, il n'en est pas moins vrai qu'un petit nombre de Noirs ont un QI très élevé.

2) Le QI mesuré chez un enfant de moins de dix ans n'a pas une grande valeur de pronostic. Le QI est très variable, au moins jusqu'à 16 ou 17 ans. Il peut s'élever ou au contraire diminuer. Dans un milieu très défavorable le QI de l'enfant diminue plutôt. Dans un milieu socio-culturel favorable à l'épanouissement intellectuel, le QI de l'enfant augmente avec l'âge. Plus l'enfant grandit et plus la corrélation entre le QI et le niveau social se fait sentir.

3) La comparaison entre le QI des parents et celui des enfants donne un résultat assez curieux. Les QI des enfants reflètent ceux des parents, mais lorsque le QI parental est très élevé ou très bas, le QI des enfants voit diminuer ces disparités. Par exemple, selon des statistiques américaines, des parents appartenant à des professions libérales ont en moyenne un QI de 130, les enfants ont en moyenne un QI de 120. Des parents manœuvres, ou travailleurs saisonniers, ont un QI moyen de 85, leurs enfants un QI moyen de 95. Ce phénomène connu sous le nom de *régression à la moyenne* n'est pas propre au QI; par exemple, les enfants de parents de très grande taille seront grands eux aussi mais moins que leurs parents; des enfants dont les parents ont une petite taille seront en général petits, mais malgré tout un peu plus grands que leurs parents.

4) Enfin, le quotient intellectuel dépend d'un autre facteur facile à mettre en évidence, à savoir du nombre des enfants dans la famille. Les enfants uniques ont, en moyenne le QI le plus élevé. Plus la famille est nombreuse plus le QI de chaque enfant est bas, l'aîné ayant en général le QI le plus élevé.

INTERPRÉTATION DES RÉSULTATS : THÉORIE DE L'INTELLIGENCE HÉRÉDITAIRE

Sir Francis Galton avait il y a cent ans consacré un ouvrage à l'hérédité du génie. L'existence de familles comprenant par exemple plusieurs grands musiciens lui semblait un argument décisif. Plusieurs de ses disciples croient encore aujourd'hui que le rapport constamment observé entre le QI et la classe sociale prouve tout simplement que l'intelligence est héréditaire. Alexis Carrel, il y a 40 ans, intitulait un chapitre de son livre *L'homme cet inconnu : Classes sociales et classes biologiques :* Carrel écrit notamment : « Ceux qui sont aujourd'hui des prolétaires doivent leur situation inférieure aux tares héréditaires de leur corps et de leur esprit. » Dans le même sens, l'Américain Arthur Jensen qui dirige un laboratoire de psychologie à l'Université de Californie pense encore aujourd'hui que l'infériorité des Noirs américains aux tests d'intelligence est une infériorité naturelle, génétique. Dans un article récent du *New York Times Magazine,* il écrit : « Le nombre des gènes de l'intelligence paraît être plus bas dans l'ensemble chez les Noirs que chez les Blancs ».

On voit quel est le sens général de cette thèse : les minorités défavorisées, tout comme les gens qui appartiennent aux professions les plus pénibles et les moins qualifiées seraient victimes non des injustices sociales mais d'une inégalité naturelle. C'est parce qu'ils seraient moins intelligents qu'ils occupent les échelons les plus bas de la hiérarchie sociale. Si cette thèse était vraie elle aurait par ailleurs une conséquence très inquiétante pour l'avenir de l'humanité : nous avons remarqué en effet que les gens les plus pauvres (races opprimées ou travailleurs défavorisés) ne sont pas seulement ceux qui ont les QI les plus bas. Ils sont aussi ceux qui ont le plus d'enfants. A la longue, le niveau moyen d'intelligence de la population tout entière devrait donc baisser! Bien entendu, depuis plus d'un demi-siècle qu'on pratique les tests on n'a jamais observé cette baisse de QI d'une génération à l'autre. Mais la thèse héréditariste a peut-être tout simplement mis à l'envers la véritable relation entre les faits : en réalité, ce n'est pas le QI, considéré à tort comme reflet d'un don naturel, de l'entité « intelligence », qui explique la situation des uns et des autres dans la hiérarchie sociale; c'est tout au contraire la situation sociale avec les avantages ou les handicaps qu'elle donne aux uns et aux autres qui explique, au moins pour une part, succès ou échecs aux épreuves d'intelligence.

CRITIQUE DE LA THÈSE HÉRÉDITAIRE. INFLUENCE DU MILIEU SUR L'INTELLIGENCE

Les arguments de Jensen et de ses disciples sur l'infériorité génétique des Noirs ne résistent pas à l'analyse. D'abord, on a remarqué depuis longtemps que les Noirs des U. S. A. dans les États du Nord ont un quotient intellectuel supérieur aux Noirs qui vivent dans le Sud; sans doute, les racistes expliquent-ils cette particularité par l'hypothèse d'une « migration sélective ». Seuls les Noirs les plus intelligents, les plus audacieux auraient pris l'initiative de quitter les États du Sud pour ceux du Nord. Mais l'examen de nombreux dossiers infirme cette hypothèse. Ce sont souvent, au contraire, les plus malchanceux, ceux qui n'ont pas trouvé de travail qui émigrent. Et surtout on remarque que le QI des Noirs du Nord est d'autant plus élevé qu'ils sont installés depuis plus longtemps dans le Nord. Des expériences de re-test sur des écoliers de New York, fils d'immigrants noirs récents, montrent que le QI s'élève au fur et à mesure que la durée d'installation à New York s'allonge. Ici le facteur social paraît fondamental. Les conditions de vie des Noirs à New York sont évidemment meilleures, dans la plupart des cas, que dans les États du Sud.

Enfin, n'oublions pas que les tests proposés aux écoliers noirs et blancs ont été généralement inventés par des psychologues blancs. Il y a quelques années une adaptation américaine du Binet-Simon, le National Intelligence Test demandait par exemple de trouver le mot manquant dans la phrase : (...doit régner dans les églises et dans les bibliothèques). Ce mot est évidemment le « silence » mais un grand nombre d'écoliers noirs ne donnent pas la réponse correcte; on en voit aisément la raison; c'est que le silence n'est nullement l'habitude ni la règle dans les services religieux fréquentés par les Noirs (où les fidèles par exemple chantent et participent activement et bruyamment au culte).

Et que dire des peuples dits primitifs, en voie de disparition, mais dont les tribus étaient encore nombreuses il y a trente ans, par exemple dans la savane australienne, dans la forêt brésilienne? Certains vivaient encore à l'âge de pierre. Peut-on soutenir que leur retard culturel était dû à une intelligence inférieure? Au début de ce siècle, l'ethnologue Vellard participait à une expédition scientifique au Paraguay. Il tentait d'entrer en contact avec les Indiens Guayakis, peuple très primitif vivant exclusivement de cueillette et de pêche. Au cours de son exploration, il découvrit une petite Indienne de six mois qui venait d'être abandonnée. L'équipe recueillit cet enfant, Vellard l'adopta. A vingt ans elle parlait le français, l'anglais et devint la collaboratrice la plus précieuse de son père adoptif. Du seul fait de l'éducation reçue cette enfant était passée de la civilisation paléolithique à la culture la plus raffinée du XXe siècle!

Quelle est maintenant la vraie signification du rapport du QI avec la classe sociale? Que les variations statistiques du QI selon les milieux sociaux soient non pas la cause (naturelle, génétique) de la division en classes, mais tout au contraire la conséquence de ces clivages sociologiques, une expérience remarquable le prouve (1). Des psychologues de l'Université d'Iowa ont étudié le cas particulièrement significatif de petits Américains placés avant l'âge de six mois dans des familles adoptives. Ces enfants issus dans leur grande majorité de familles très humbles (80 % d'entre eux avaient pour père un travailleur non qualifié) ont été placés dans des familles d'un niveau social plus élevé (commerçants, employés, intellectuels ou travailleurs qualifiés). Ces enfants ont été suivis très attentivement pendant 15 ans (1934 à 1949) et soumis à des tests à plusieurs reprises durant cette période. Or leur quotient intellectuel n'a cessé de s'élever au cours des années. A la fin de l'expérience il dépassait en moyenne de 20 points le QI de leur mère naturelle et apparaissait plus proche en tout état de cause du QI des parents adoptifs que du QI de leurs vrais parents. L'environnement socio-culturel paraît donc influencer le QI plus fortement que ne le fait l'hérédité biologique.

Cette influence du milieu se retrouve d'ailleurs couramment en biologie. On connaît les travaux de Bonnier sur le topinambour. En plaine, le topinambour atteint une taille de 1,50 mètre. En climat alpin, moins favorable, il forme une rosette de feuilles au ras du sol. Les expériences de Hebb ou de Henderson sur des rats de laboratoire donnent des résultats qui vont dans le même sens. On compare les performances (apprentissage d'un labyrinthe) de deux séries de rats, les uns élevés dans une cage de laboratoire quelconque les autres dans des cages plus perfectionnées, comprenant toutes sortes de dispositifs où les rats ont pu pendant plusieurs semaines exercer leur intelligence. Or on constate que les rats élevés dans les cages les plus compliquées, dans ce que les expérimentateurs appellent un « milieu enrichi » n'ont pas ultérieurement les mêmes performances aux tests d'apprentissage de labyrinthe que les rats élevés dans des cages ordinaires. Les rats qui ont été dans un milieu plus « stimulant » se distinguent des autres de deux façons : *a*) leurs performances sont en moyenne supérieures; *b*) elles sont également plus diversifiées. Tandis que les résultats des uns sont uniformément médiocres les résultats statistiques des autres présentent une plus grande dispersion (un plus grand écart entre les moins bons et les meilleurs). Le milieu le moins stimulant paraît être responsable d'un certain nivellement par le bas.

---

(1) Cette expérience anglaise de Marie Skodak et H. M. Skeels publiée en 1949 sous le titre *A final Follow up Study of one hundred adopted children* dans le *Journal of Genetic Psychology* est, pour le lecteur français, analysée avec beaucoup de précision dans un ouvrage récent de Michel Tort *Le quotient intellectuel* (Maspero, Paris, 1974), pp. 37 à 46.

LA PART DU FACTEUR GÉNÉTIQUE

Faut-il pour autant nier l'existence d'un facteur ou de multiples facteurs génétiques de l'intelligence? Avant d'aborder ce problème il faut d'abord rappeler que l'intelligence n'est pas elle-même une fonction mentale clairement et précisément isolée et définie (comme la couleur des yeux ou le groupe sanguin). Il faut ajouter que nul n'a jamais identifié (à supposer qu'ils existent) le ou les chromosomes de l'intelligence! Lorsque Jensen prétend que les gènes de l'intelligence sont en général moins nombreux chez les Noirs, son hypothèse n'a évidemment rien de scientifique puisque nul n'a jamais reconnu et déterminé les gènes en question!

Ce qu'on peut expliquer génétiquement ou physiologiquement *ce n'est pas la fonction intellectuelle elle-même, mais certaines altérations.* Par exemple, les *mongoliens* doivent leur arriération à un facteur génétique (qui n'a rien à voir avec des causes socio-culturelles!). Les mongoliens ont trois exemplaires (au lieu de deux) du chromosome 21 (d'où le nom de trisomie 21 donnée à cette anomalie). Les crétins (au sens rigoureux et médical du mot) sont des goitreux qui souffrent d'un mauvais fonctionnement de la glande thyroïde. D'autres arriérés ont souffert d'un mauvais développement embryologique ou, à la naissance, de traumatismes obstétricaux. Ces accidents de nature organique expliquent d'ailleurs que la courbe des QI d'une population nombreuse ne soit pas exactement une courbe en cloche, les intelligences basses (à gauche de la courbe) sont un peu plus nombreuses que les intelligences brillantes. Mais il faut insister sur le fait qu'expliquer génétiquement ou de façon plus large organiquement certaines *altérations*, certains *déficits* de l'intelligence n'est pas rendre compte par des facteurs génétiques ou organiques des performances plus ou moins élevées d'intelligence, en gros, normales. Comme le reconnaît expressément Jacques Larmat dans son ouvrage *La génétique de l'intelligence :* « Un livre de génétique humaine est surtout, le cas des facteurs sanguins... mis à part, un livre de génétique pathologique. » Et il est bien évident « qu'aucun modèle satisfaisant du génotype intellectuel n'a encore été construit » (1).

Cependant, certains faits indiscutables prouvent que les aptitudes intellectuelles, comme toutes les aptitudes biologiques, n'échappent pas à une certaine détermination génétique. Nous invoquerons, à l'appui de cette affirmation, plusieurs données :

a) Si le QI dépend de la classe sociale, la dispersion des QI par rapport à la moyenne à l'intérieur de chaque classe sociale montre que *l'influence sociale n'efface pas les différences individuelles;* ces différences peuvent elles-mêmes dépendre de facteurs multiples, mais il serait

---

(1) Jacques Larmat, *La génétique de l'intelligence* (P. U. F., 1973), p. 97 et p. 116.

invraisemblable que le facteur génétique n'ait ici aucune part. Le phénomène de régression à la moyenne (lorsque les performances des parents sont plus élevées ou plus basses que la moyenne, celles des enfants sont moins éloignées de la moyenne) semble indiquer que les aptitudes intellectuelles relèvent pour une part des lois statistiques de l'hérédité.

b) Si dans les orphelinats le QI des enfants est en moyenne inférieur à l'unité (ce qui s'explique évidemment par l'environnement) ici encore la dispersion des résultats reste forte, les différences individuelles considérables. Ce fait qui n'a jamais été démenti ne saurait être passé sous silence.

c) Enfin, l'étude comparative *des vrais jumeaux* offre pour notre problème un outil expérimental de tout premier ordre. Tandis que les jumeaux hétérozygotes (issus de deux œufs fécondés simultanément) ne se ressemblent pas plus que des frères et sœurs ordinaires, les jumeaux homozygotes, les vrais jumeaux, issus de la division d'un même œuf sont, à parler strictement *le même être en deux exemplaires*. Pour tenter de faire la part dans les performances intellectuelles du facteur génétique et de l'influence du milieu, les chercheurs se sont ingéniés à retrouver de vrais jumeaux qui ont été séparés très tôt, élevés dans des milieux divers, pour les soumettre à des tests d'intelligence. Les travaux les plus célèbres sur la question sont l'étude de Newman, Fresman et Holzinger (1937) qui ne portait malheureusement que sur 19 paires de jumeaux séparés avant l'âge de un an, l'étude de Burt qui porte sur 53 paires de jumeaux séparés avant l'âge de six mois, le travail du Suédois Husen qui porte sur plusieurs centaines de jumeaux (appelés au service militaire de 1948 à 1952), l'étude récente de Schields (1962) sur 44 paires de jumeaux. Ces travaux concluent généralement à une forte influence du facteur héréditaire. Entre des jumeaux séparés dès les premiers mois et testés plusieurs années plus tard il y a une différence de 8 points en moyenne au QI tandis que des frères et sœurs élevés ensemble offrent une différence moyenne de plus de 10 points! Ces travaux nous autorisent donc à affirmer la présence de facteurs héréditaires de l'intelligence mais ils ne nous permettent pas (contrairement à ce que certains affirment) de chiffrer sérieusement la part relative de l'hérédité et du milieu. Prétendre comme Burt et ses disciples que l'intelligence est aux trois quarts héritée, pour un quart façonnée par le milieu ne veut strictement rien dire. Les jumeaux séparés depuis les premiers mois ont été élevés dans des milieux tantôt assez analogues, tantôt un peu différents, dans quelques cas assez rares très différents. Ce sont les hasards de l'adoption et du placement qui ont déterminés les milieux des jumeaux séparés et non la décision scientifique d'un expérimentateur! On sait en tout cas que plus les milieux sont différents plus est grand l'écart du QI des jumeaux séparés. On cite le cas d'un écart de 24 points (116-92) entre deux jumelles identiques dont l'une avait été élevée en milieu bourgeois, l'autre dans une famille très modeste (celle qui avait le QI 116 avait une scolarité de 14 ans plus longue que sa sœur jumelle !). Plus est grand l'écart des milieux où ont été élevés les jumeaux que l'on compare, plus la part de l'environnement se manifeste dans la différence des QI. En revanche, lorsque les milieux des jumeaux séparés ne sont pas très différents, l'identité génétique se révèle dans la similitude de leur QI.

d) L'expérimentation sur les animaux (en l'espèce sur des rats de laboratoire) prouve qu'il y a une certaine « héritabilité » des aptitudes à l'apprentissage. Les rats se reproduisant très rapidement, l'expérimentateur isole aisément, par des unions consanguines répétées des lignées dites *inbred* (de l'anglais to breed, engendrer). C'est-à-dire un ensemble d'animaux pourvus du même génotype et dont les performances à un même test de labyrinthe se révèlent très proches. On peut ainsi sélectionner, sur plusieurs générations des rats génétiquement doués et d'autres génétiquement très peu doués pour tel ou tel apprentissage. Ces expériences ne démentent nullement les expériences qui montrent l'influence du milieu sur l'aptitude à l'apprentissage. Elles montrent que le facteur génétique se combine avec le facteur « environnement » dans les aptitudes testées.

CONCLUSION

Dans les aptitudes intellectuelles il y a une part d'héritage biologique, une part d'influence du milieu. Ce que mesure le test est une résultante de facteurs multiples. Hebb disait que le niveau intellectuel d'un individu est déterminé par une intelligence A qui représente le potentiel génétique et une intelligence B qui représente l'effet des stimulations de l'environnement. Avec un potentiel génétique (A) relativement modeste et une instruction particulièrement soignée et approfondie (B), un individu peut donc atteindre, finalement, un niveau intellectuel supérieur à celui qu'obtient un individu mieux doué au départ mais élevé dans un milieu défavorable.

Aucun test ne permet d'isoler vraiment l'intelligence A, le potentiel génétique; d'abord parce que tous les tests supposent des connaissances préalables et des habitudes acquises (non seulement les tests verbaux mais aussi les tests spatiaux et mécaniques); ensuite parce que l'intelligence elle-même (et ce mot nous l'avons vu n'a pas un sens vraiment précis et rigoureux) est susceptible de se développer au cours des apprentissages.

Le QI d'un enfant de six ans — et même de dix ans — ne donne pas d'indications bien précises sur ses possibilités d'avenir (sauf bien sûr en ce qui concerne les débiles vrais que l'on peut d'ailleurs découvrir, sans le truchement des tests). En revanche, la connaissance qu'on donnerait éventuellement à l'enfant d'un QI médiocre a toute chance de le décourager et de rendre vraie une précision, qui, inconnue du sujet, n'aurait pas été réalisée ! Une expérience intéressante, faite dans une école secondaire américaine, confirme cette remarque. Un psychologue communique aux professeurs d'une classe tous les QI de leurs élèves. Mais il s'agit dans cette expérience de QI parfaitement fantaisistes, qui ont été distribués au hasard ! On constate que la plupart des enfants doués par l'expérimentateur d'un bon QI fictif sont appréciés par leurs professeurs tandis que ceux auxquels la fantaisie de l'expérimentateur a donné un QI mauvais se révèlent dans plus de 60 % des cas mauvais élèves ! De toute évidence les professeurs se sont intéressés davantage à ceux qu'ils croyaient les plus intelligents et ont un peu négligé les autres. Les résultats des élèves ont répondu, dans une large mesure à ce qu'on paraissait attendre d'eux ! On peut conclure par cette remarque pertinente de Jean Guéhenno *(Sur le chemin des hommes) :* « Méfiez-vous de ces maîtres qui se plaignent toujours que leurs élèves soient bêtes. Qu'ils ne s'en prennent qu'à eux-mêmes ! Qui croit à l'intelligence des autres la provoque et la fait naître. Qui en doute et s'en défie la rend timide jusqu'à la détruire. »

»»»»»»»»»»»» LES IDÉES ESSENTIELLES ««««««««««««

Le problème de l'intelligence semble au premier abord relever d'une discipline scientifique, la psychologie : Au début du XXe siècle les psychologues français (Binet et Simon) puis américains (Terman) ont inventé des *tests*, c'est-à-dire des épreuves destinées à mesurer « la belle intelligence native », l'aptitude à saisir des rapports, *indépendamment de toute culture, de tout savoir scolaire préexistant.*

L'expérience a montré que — *si l'on considère des moyennes*, au-delà des différences individuelles importantes — l'intelligence mesurée par les tests, tout comme les performances scolaires varie, selon les races et les classes sociales, races et classes dominantes ayant *en moyenne* des résultats meilleurs que races et classes dominées.

Le problème posé au philosophe est celui-ci : comment interpréter ce rapport entre les résultats aux tests d'intelligence et les milieux sociaux? Le don intellectuel (plus ou moins grand) explique-t-il l'appartenance de l'individu biologiquement favorisé ou défavorisé à un milieu social plus ou moins élevé? Ou tout au contraire est-ce le milieu social favorable qui est le facteur déterminant de l'intelligence? La question appelle des réponses nuancées. Certaines arriérations intellectuelles (mongolisme) sont évidemment d'origine génétique. Mais d'autre part les potentialités intellectuelles (biologiquement données) peuvent se développer plus ou moins et parfois même régresser selon que le milieu social est épanouissant ou défavorable. Même des jumeaux vrais (biologiquement identiques) auront un « quotient intellectuel » différent s'ils sont élevés dans des milieux très différents. L'éducation reçue, ainsi que les « motivations » qui sollicitent nos efforts intellectuels jouent un rôle très important dans nos performances intellectuelles. Le « quotient intellectuel » d'une personne donnée est toujours susceptible de variations importantes entre dix et dix-huit ans selon le milieu et les circonstances.

LECTURES

Les conflits de la « nouvelle droite » qui tient l'intelligence pour un don naturel héréditaire, avec ses adversaires (qui insistent sur l'éducation et le conditionnement social) donnent à ce problème une grande actualité.

L'ouvrage de base sur le problème est un petit livre remarquablement impartial : **Jacques LARMAT** *La génétique de l'intelligence* (P. U. F., 1973).

Sur la nouvelle droite en général :

Alain de BENOIST — *Les idées à l'endroit* (Éditions libres Hallier, 1980) (recueil d'articles de l'auteur de 1971 à 1979).

Parmi les auteurs qui attribuent à l'hérédité, pour l'essentiel, les différences intellectuelles on pourra consulter **H. J. EYSENCK,** *L'inégalité de l'homme* (Éd. Copernic, 1977) (et du même un petit ouvrage précédent *Comment calculer votre quotient intellectuel*, Mercure de France, 1973).

Contre la thèse « héréditariste » on lira avec fruit :

Michel TORT — *Le quotient intellectuel* (Paris Maspero, 1974). Très accessible, très documenté, cet ouvrage souligne plus particulièrement l'importance du conditionnement social dans les performances intellectuelles.

Deux ouvrages plus récents vont dans le même sens :

James LAWLER — *Intelligence, génétique, racisme* (trad. frçse, Éditions Sociales, 1978).

G. CHAPPAZ, J.-P. COSTE, F. CHAPPAZ — *Intelligence et Hérédité* (revue « Raison présente » nº 53, Éditions rationalistes, Paris, 1980).

Sur le problème plus général des rapports de l'inégalité sociale et de l'inégalité intellectuelle on pourra consulter, d'abord l'ouvrage classique de

BOURDIEU et PASSERON — *Les héritiers* (éd. de Minuit),

dont les conclusions seront nuancées par des ouvrages plus récents :

R. BOUDON, — *L'inégalité des chances* (Armand Colin coll. U, 1974)

Christopher JENCKS — *L'inégalité, l'influence de la famille et de l'école* (trad. frçse, P. U. F., 1980).

TEXTE A COMMENTER

Un problème pédagogique fondamental : l'inégalité scolaire, reflet de l'inégalité sociale?

La cécité aux inégalités sociales condamne et autorise à expliquer toutes les inégalités, particulièrement en matière de réussite scolaire, comme inégalités naturelles, inégalités de dons (1). Pareille attitude est dans la logique d'un système qui, reposant sur le postulat de l'égalité formelle de tous les enseignés, condition de son fonctionnement, ne peut reconnaître d'autres inégalités que celles qui tiennent aux dons individuels. Qu'il s'agisse de l'enseignement proprement dit ou de la sélection, le professeur ne connaît que des enseignés égaux en droits et en devoirs; : si, au cours de l'année scolaire, il lui arrive d'adapter son enseignement à certains, c'est aux « moins doués » qu'il s'adresse et non plus aux défavorisés par leur origine sociale; de même si, le jour de l'examen, il prend en compte la situation sociale de tel candidat, ce n'est pas qu'il le perçoive comme membre d'une catégorie sociale défavorisée, c'est au contraire qu'il lui accorde l'intérêt d'exception que mérite un cas social.

L'exorcisme verbal permet de conjurer l'idée même d'une liaison entre la culture des étudiants et leur origine sociale lorsqu'elle s'impose sous la forme de lacunes grossières. Dire sur le ton de la déploration résignée que « les étudiants ne lisent plus » ou que « le niveau baisse d'année en année », c'est en effet éviter de se demander pourquoi il en est ainsi et d'en tirer les conséquences pédagogiques.

On comprend que ce système trouve son accomplissement dans le concours, qui assure parfaitement l'égalité formelle des candidats mais qui exclut par l'anonymat la prise en considération des inégalités réelles devant la culture. Les défenseurs de l'agrégation peuvent légitimement arguer que, par opposition à un système de sélection fondé sur la qualité statutaire et la naissance, le concours donne à tous des chances égales. C'est oublier que l'égalité formelle qu'assure le concours ne fait que transformer le privilège en mérite puisqu'il permet à l'action de l'origine sociale de continuer à s'exercer, mais par des voies plus secrètes.

Mais pourrait-il en être autrement? Le système d'éducation doit, entre autres fonctions, produire des sujets sélectionnés et hiérarchisés une fois pour toutes et pour toute la vie. Vouloir, dans cette logique, prendre en compte les privilèges ou les désavantages sociaux et prétendre hiérarchiser les sujets selon leur mérite réel, c'est-à-dire selon les obstacles surmontés, ce serait se condamner, si l'on allait jusqu'au bout de la logique, c'est-à-dire jusqu'à l'absurde, soit à la compétition par catégories (comme en boxe), soit, comme pour l'estimation des mérites dans l'éthique kantienne, à l'évaluation des différences algébriques entre le point de départ, c'est-à-dire les aptitudes socialement conditionnées, et l'aboutissement, c'est-à-dire la réussite scolairement mesurée, bref, au classement par handicap. De même que Kant attribue des mérites inégaux à deux actions équivalentes en elles-mêmes selon qu'elles sont le fait de « tempéraments » plus ou moins inclinés à ces actions, de même, il faudrait ici, substituant la considération de l'aptitude socialement conditionnée à celle de l'inclination naturelle, examiner non pas le degré de réussite ponctuellement appréhendé, mais son rapport au point de départ, plus ou moins haut situé, non le point mais la pente de la courbe (1). Dans cette logique, l'estimation du désavantage des sujets originaires des classes défavorisées et l'évaluation de degrés de mérite proportionnés à l'importance du handicap surmonté conduiraient — si tant est qu'elles soient possibles — à tenir pour égaux les auteurs de performances inégales et pour inégaux les auteurs de performances identiques, relativisant la hiérarchie établie selon le critère scolaire et réduisant à rien l'avantage que les sujets défavorisés, ainsi artificiellement favorisés, tireraient de cette relativisation démagogique de la hiérarchie. Pareille hypothèse n'est pas complètement utopique. La politique scolaire des démocraties populaires a pu tendre à favoriser systématiquement l'entrée dans l'enseignement supérieur et la réussite aux examens des fils d'ouvriers et de paysans. Mais l'effort d'égalisation reste formel tant que les inégalités ne sont pas effectivement abolies par une action pédagogique : ainsi, en Pologne, après avoir augmenté jusqu'en 1957, le taux d'étudiants originaires des milieux ruraux et ouvriers a commencé à diminuer dès que la pression administrative s'est relâchée.

Les classes privilégiées trouvent dans l'idéologie que l'on pourrait appeler charismatique (puisqu'elle valorise la « grâce » ou le « don ») une légitimation de leurs privilèges culturels qui sont ainsi transmués d'héritage social en grâce individuelle ou en mérite personnel. Ainsi masqué, le « racisme de classe » peut s'afficher sans jamais s'apparaître. Cette alchimie réussit d'autant mieux que, loin de lui opposer une autre image de la réussite scolaire, les classes populaires reprennent à leur compte l'essentialisme des hautes classes et vivent leur désavantage comme destin personnel. Ne s'accorde-t-on pas pour reconnaître dans la précocité un redoublement du don? C'est un fait banal, mais chargé d'implications éthiques, que l'étonnement admiratif dont on gratifie le bachelier de quinze ans, « le plus jeune agrégé » ou « le plus jeune polytechnicien de France ». Les innombrables

---

(1) Ce n'est pas un hasard si lorsque l'on entreprend de contester l'idéologie des dons naturels on rencontre la logique par laquelle l'éthique kantienne du mérite s'opposait à la morale antique des vertus innées, apanage des hommes bien nés.

étapes du *cursus honorum* permettent d'ailleurs à certains le prodige d'une éternelle précocité, puisqu'on peut être encore le plus jeune académicien. C'est même dans les classes les plus défavorisées où, traditionnellement, l'hérédité sociale des aptitudes est fortement perçue qu'il s'agisse des tours de mains artisanaux ou de l'habileté en affaires — que l'on trouve parfois l'expression la plus paradoxale de l'idéologie charismatique; on voit souvent invoquer l'interruption des études pour sauver, en l'absence de toute réussite, la virtualité du don individuel, selon la logique même par laquelle les hautes classes peuvent s'attester le don actualisé dans la réussite. Les étudiants sont d'autant plus vulnérables à l'essentialisme que, adolescents et apprentis, ils sont toujours à la recherche de ce qu'ils sont, et par là, profondément concernés dans leur être par ce qu'ils font. Quant aux professeurs qui incarnent la réussite scolaire et qui sont tenus au jugement continu sur les aptitudes des autres, il y va de leur morale et de leur moral professionnel qu'ils tiennent pour des dons personnels les aptitudes qu'ils ont plus ou moins laborieusement acquises et qu'ils imputent à l'être des autres les aptitudes acquises et l'aptitude à acquérir des aptitudes; et cela d'autant plus qu'ils trouvent dans le système scolaire tous les moyens de s'épargner le retour réflexif sur eux-mêmes qui les conduirait à se mettre en question aussi bien comme personne que comme membres de la classe cultivée.

(Pierre Bourdieu et Jean-Claude Passeron, *Les héritiers*, pp. 103-105, 106-108,
Éd. de Minuit.)

SUJETS DE RÉFLEXION OU DE DISSERTATIONS

— L'intelligence peut-elle se mesurer?

— Intelligence pratique et intelligence théorique.

— Que pensez-vous de cette définition de l'intelligence donnée par Montherlant dans ses *Carnets* : « L'intelligence est la faculté qui fait que l'on s'abstient. »

— Intelligence et milieu social.

— Approuvez-vous cette opinion d'Alain : « Il y a longtemps que je suis las d'entendre dire que l'un est intelligent et l'autre non. Chacun est juste aussi intelligent qu'il veut. Le langage aurait pu m'en instruire assez; car imbécile veut exactement dire faible. Volonté et j'aimerais encore mieux dire travail, voilà ce qui manque. »

CHAPITRE III

Quelques problèmes de l'esthétique

L'Art, la Création artistique, la Contemplation esthétique le Beau, la Nature et l'Art, les Beaux-Arts

L'art

Le mot art est ambigu. Il peut renvoyer à la technique ou bien aux beaux-arts, au travail de l'artisan ou à celui de l'artiste. Dans le sens le plus général, l'art signifie une production humaine, quelque chose que **« l'homme ajoute à la nature ».** Mais tandis que l'activité technique est orientée par des préoccupations utilitaires, l'activité de l'artiste (celle dont il sera question dans ces pages) vise une valeur spécifique : le beau. D'après le Vocabulaire de Lalande, **« l'Art ou les Arts désignent toute production de la beauté par les œuvres d'un être conscient. »**

L'esthétique

Et ce qu'on appelle **l'esthétique** n'est pas autre chose que **la réflexion philosophique sur l'art** (1). Réfléchir sur l'art c'est avant tout élucider le sens de cette **valeur** particulière qui est le beau.

I — LA NATURE ET L'ART

La beauté naturelle

Le sentiment du beau et du laid semble précéder l'activité artistique. Les hommes ont été sensibles à la beauté d'une fleur, d'un animal, d'un visage, d'un coucher de soleil avant qu'il existe de belles peintures ou de

(1) Le terme esthétique est tiré du grec aisthésis, sensation, sentiment et apparaît au XVIIIe siècle. Chez Kant l'esthétique est la philosophie de la sensation et de ses « formes a priori », l'espace et le temps. Mais, même chez Kant, le mot est aussi déjà employé dans son sens actuel : réflexion philosophique sur le sentiment du beau, sur le goût et sur l'art en général. Cf. *l'Esthétique* de Denis Huisman, collection « Que sais-je? », n° 365.

(Photo Lipnitzki)

Deux mots font de « *Hamlet* » la pièce philosophique par excellence : *to be or not to be...* que Jean-Louis BARRAULT est précisément en train de se murmurer « that is the question »; et lorsque POLONIUS lui demande ce qu'il lit, ce mot désabusé dont ALAIN prétendait qu'il ne pouvait être prononcé qu'en marchant : « *words... words... words...* ». « Des mots, rien que des mots. » Toute la philosophie se réduirait-elle à n'être que cela? C'est ce que Paul VALÉRY pensait très sincèrement en soutenant que la philosophie n'était qu'un « *pur jeu d'idées* ».

D.H.

belles sculptures. Il existerait donc une **beauté naturelle** indépendamment de la **beauté artistique.** Quel est le critère de la beauté naturelle? S'il s'agit d'un être vivant sa « beauté » semble résulter de la parfaite **adaptation de ses formes à ses fonctions.** Voici plusieurs chevaux de course. Ceux que nous disons les plus beaux sont ceux dont les membres à la fois minces et puissants, dont les formes souples suggèrent le plus aisément la rapidité de la course. D'une façon plus générale, la beauté d'un être vivant semble liée à la jeunesse, à la santé, à l'exubérance vitale. Sans doute est-il plus difficile de donner le critère objectif de la beauté d'êtres inanimés : un rocher, un coucher de soleil. Selon Lalo la beauté est ici la puissance. « De deux rochers le plus beau est le plus indestructible, le plus gigantesque. De deux ciels sereins, c'est le plus éclatant, le plus implacable, de deux orages c'est le plus terrible et même de deux déserts, c'est le plus désespérant, le plus sauvage et le plus monotone » (1). Mais le jugement de beauté semble ici singulièrement subjectif, relatif aux goûts de chacun, aux époques et aux civilisations diverses. Les forêts profondes et désertes, les montagnes gigantesques, les précipices insondables qui enchanteront les romantiques ne sont pour Mme de Sévigné que des « solitudes affreuses ». La beauté naturelle c'est donc avant tout ce qui répond à un sentiment personnel, ce qui suscite la joie en nous. « Ce que nous appelons beau dans la nature, dit Lalo, c'est avant tout l'être ou la chose avec qui nous sentons que nous formerions société avec le plus de bonheur. »

La beauté artistique

Et la beauté artistique? N'est-elle pas tout simplement l'image, l'expression de la beauté naturelle par des techniques humaines? « L'œil, disait Leonard de Vinci, reçoit de la beauté peinte le même plaisir que de la beauté réelle » (2). Le mythe de Pygmalion qui anime la statue sortie de ses mains semble suggérer que la beauté artistique parfaite est celle qui rejoint la beauté vivante. Tous les artistes, de toutes les écoles ont toujours répété qu'il fallait s'inspirer de la **nature.** Victor Hugo l'affirme comme Boileau et Ruskin déclare : « Envoyez l'architecte dans nos montagnes. Qu'il apprenne là ce que la nature entend par un arc-boutant, ce qu'elle entend par un dôme. » L'acanthe grec, le trèfle gothique, l'ogive ne sont pas autre chose qu'une imitation des feuilles.

Et pourtant nous nous proposons de démontrer que **cette confusion entre beauté naturelle et beauté artistique n'est qu'un préjugé, le préjugé fondamental qu'il nous faut détruire avant d'être réellement introduit dans le domaine authentique de l'art.**

Sans doute certaines formes d'art prêtent plus aisément que d'autres à la confusion entre beauté naturelle et beauté artistique. Les artistes dits classiques ont le plus souvent choisi de représenter dans leurs œuvres ce qui est déjà beau, c'est-à-dire sain et agréable dans la nature. Phidias, Praxitèle et plus tard Vinci, Raphaël, Michel-Ange représentent des types

(1) Charles LALO, *Introduction à l'esthétique* (Colin), p. 92.
(2) Léonard de VINCI, *Trattato de pittura*, p. 23.

supérieurs d'humanité, des athlètes ou des femmes superbes. La musique classique recherche la prédominance des consonances. Le héros cornélien plein de courage et de noblesse a une «belle âme». La sculpture, tout particulièrement, s'est presque toujours attachée à représenter des modèles beaux par eux-mêmes. Avec sa solidité matérielle, ses trois dimensions elle impose plus aisément l'impression de réalité. On voit mal comment la statue de Brunetière — sur sa tombe à Montparnasse — fidèle à son modèle au point que l'artiste a cru bon de visser des lorgnons sur le nez de son héros — eût pu être une belle statue ! !

Et cependant même l'art classique, même la sculpture nous laissent déjà deviner que la beauté artistique est autre chose que la beauté naturelle. Le sadisme de Néron qui éprouve une trouble jouissance à faire pleurer la malheureuse Junie est une ignoble passion, propre par elle-même à susciter le dégoût, mais la scène admirable de **Britannicus** où Racine met en scène ce sadisme, dans une atmosphère en clair-obscur qui rappelle Rembrandt, est un des chefs-d'œuvre incontestés de l'art tragique. Rodin n'a-t-il pas créé une œuvre admirable **Celle qui fut Heaulmière** avec pour thème une hideuse nudité de vieille femme usée par la débauche? Boileau, maître de l'esthétique classique, affirmait déjà :

> « Il n'est pas de serpent, ni de monstre odieux
> « Qui par l'art imité ne puisse plaire aux yeux. »

La beauté de l'œuvre n'est pas celle de la nature. Quoi qu'en aient pu dire certains artistes, ceci apparaît à la réflexion comme une évidence. Le pied bot de Ribera, les pouilleux de Murillo, les tabagies des peintres hollandais, les vaches de Potter ou les chaudrons de Chardin sont artistiquement beaux. Mais un chaudron dans une cuisine, une vache quelconque dans un pré et à plus forte raison un pouilleux en chair et en os aperçu dans une rue lépreuse de Madrid ne sont pas beaux, n'ont pas de « beauté naturelle ». Ou du moins nous ne leur prêterons une sorte de beauté qu'à partir de notre culture artistique. Nous dirons de ce mendiant rencontré sur le parvis d'une Église qu'il est beau « comme un Murillo ». D'humbles ustensiles de cuisine nous donneront une émotion artistique parce qu'ils nous suggéreront une toile de Chardin. Oscar Wilde écrivait un jour à un ami : «ce matin, mon jardin ressemble à un tableau de Corot» et les Goncourt notaient dans leur journal que des chevaux aperçus un instant par la porte d'une écurie étaient « beaux comme des Géricault » (1). L'évolution de la beauté naturelle, pour un esprit cultivé, est en fait liée à l'évolution de l'art. Ce sont les œuvres d'art qui nous apprennent à goûter certaines réalités de la nature auxquelles nous serions restés indifférents.

---

(1) On pourrait aisément multiplier les exemples. Lalo nous rappelle par exemple (*Introduction à l'Esthétique*, *op. cit.* p. 128) que « le vieil Eschyle fait dire au chœur d'Agamemnon parmi ses plaintes quand il décrit la jeune Iphigénie, marchant au sacrifice, ornée et meurtrie de bandelettes, le col infléchi, la bouche close d'un bandeau brutal et les yeux suppliants « Elle est belle comme l'art ». De même une danseuse de ballet, d'après Châteaubriand, avait l'air de la mélodie elle-même « rendue visible et accomplissant ses propres lois » (Cité par SOURIAU, *Correspondance des arts*, p. 198).

La distinction radicale de la beauté naturelle et de la beauté artistique (l'art, dit Kant, **« ce n'est pas la représentation d'une belle chose, mais la belle représentation d'une chose »**) nous permet de résoudre aisément une difficulté qui avait arrêté Pascal. « Quelle vanité, écrivait-il, que la peinture qui attire l'admiration par la ressemblance de choses dont on n'admire pas les originaux ! »

L'art n'est pas une imitation de la nature

La vérité est que l'art n'est aucunement une imitation. **L'imitation répond à d'autres besoins que les besoins artistiques.** Si j'attends du photographe une image « très ressemblante » de mes enfants, c'est parce que je veux garder un fidèle souvenir de leur jeune âge, et non pas parce que je désire une œuvre d'art. Les peintures rupestres des hommes préhistoriques représentent très fidèlement des scènes de chasse. Mais ce n'est pas cette fidélité qui fait pour nous leur beauté. Le souci d'imitation exacte, d'ailleurs, n'obéit pas ici à un désir esthétique (les peintures rupestres gravées dans les parties les plus reculées des grottes étaient à peine visibles !) mais beaucoup plus à une fonction rituelle, l'exactitude de la reproduction répondant à un scrupule de magicien non d'artiste. En fait l'art réaliste qui prétend reproduire la nature est un art tardif, une hérésie artistique. L'art réaliste de Zola, de Courbet ne demeure un art que — précisément — parce qu'il ne tient pas ses promesses mortelles, parce qu'il n'est pas une copie de la nature. « L'incendie de Courbet, dit Malraux, tient de Rembrandt plus que de la réalité ». On avait beau tourner exprès le dos au public chez Antoine au temps héroïque du théâtre libre ou faire sonner douze coups pour indiquer midi, on sentait que cette prétendue « tranche de vie » n'avait de la vie que le nom, le théâtre le plus réaliste était autre que le réel. Même l'impression, l'illusion de réalité ne peut être donnée par l'art que grâce à des procédés qui tournent le dos au réel : des œuvres comme **L'homme qui marche** ou **Le Maréchal Ney** de Rude sont à cet égard typiques. L'homme n'a jamais marché à la façon de **l'homme qui marche :** les deux pieds à terre, bien à plat et sans mettre un pied au-dessus de l'autre. Combien d'erreurs volontaires pour donner l'illusion esthétique du vrai? L'art est un autre monde que la nature. Et ce n'est pas d'ordinaire l'émotion provoquée par la beauté de la nature qui donne au futur artiste l'idée de créer une œuvre : Ce n'est pas la vie mais c'est la lecture de poèmes ou de romans qui donne l'idée d'écrire un poème ou un roman. De même ce n'est pas le spectacle de la nature mais la visite des musées ou des expositions qui peut nous inciter à peindre. Comme l'écrit très justement Malraux : « De même qu'un musicien aime la musique et non les rossignols, un poète des vers et non les couchers de soleil, un peintre n'est pas d'abord un homme qui aime les figures et les paysages. C'est un homme qui aime les tableaux... Selon les biographies légendaires, Cimabue admire Giotto berger qui dessine des moutons, selon des biographies véridiques, ce ne sont pas les moutons qui donnent aux Giottos l'amour de la peinture, ce sont précisément les tableaux de Cimabue » (1).

(1) Malraux, *Les voix du silence*, p. 277 à 279.

Et Malraux nous montre qu'un jeune peintre commence certes par imiter, mais par imiter les toiles de ses maîtres, et non pas la nature, avant de trouver sa manière propre. De même les arts nouveaux se cherchent-ils toujours à partir des arts antérieurs. La photographie avec ses problèmes de cadrage, d'éclairage en « flou » ou en « dur » s'inspire d'abord de la peinture et, comme dit Malraux, les premières photographies sont « de fausses natures mortes, de faux paysages, de faux portraits ». Le cinéma lui-même « ne s'est nullement conquis sur la vie mais bien sur la farce de cirque et le théâtre ».

L'art, sous tous ses aspects, est donc une transposition et non pas un reflet du réel. Il est la promotion, l'instauration d'un autre monde, l'étonnante alchimie par laquelle, dit Malraux, « les formes deviennent style ». La beauté de l'œuvre d'art n'est pas la reproduction d'une valeur impliquée dans la nature mais la **création** d'une valeur de beauté spécifique et originale. Pour progresser dans notre analyse il nous faut donc parler maintenant de la création artistique.

II — LA CRÉATION ARTISTIQUE

Mais comment rendre compte d'une création? **Expliquer c'est ramener le nouveau à l'ancien,** l'inconnu au familier. **Expliquer une création c'est nier son originalité,** sa transcendance, c'est refuser à la création son caractère créateur. D'autre part, si vraiment l'esthétique philosophique était capable de découvrir le secret des œuvres d'art, l'esthéticien devrait à son tour produire des œuvres de valeur ! Paul Valéry l'affirmait sévèrement : « Le seul gage du **savoir** réel est le **pouvoir** ».

Les philosophes prétendent rendre raison de l'univers par le « logos », c'est-à-dire par la raison et le langage alors que l'art se veut bien au delà du discours et de la raison raisonnante. En face de l'œuvre on parle communément d'intuition, d'inspiration, de génie. N'est-ce pas pressentir que le secret de l'œuvre est ineffable, qu'il est fait de mille impondérables que la claire raison est tout aussi incapable d'analyser que de produire? Chaque œuvre d'art se voudrait pareille au soleil : capable de nous éblouir sans nous laisser la possibilité de dévisager et de scruter.

Pourtant une analyse de la création artistique semble possible parce qu'il ne s'agit pas ici d'une création divine, d'une création ex nihilo, absolue, mais dans une certaine mesure de la **mise en forme de matériaux préexistants :** les concertos de Bach ne seraient pas ce qu'ils sont, si Vivaldi n'avait pas été. Le cubisme doit beaucoup à Cézanne. Le style chorégraphique de Serge Lifar est certes original, s'oppose à la danse classique comme il s'oppose à la danse folklorique. Mais il utilise des éléments empruntés aux deux genres pour créer sa manière propre.

L'explication psychologique de la création artistique

Avant tout l'œuvre d'art demeure l'œuvre d'un homme qui a une histoire et qui appartient à une classe sociale et à un milieu. Les psychanalystes ont bien montré que les pulsions qui « s'esthétisent » en images sont celles qui, refoulées, n'ont pu se traduire en actes. La création est une transposition des passions sur un plan supérieur, une sublimation. Freud, psychanalyste de Léonard de Vinci, découvre dans la **Sainte Anne** du Louvre un vautour obsessionnel qui serait dessiné involontairement, inconsciemment par les plis de la robe de la Vierge. D'autres analystes voient dans **La Cruche cassée** de Greuze le symbole inconscient d'une défloration, découvrent dans toutes les jeunes filles de Greuze qui ont un corps de femme nubile et une tête de petite fille innocente la marque de quelque refoulement sexuel. Un critique d'art observait récemment que Vlaminck avait refoulé des tendances anarchistes et « se libérait en peignant des couleurs extrêmement vives pour éclabousser tout le monde faute de pouvoir jeter des bombes ».

L'explication sociologique de l'art

D'autres esthéticiens au delà d'une réduction purement psychologique de l'œuvre d'art et parfois contre elle s'attachent à révéler un conditionnement sociologique de l'art. Selon les marxistes la création artistique correspondrait à une transposition plus ou moins inconsciente, voilée et « mystifiée », des conflits de classes sociales ou de la lutte de l'homme contre la nature à une époque donnée. Ces analyses sont souvent pénétrantes : nous accordons volontiers à M. Lefèbvre que les œuvres de Virgile ou la plupart des pièces du théâtre élisabethain eurent, malgré les apparences, un « sens politique », que les drames de Diderot, la comédie larmoyante au XVIIIe siècle peuvent être éclairées fructueusement par la connaissance de l'essor économique de la bourgeoisie.

La création artistique défie toute explication

Cependant l'étude des « sources » psychologiques ou historiques d'une œuvre laisse de côté — dans la création artistique — l'essentiel, c'est-à-dire la valeur de l'œuvre, ce qui fait d'elle proprement une œuvre d'art. **La psychologie — ou la sociologie — de l'art n'expliquera de l'art que ce qui en lui n'est pas artistique**. L'esthétique biographique prétend paradoxalement expliquer le génie ou le talent — c'est-à-dire ce par quoi justement l'artiste authentique diffère du commun des hommes — à partir de cette quantité de communes petitesses, de misères banales, de pauvres secrets qui sont le lot de toute existence et qui ne singularisent aucunement l'artiste parmi les autres hommes. L'explication historique, sociologique est aussi courte. On n'expliquera pas le génie de Rembrandt à partir de la Hollande de son époque puisqu'après tout le dernier des petits maîtres hollandais reflète aussi son temps et n'est pas Rembrandt.

Le secret de la création artistique n'est pas dans les matériaux, dans les sources de l'œuvre, mais tout au contraire dans l'élan mystérieux qui emporte ces matériaux, ces sources, et les métamorphose en œuvres d'art. Le miracle de l'art est précisément de ne point refléter seulement mais de transfigurer ces données, de les arracher au monde de la vie pour les introduire dans un autre monde. Aussi tourmenté que soit un art authentique (pensez aux poèmes de Rimbaud, aux peintures de

Van Gogh) ; il révélera un ordre, une unité, une métamorphose du chaos originel des passions et des servitudes en une harmonie originale, en une cohérence souveraine : comme l'a bien vu Malraux, le style imprime la marque de l'homme libre sur la vie qui d'abord l'écrase et chaque œuvre d'art témoigne d'une servitude domptée : « L'art est un anti-destin ».

Mais par quels processus la création de l'œuvre s'opère-t-elle? Les artistes se plaisent à invoquer l'« inspiration », la spontanéité inconsciente. Tartini aurait composé sa « Sonate du diable » en rêve, Coleridge aurait écrit son Khubla Khan en dormant, George Sand prétendait que « chez Chopin la création était spontanée, miraculeuse, il la trouvait sans la chercher, sans la prévoir, elle venait complète, soudaine, sublime ». En fait ces « aveux » sont suspects. Comme le note Henri Delacroix (1) : « Les artistes ont intérêt à ce que l'on croie aux intuitions soudaines, aux soi-disant inspirations. En réalité, disait Nietzsche, l'imagination du bon artiste produit constamment du bon, du médiocre et du mauvais. Mais son jugement extrêmement aiguisé choisit, rejette, combine ». Paul Valery a parlé de façon plus sincère en reconnaissant que « si les dieux gracieusement nous donnent tel premier vers, c'est à nous de façonner le second (2) », (« Qui doit consonner avec l'autre et ne pas être indigne de son aîné surnaturel »). Alain réplique en écho : « La loi suprême de l'invention humaine c'est qu'on n'invente rien qu'en travaillant ».

Faut-il conclure que la seule esthétique possible soit une esthétique de technicien qui essaie de suivre à la trace la fabrication de l'œuvre? Une telle analyse, en ne révélant que des « procédés », confondrait l'artiste avec l'artisan et risquerait de passer à côté du vrai problème. Reconnaissons qu'il est impossible d'expliquer totalement la création d'une œuvre d'art. L'explication psychanalytique, sociologique des sources, l'exégèse technique des procédés n'éclairent que les alentours de la création. Mais nul ne peut dire par quelle alchimie l'inquiétude d'une sensibilité, le désordre des passions parviennent à se traduire dans l'équilibre des formes sereines. C'est cette harmonie entre un désordre et un ordre, entre une sensibilité et un style qui constitue le mystère de l'œuvre d'art. Et l'on pourrait dire de tous les bons artistes ce qu'un critique littéraire affirmait de Racine, si grand artiste « parce qu'il fut un homme avec mille faiblesses et un ouvrier avec mille vertus ».

III — LA CONTEMPLATION ESTHÉTIQUE

Subjectivisme du plaisir esthétique?

Ici c'est le problème de la « réception » de l'œuvre, oserait-on dire, qui se trouve posé symétriquement au problème de la « création ». De ce fait ne sommes-nous pas introduits dans un univers purement subjectif?

(1) Henri Delacroix, *Psychologie de l'art.*
(2) Valéry, *Introduction à la méthode de Léonard de Vinci*, p. 15.

Chaque spectateur, chaque auditeur prend son plaisir esthétique où il le trouve et la variété des goûts s'étale en un éventail multiforme et diapré. Impossible d'étudier **la** jouissance de l'amateur d'art, dira-t-on. Il n'y en a pas une mais des myriades. Tandis que les « créateurs » ont une psychologie commune à tous, les « contemplateurs » éprouvent l'art chacun à leur manière, sans aucun canon. Certes chez tous les contemplateurs l'émotion esthétique se traduit par une **joie** intérieure. Mais l'amateur cultivé qui écoute le deuxième concerto brandebourgeois, joué sous la direction de Karl Münchinger, éprouve-t-il le même sentiment que la midinette qui entend avec ravissement telle mélodie à la mode, orchestrée par Franck Pourcel?

Se ranger à l'avis de Victor Basch qui accepte délibérément le subjectivisme de l'émotion esthétique, serait, nous semble-t-il, ruiner définitivement toute possibilité de théorie philosophique du sentiment esthétique et nous interdire toute approche de la valeur authentique de beauté.

'oute émotion ›roduite par l'œuvre 'art n'est pas sthétique

En fait les émotions les plus communes suscitées par l'œuvre d'art ne sont pas des émotions esthétiques. Ne parlons pas de contemplation artistique au sujet de l'amateur de photographies licencieuses, ou de ces romans qu'on dit « populaires » où de jeunes et brillants industriels épousent une ouvrière sans fortune... Ces arts « d'assouvissement », comme dit Malraux, sont des « anti-Arts ». La valeur esthétique d'une œuvre n'a guère de rapports avec son succès auprès du grand public. N'oublions pas que « le mouchoir bleu » d'Étienne Béquet a été le plus gros succès du XIXe siècle dans le domaine du Roman tandis que Stendhal restait longtemps inconnu. C'est le Timocrate de Thomas Corneille qui a remporté le plus grand succès au XVIIe siècle tandis que Phèdre échouait et que Le Cid n'obtenait qu'un demi-succès. Le mélodrame « où Margot a pleuré » n'est pas une œuvre d'art et l'émotion de Margot n'est pas la contemplation esthétique.

'aractère original ı plaisir esthétique

La phénoménologie contemporaine (1) — effort pour décrire les structures de l'expérience humaine telles qu'elles apparaissent réellement — a rendu justice à la spécificité de la perception esthétique. Comme l'a bien montré M. Dufrenne, nos préférences, nos goûts divers à l'infini, bien loin de constituer l'expérience esthétique limitent au contraire l'envergure de notre visée. « Avoir du goût c'est n'avoir pas de goûts ». Et mon jugement me juge bien loin d'être la mesure du beau. En fait l'émotion esthétique valable est la reconnaissance d'une réalité esthétique. « Loin que l'œuvre soit en nous, nous sommes en elle ». On peut continuer à parler d'« émotion », de « sentiment » esthétique à condition d'entendre par « sentiment » non un moment subjectif de la vie d'une âme mais la condition d'une révélation « essentielle ».

---

(1) Mikel DUFRENNE, *Phénoménologie de l'expérience esthétique* (P. U. F. 1953).

Le plaisir esthétique est un plaisir spécifique. Le ramener à quelque chose d'autre c'est trahir son essence. Dire avec Stendhal que « la beauté est une promesse de bonheur » c'est ne rien dire, car assurément la contemplation esthétique est une joie, mais pas n'importe quelle joie. Et si on sous-entend qu'il s'agit d'un plaisir sensuel, ou même d'une émotion sexuelle, on confond la contemplation esthétique avec autre chose qu'elle-même. La théorie opposée à ce sensualisme — l'intellectualisme qui ramène la contemplation esthétique à la perception d'un ordre rationnel, d'une logique cachée — ne respecte pas davantage la spécificité de l'émotion esthétique : « La musique, disait Leibnitz, est un exercice d'arithmétique d'un esprit qui ne sait pas qu'il compte ». Mais l'émotion qui saisit l'auditeur d'un concert ne se confond pas avec le sentiment d'avoir résolu un problème mathématique.

Contemplation et ravissement

Quelle est donc l'essence de la contemplation esthétique? Lorsque je contemple par exemple le célèbre tableau de Van Gogh : **Les oliviers à St-Rémy,** comment caractériser l'émotion que j'éprouve? Mon impression n'a rien de commun avec celle que je ressentirais devant un véritable champ d'oliviers. Les vrais oliviers m'inviteraient à la cueillette ou peut-être à la sieste sous leurs ombrages. Le champ d'oliviers serait devant moi, simple moyen pour mes désirs. C'est moi tout au contraire qui suis devant les oliviers de Van Gogh. Des oliviers sur une carte postale ou sur un tableau médiocre me feraient rêver de repos, de vacances. Ils ne seraient pour moi qu'absence tandis que les oliviers de Van Gogh sont une présence envoûtante, se suffisent à eux-mêmes. **Littéralement ils me ravissent, c'est-à-dire m'arrachent à mon propre univers.** Ils m'introduisent d'emblée dans un monde qui n'est ni le monde des vacances ni la Provence mais qui est le monde de Van Gogh. Et ce monde, ce monde dramatique et tourmenté des oliviers houleux et tordus, suscite en moi, miraculeusement — par delà le drame et le tourment de Van Gogh — une joie persistante et mystérieuse.

La contemplation esthétique, c'est l'invasion d'une réalité obsédante et exclusive, c'est la présence en moi d'une valeur de beauté qui éclipse tout le reste. J'entends le VIe concerto brandebourgeois : la polyphonie des altos solistes ne m'empêche pas de voir des tapisseries déchirées, ces tentures vétustes de la salle du Conservatoire. Mais tout d'un coup, en un instant, plus rien n'existe. Plus de salle, plus de public. Plus rien que la seule présence du son qui est la présence même de Bach. Je ne suis pas seul. C'est un dialogue qui m'a ravi aux conditions extérieures de l'existence. Qu'est devenue la salle? Elle n'existe plus pour moi car tout ce qui est matériel a fui (1). Et la perception visuelle des exécutants, la sensation auditive des instruments se sont muées par une transfiguration radicale en un sentiment qui me transporte au-dessus de moi-même, l'extase

(1) « L'architecture, disait admirablement Plotin, c'est ce qui reste de l'édifice, la pierre ôtée ».

IV — LE BEAU

Mais quelle est cette valeur spécifique dont la contemplation esthétique me donne la révélation?

De Platon à Hegel

Le beau se présente à moi sous un aspect concret, sensible : des formes, des couleurs, des sons. Appartient-il donc au monde « empirique » des apparences sensibles, à ce monde superficiel et chatoyant de l'expérience immédiate que depuis Platon tous les philosophes nous invitent à dépasser? Le monde de l'art serait alors un monde de fantômes et d'illusions. Mais l'art, selon Platon lui-même, n'est pas une illusion parce qu'il est une allusion. La beauté sensible, dans la théorie platonicienne, est un reflet de l'idée et l'artiste est comme le messager d'un monde réel caché sous les apparences. Pour comprendre ceci il faut rappeler la métaphysique platonicienne de la chute. L'âme avant son incarnation vivait parmi les idées pures, illuminée par la vérité de l'Être. Depuis qu'elle est tombée dans le corps, qui est pour elle une prison (sôma sêma), sa vision s'est obscurcie. L'expérience esthétique apparaît alors comme la démarche la plus accessible de l'âme qui s'efforce de reconquérir le monde des Idées. L'émotion produite par la vue d'un corps admirable ou d'une œuvre d'art c'est comme un réveil de l'âme qui, tombée dans le corps, se souvient obscurément (théorie de la réminiscence) du monde des Idées qu'elle contemplait avant son incarnation. L'expérience amoureuse est, selon Platon, l'expérience esthétique la plus humble mais aussi la plus répandue et la plus facile. Ainsi la dialectique platonicienne de l'ascension de l'âme débute par l'amour d'un beau corps, puis de tous les beaux corps et par là des belles formes; puis se poursuit à travers l'amour des belles âmes, des belles vertus et des belles sciences. La dernière étape de l'ascension dialectique est la connaissance de l'Idée dont la beauté sensible n'était que le symbole et l'enveloppe concrète. **Le beau signifie donc autre chose que son apparence.** Il signifie l'idée. C'est ainsi que Platon lui-même exprime les idées les plus profondes de sa métaphysique par le détour d'allégories poétiques, de mythes. La poésie du mythe dissimule et suggère tout à la fois une vérité philosophique dont l'expression austère et sèche serait inaccessible à beaucoup de lecteurs. Il en est de toutes les formes d'art comme du mythe : l'art est l'expression, sous le déguisement du concret et du sensible, de l'idée pure.

Au début du XIXe siècle la célèbre théorie esthétique de Hegel se situe dans la ligne platonicienne, enrichie d'une perspective historique. Pour lui la beauté est toujours l'apparition sensible de l'Idée. Le contenu réel de l'art — pas plus d'ailleurs que la Religion — n'est l'expression authentique et définitive de l'Idée. Il n'exprime pas la Vérité complète mais seulement ce qui en peut être figuré dans le concret. « Seul un certain cercle et un certain degré de vérité est capable d'être exposé dans l'élément de l'œuvre d'art, c'est-à-dire une vérité qui puisse être transportée dans le sensible et y apparaître adéquate. » Comme chez Platon, il y a chez Hegel une dialectique, mais tandis que la dialectique de Platon était une **ascèse**

et une ascension personnelles, l'itinéraire spirituel d'une âme qui, à partir de l'émotion esthétique, parvient par étapes successives à la possession de l'Idée pure, chez Hegel, à l'ascension de l'individu se substitue une **philosophie de l'histoire.** A la « thèse » de l'art « symbolique », représentée par exemple par les œuvres étranges et démesurées de l'Égypte ancienne (les Pyramides aux dimensions colossales), fait suite l'« antithèse » de l'art grec où les Dieux ne sont plus des monstres mais de beaux athlètes aux formes harmonieuses; la synthèse est offerte par l'art que Hegel appelle romantique, mais qui débute avec le christianisme : cet art préserve la valeur humaine du stade précédent mais en réfute la froideur inanimée : ici la sérénité grecque est abandonnée, l'architecture, la peinture, la musique et la poésie exprimeront les luttes et les souffrances de l'esprit.

Affirmations essentielles de l'esthétique de Kant

Seulement les chefs-d'œuvre de l'art ne représentent pas la possession définitive de l'idée, de **l'esprit absolu.** Celui-ci qui « n'est qu'à la fin ce qu'il est en réalité » ne trouve que dans la philosophie — et singulièrement dans celle de Hegel — son expression définitive. **Ainsi la vérité de l'art — comme la vérité de la religion — sont seulement dans la philosophie, unique discipline authentiquement adéquate à l'Idée.** Croce disait que l'Esthétique de Hegel « passe en revue les formes successives de l'art et les dispose toutes dans le sépulcre avec l'épitaphe qu'écrit au-dessus la philosophie ». L'art n'étant qu'une expression transfigurée, voilée de l'Idée, Hegel peut parler de « la mort de l'art devant la pensée ». **Le beau n'est qu'une révélation confuse du vrai;** l'art chez Hegel ou chez Platon n'est que le moment d'une dialectique, une étape provisoire dans la conquête de l'Idée.

Assurément l'Esthétique proposée par Kant dès le XVIIIe siècle dans sa **Critique du jugement** respecte mieux la spécificité de la valeur beauté. Les analyses de Kant n'ont pas, nous semble-t-il, été dépassées. Assurément, pour les bien comprendre, il faudrait les situer dans l'ensemble de la philosophie kantienne. Nous nous contenterons ici de rappeler les quatre formules célèbres par lesquelles Kant caractérise la valeur esthétique

1° Le beau est l'objet d'un jugement de goût désintéressé.

2° Le beau est ce qui plaît universellement sans concept.

3° La beauté est la forme de la finalité d'un objet en tant qu'elle est perçue dans cet objet sans représentation d'une fin.

4° Est beau ce qui est reconnu sans concept comme l'objet d'une satisfaction nécessaire.

a) La première formule peut être opposée à toutes les esthétiques naturalistes qui définissent la beauté par l'utile ou par un intérêt, un plaisir purement subjectifs. Le plaisir que nous donne l'œuvre n'est pas la satisfaction d'une tendance biologique. La « nature morte » qui donne envie de manger, le « nu » qui réveille le désir sexuel perdent pour nous leur qualité d'œuvre d'art. Bien loin de servir d'aliments hallucinatoires à nos désirs charnels, les œuvres d'art — objet d'une contemplation désintéressée — nous délivrent du désir. C'est ce qu'à bien vu Schopenhauer, disciple de Kant sur ce point. Pour lui le désintéressement de l'attitude esthétique est le meilleur remède au vouloir vivre égoïste et aveugle. Dans la contemplation esthétique je suis « ravi », c'est-à-dire délivré de moi-même, de la tyrannie de mes désirs. Le théâtre tragique est particulièrement propre à opérer cette conversion de la volonté esclave à la contemplation désintéressée. Ici la fureur du vouloir vivre devient un spectacle, un objet de contemplation. De même la musique nous délivre du vouloir vivre en l'objectivant (l'allegro signifie la montée du désir, l'adagio la déception qui suit sa satisfaction).

b) Examinons maintenant la deuxième et la quatrième formules de Kant qui mettent admirablement en lumière une ambiguïté fondamentale de la valeur esthétique. **Il y a dans le jugement de goût quelque chose d'universel, de nécessaire et cependant d'irrationnel, d'étranger au concept.** Considérons ces deux points. Incontestablement la beauté d'une œuvre n'est pas relative à un sentiment subjectif ou collectif. Elle prétend avoir une valeur universelle. Il s'agit d'une universalité de droit, non de fait qui n'est nullement démentie par cet accident qu'il y a des œuvres incomprises. Après tout beaucoup de gens ne comprennent rien aux mathématiques qui ne laissent pas pour autant d'être vraies et universelles ! L'universalité du beau se reconnaît à ceci que l'œuvre vraiment belle continue à trouver des admirateurs dans le public éclairé, même lorsque les conditions psychologiques et sociales de son éclosion sont dépassées. Notre société n'est plus du tout celle où vivait Homère, cependant l'Odyssée n'a rien perdu de sa poésie. Et comme le dit pertinemment M. Souriau (1) : « La valse de Don Juan a perdu pour un moderne le caractère social qui pour les contemporains de Mozart la faisait paysanne, en contraste avec l'aristocratique menuet avec lequel elle lutte en contrepoint. Mais que fait ce dépouillement sinon réduire la musique à son être musical? » Cet être musical transcende tous les particularismes psycho-sociologiques. Universelle en droit, la valeur esthétique est en même temps nécessaire : on ne peut pas ne pas reconnaître la supériorité de Vermeer sur tel petit maître hollandais. On ne peut pas ne pas reconnaître que les tragédies de Racine sont plus belles que celles de Voltaire, etc...

Pourtant cette universalité et cette nécessité sont reconnues « sans concept ». La valeur d'une œuvre n'est pas quelque chose qui se démontre par de froids raisonnements. Elle s'éprouve, ne se prouve pas. Pour goûter Racine, je n'ai pas besoin d'avoir lu l'Art poétique de Boileau. Le sentiment esthétique réalise une harmonie imprévue, en quelque sorte miraculeuse, entre l'entendement et l'imagination. Pour Kant le sentiment esthétique résout concrètement l'antinomie entre un goût purement

(1) Souriau, *Correspondance des Arts*, p. 15.

subjectif et un jugement universel. Pour Kant le goût esthétique n'est pas seulement un gefühlsurteil, un jugement du sentiment. C'est aussi un sentiment du jugement, autrement dit un universel nécessaire affectif (urteilsgefühl).

c) Il nous reste à expliquer la troisième formule de Kant qui prête à la valeur esthétique une « finalité sans fin ». L'œuvre d'art a une finalité parce qu'elle est une harmonie. C'est une finalité « sans fin » parce que l'harmonie de l'œuvre ne signifie rien d'autre qu'elle-même, n'est au service d'aucune fin extérieure à l'art. Cette gratuité est bien exprimée par exemple par le salut des acteurs à la fin de la représentation. Ils se donnent la main et remercient le public. On comprend que ce qui a précédé n'était qu'un jeu. L'absence de « fin » extérieure à l'art nous semble légitimement opposable aux théories platonicienne et hegelienne de l'art. On ne doit pas juger la valeur esthétique d'une œuvre sur sa vérité philosophique ou ses intentions morales. L'artiste n'est pas un messager. Sans exclure systématiquement l'art engagé (qui, par ailleurs, peut être réellement artistique), nous ferons remarquer que ce n'est pas « l'engagement » d'une œuvre, sa mise au service de quelque idéal moral, politique, religieux, qui constitue sa valeur proprement artistique. M. Gaetan Picon remarquait justement que les bas-reliefs de Pharsale ne sont pas admirables seulement pour qui croit à la divinité de Demeter et de Koré, ni les cathédrales seulement pour qui croit à la divinité de Jésus de Nazareth. Peut-être même, comme le souligne Malraux, les valeurs esthétiques sont-elles entrées dans le monde du jour où, cessant d'opposer la statue du « vrai Dieu » à une « idole », on a su admirer « deux statues ».

V — LES BEAUX-ARTS

L'esthétique est une discipline philosophique et la philosophie est amoureuse de cohérence et d'unité. Il ne faut donc pas s'étonner que les esthéticiens aient cherché à ordonner selon un « système » la diversité des expressions esthétiques.

Il faudrait d'abord mentionner les tentatives de hiérarchisation des beaux-arts. Charles Lalo en a montré la fragilité, toute hiérarchie étant relative aux présupposés philosophiques de son auteur. C'est ainsi, nous dit Lalo, que les hiérarchies antagonistes de Hegel et de Schopenhauer s'expliquent en fonction de leurs philosophies respectives. Pour Hegel, l'art n'ayant d'autre fonction que de figurer l'Idée sous une forme concrète, c'est la littérature qui est la forme supérieure de l'art, la musique étant considérée comme l'art le moins évolué sous prétexte qu'elle peut le plus aisément se passer de toute idée. En revanche Schopenhauer qui, tout à l'opposé du panlogisme hegelien, professe que la substance de l'univers est constituée par un vouloir vivre inconscient et absurde, en conclut aisément que la musique est le premier des arts parce qu'elle ne parle pas le langage de l'intellect mais remue les profondeurs de l'être.

Les systèmes classiques se bornent généralement à enregistrer la dichotomie des arts de l'espace et des arts du temps. Aux trois arts plastiques (architecture, sculpture et peinture) on oppose les trois arts rythmiques (la danse, la musique et la poésie). C'est dans cette perspective que le cinématographe, qui tient de l'espace et du temps, fut appelé le septième art. Mais outre le caractère lacunaire de cette classification (où aucune place n'était faite au roman, au théâtre) on peut, à la suite de M. Souriau, critiquer cette opposition du plastique et du rythmique : le temps n'est pas absent des arts plastiques et les arts rythmiques sont parfois aussi spatiaux que les arts de l'espace. L'espace importe en poésie : la typographie des Calligrammes de Guillaume Apollinaire est si importante que, sans elle, ses poèmes seraient inintelligibles; l'espace compte en musique : sons hauts ou bas, voix qui montent ou descendent, sans même parler du dispositif spatial précis des instruments de l'orchestre, du volume sonore qui emplit la salle. Et réciproquement l'aspect visuel des monuments ne change-t-il pas selon les heures et les saisons? Il serait vain de nier le caractère temporel qui s'attache à la majesté des temples grecs, au geste inscrit dans la durée nerveuse de Van Gogh ou dans le temps nonchalant de Henri Matisse.

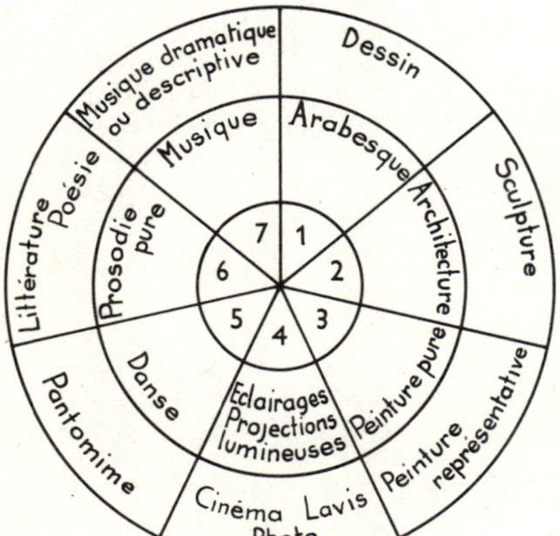

1. Lignes; 2. volumes; 3. couleurs; 4. luminosité; 5. mouvements; 6. sons articulés; 7. sons musicaux.

Alain a conçu à son tour une classification des arts dont le principe repose sur la distinction des arts de société (danse, théâtre) et des arts solitaires (sculpture, parure). Ces derniers «s'expliquent assez par le rapport de l'artisan à la chose, sans le concours direct de l'ordre humain présent ».

Le plus simple est peut-être de classer les arts à partir de la distinction des organes sensoriels et de mentionner des arts tactilo-musculaires (sport et danse), des arts de la vue (architecture, peinture, sculpture), des arts de l'ouïe (musique et littérature), des arts de synthèse visuelle et auditive (théâtre et cinéma).

Souriau, dans sa **Correspondance des Arts,** propose une classification à deux principes : d'abord distinction des lignes, des volumes, des couleurs, des luminosités, des mouvements, des sons articulés et des sons musicaux; ensuite distinction des arts du premier degré (non représentatif) et du second degré (représentatif). Cette double classification est habilement figurée par un schéma circulaire dont nous donnons la reproduction.

»»»»»»»»»»»» LES IDÉES ESSENTIELLES ««««««««««««

« Le petit chien de M. Bergeret, écrivait autrefois Anatole France, ne regardait jamais le bleu du ciel incomestible ». Les valeurs esthétiques ne sont telles que pour un regard ou une oreille humains. Le beau, au sens artistique du mot n'est *réductible* ni à la sensualité ni à un intérêt vulgaire. Kant avait bien montré dès le XVIIIe siècle la spécificité de la valeur esthétique. Le jugement de beau est désintéressé, universel, nécessaire (autrement dit n'a rien de subjectif ou d'arbitraire) bien qu'il soit « sans concept », c'est-à-dire non-déductible de règles ou de normes de la raison. Je n'ai pas besoin de connaître *l'Art poétique* de Boileau pour que la beauté d'une tragédie de Racine s'impose à moi!

La philosophie contemporaine de l'art se veut simple phénoménologie, description plutôt qu'explication, description de l'expérience esthétique qu'on ne peut sans la trahir ramener à aucune autre. Psychanalystes et sociologues peuvent nous éclairer sur les alentours de l'œuvre, sur ses thèmes ou sa matière, jamais sur la valeur de beauté en tant que telle. Peut-être Freud, psychanalyste de Léonard de Vinci n'a-t-il pas tort de nous inviter à chercher dans la *Sainte Anne* du Louvre un vautour obsessionnel qui serait dessiné involontairement par les plis de la robe de la Vierge. Mais ce que Freud n'explique pas, c'est pourquoi le travail de Léonard est un chef-d'œuvre. L'explication historique, sociologique est aussi courte : on n'expliquera pas le génie de Rembrandt à partir de la Hollande de son époque puisqu'après tout le dernier des petits maîtres hollandais reflète aussi son temps mais n'est pas Rembrandt. La psychologie, comme la sociologie de l'art n'expliqueront jamais de l'art que ce qui en lui n'est pas artistique.

Irréductible à la sensualité, aux intérêts matériels, la valeur esthétique est également irréductible à la morale. Il peut exister un art engagé (qui se met au service de fins politiques morales ou religieuses), mais ce n'est pas l'engagement qui fait la valeur de l'œuvre. Peut-être même, comme le suggère Malraux, les valeurs esthétiques sont elles entrées dans le monde, du jour où l'on ne s'est plus contenté d'opposer la statue du « vrai Dieu » à une idole, du jour où on a su admirer deux statues; la valeur esthétique a conquis ce jour-là sa spécificité à côté des valeurs morales ou religieuses.

LECTURES

Charles LALO	*Introduction à l'esthétique* (Colin).
	Éléments d'esthétique (Vuibert).
Maurice NÉDONCELLE	*Introduction à l'esthétique* (P. U. F.).
Denis HUISMAN	*L'esthétique* (Que sais-je?, P. U. F.).
	L'esthétique industrielle (P. U. F.).

A côté de ces ouvrages d'initiation on n'hésitera pas à consulter les ouvrages des grands philosophes :

PLATON	*Ion, Phèdre, Banquet.*
PLOTIN	1re *Ennéade, VI.*
Emmanuel KANT	*Critique du jugement.*
F.G. Wilhem HEGEL	*Esthétique*, Extraits par Cl. Khodoss (P. U. F.).
Frederic NIETZSCHE	*Origines de la tragédie.*
Henri BERGSON	*Le rire.*
ALAIN	*Système des Beaux-Arts.*

et les travaux des auteurs plus récents, notamment : MALRAUX, *Les voix du silence;* R. HUYGHE, *Dialogue avec le visible* (Flammarion); SARTRE, *Situations*, t. II et IV (Gallimard); TROTSKY, *Littérature et révolution* (Julliard); A. BRETON, *Manifeste du surréalisme;* BLANCHOT, *L'espace littéraire* (Gallimard); FRANCASTEL, *Art et technique* (Éd. de Minuit); PANOFSKY, *L'œuvre d'art et ses significations* (Gallimard).

Nous recommandons tout particulièrement :

Étienne SOURIAU *Correspondance des arts* (Flammarion).
Mikel DUFRENNE *Phénoménologie de l'expérience esthétique* (Aubier)

Parmi les ouvrages les plus récents on pourra consulter :

Edmond ROUDNITSKA *L'esthétique en question* (Paris, PUF, 1977) (ouvrage original : des aperçus sur l'art des parfums, mais aussi une théorie générale de l'art et une réflexion sur Kant).

Herbert MARCUSE *La dimension esthétique* (Trad. Didier Coste, Paris, Seuil, 1979). Ce petit ouvrage, 80 pages, est une critique de la théorie marxiste de l'art et de la littérature. On y retrouvera les thèmes du célèbre critique de la « société de consommation » mis à la mode en 1968).

Théodor W. ADORNO *Théorie esthétique* (Paris, Klincksieck, 1974, traduction française de Marc Jimenez). Ouvrage important, mais d'un accès difficile pour les débutants.

Ernst KRIS *Psychanalyse de l'art* (Paris, PUF, 1978). Ouvrage américain de 1952, traduit en 1978 : fascinant mais d'accès difficile.

Catherine CLEMENT *Miroirs du sujet* (Paris, UGE, 10 × 18, nº 1004, 1975). Petit livre attachant et d'une lecture accessible, sur l'esthétique du roman.

Michel DUFRENNE *Art et politique* (Paris, UGE, 10 × 18, nº 889, 1974). Livre de poche très accessible; Réflexion pénétrante sur l'avant-garde en Art et dans la société.

Étienne SOURIAU *La couronne d'herbe* (Paris, UGE, 10 × 18, nº 930, 1975). Dernier ouvrage du grand esthéticien français, une réflexion pénétrante sur l'esthétique et la morale.

TEXTES A COMMENTER

1. « Comme les types humains qui expriment les plus hautes d'entre elles, les valeurs suprêmes sont des défenses de l'homme. Chacun de nous éprouve que le saint, le sage, le héros, sont des conquêtes sur la condition humaine. Pourtant, les saints du bouddhisme ne ressemblent, ne peuvent ressembler, ni à Saint Pierre, ni à saint Augustin; pas plus que Léonidas à Bayard ou Socrate à Gandhi. Et la succession des valeurs éphémères dont chacune accompagne une civilisation : la conscience du tao, la soumission hindouiste au cosmos, l'interrogation grecque, la communion médiévale, la raison, l'histoire, nous montrent plus clairement encore, comment les valeurs déclinent lorsqu'elles cessent d'être salvatrices.

Celles qu'incarne ou engendre le génie artistique (le génie, et non la représentation d'une époque) déclinent elles aussi, pour les communautés auxquelles elles s'adressent : chrétienté ou chapelle, lorsqu'elles cessent de les défendre, et renaissent lorsqu'elles semblent en défendre d'autres. Mais nous ne cherchons pas en certaines d'entre elles la préfiguration des nôtres; nous sommes moins héritiers de telle ou telle en particulier ou de toutes juxtaposées, que de leur ensemble et singulièrement de la coulée profonde qui les suscita. Nous avons pris enfin conscience de leur nature propre, comme l'hégélianisme prit conscience non de valeurs oubliées, mais de l'histoire; et c'est l'art dans sa totalité, délivré par le nôtre, que notre civilisation, la première, dresse contre le destin. La Renaissance n'a pas préféré, aux statues alexandrines, les quelques grandes œuvres grecques qu'elle entrevit, et n'eût pas préféré au *Laocoon* la *Koré d'Euthydikos*. C'est nous, et non la postérité, qui révélons le trésor des siècles, depuis que la création est devenue pour nos artistes une valeur suprême; nous qui arrachons au passé de la mort le passé vivant du musée...

Toujours enrobé d'histoire, mais semblable à lui-même depuis Sumer jusqu'à l'école de Paris, l'acte créateur maintient au long des siècles une reconquête aussi vieille que l'homme. Une mosaïque byzantine et un Rubens, un Rembrandt et un Cézanne expriment des maîtrises distinctes, différemment chargées de ce qui fut maîtrisé; mais elles s'unissent aux peintures magdaléniennes dans le langage immémorial de la conquête, non dans un syncrétisme de ce qui fut conquis. La leçon des Bouddhas de Nara ou celle des Danses de Mort çivaïtes n'est pas une leçon de bouddhisme ou d'hindouisme; et le Musée Imaginaire est la suggestion d'un vaste possible projeté par le passé, la révélation de fragments perdus de l'obsédante plénitude humaine, unie dans la communauté de leur présence invaincue. Chacun des chefs-d'œuvre est une purification du monde, mais leur leçon commune est celle de leur existence, et la victoire de chaque artiste sur sa servitude rejoint, dans un immense déploiement, celle de l'art sur le destin de l'humanité.

L'art est un anti-destin. »

(MALRAUX, *Les voix du silence*, Gallimard.)

Le poète naît par le poème qu'il crée; il est second au regard de ce qu'il fait; il est postérieur au monde qu'il a suscité et par rapport auquel ses relations de dépendance reproduisent toutes les contradictions exprimées dans ce paradoxe : le poème est son œuvre, le mouvement le plus vrai de son existence, mais le poème est ce qui le fait être, ce qui doit exister sans lui et avant lui, dans une conscience supérieure où s'unissent l'obscur du fond de la terre et la clarté d'un pouvoir universel de fonder et de justifier.

De là viennent les débats autour de l'inspiration et de l'activité formatrice du poète. L'un des torts de Georges Mounin est de perdre son temps à les reproduire sur le plan de l'analyse traditionnelle. « Inspiration » et « réflexion » sont les termes d'une analyse bâtarde, issus d'une des divisions les plus prosaïques qui soient. Entre ces deux opérations, on peut mettre le plus de distance possible, le partage le plus inégal des privilèges; on peut y voir d'un côté un excès de conscience, de l'autre un fruit de l'ignorance, le bonheur de la passivité et la grâce du travail. Mais ces différences ne sont que les ébauches maladroites d'une différence d'un tout autre genre que ne mesure pas le plus ou moins d'activité consciente. *L'inspiration* ne signifie rien d'autre que l'antériorité du poème par rapport au poète, ce fait que celui-ci se sent, dans sa vie et dans son travail, encore à venir, encore absent en face de l'œuvre poétique qui est elle-même toute avenir et toute absence. Cette dépendance est irréductible. Le poète n'existe qu'après le poème. L'inspiration n'est pas le don d'un secret ou d'une parole, consenti à quelqu'un existant déjà; elle est le don de l'existence à quelqu'un qui n'existe pas encore.

Quant au *travail*, il signifie, devant l'antériorité de la poésie et sa prétention à former une conscience absolue, le caractère irréalisable et impossible de cette prétention : le leurre que celle-ci représente pour tous ceux qui s'en tiennent aux conditions de fait du poème; la nécessité de partir d'un langage déjà donné et d'une existence infiniment présente et dominatrice; enfin, la préoccupation de remplacer, par un surcroît de conscience individuelle, l'impossible conscience absolue que devrait constituer le poème en lui-même.

(BLANCHOT, *La part du feu*, pp. 106-107, Gallimard.)

SUJETS DE DISSERTATIONS OU DE DÉBATS

— Comment définir le beau? On confrontera les formules suivantes :

« La beauté n'est que la promesse du bonheur » (Stendhal).

« Qu'est-ce que la beauté? Une convention, une monnaie qui n'a cours qu'en temps et lieu » (Ibsen).

« Le beau est la purgation de toute superfluité » (Michel-Ange).

« Le beau ne fleurit que sur l'utile, jusque dans la poésie où la mesure et la rime eurent d'abord pour fin de servir la mémoire » (Alain).

« Le beau est... l'objet d'une satisfaction désintéressée » (Kant).

« La beauté c'est-à-dire la justesse, la proportion et l'ordre » (Bossuet).

« La beauté est une logique qui est perçue comme un plaisir » (R. de Gourmont).

« Le beau est toujours bizarre » (Baudelaire).

— Art et société.

— Art et morale.

— Art et métaphysique.

— Peut-on expliquer les œuvres d'art?

— Comment comprenez-vous cette formule de Claude Roy : « L'homme a inventé les littératures. Elles le lui ont bien rendu »?

— Quelles réflexions vous suggère cette pensée de Pascal : « Quelle vanité que la peinture qui attire l'admiration par la ressemblance de choses dont on n'admire pas les originaux ! »

— Expliquez et s'il y a lieu discutez ce jugement d'Anatole France : « L'art n'a pas la vérité pour objet. Il faut demander la vérité aux sciences parce qu'elle est leur objet. »

— Que pensez-vous de cette remarque de Franz Kafka : « L'art vole autour de la vérité mais avec la volonté bien arrêtée de ne pas se brûler »?

— Thomas Mann déclare : « L'art ne constitue pas une puissance, il n'est qu'une consolation. » Qu'en pensez-vous?

— Confrontez ce jugement de George More (1852-1933) : « L'art est l'antithèse directe de la démocratie » avec celui de Tolstoï (1828-1910) : « Les grandes œuvres d'art ne sont grandes que parce qu'elles sont accessibles et compréhensibles à tous. »

— Romain Rolland écrit : « L'art doit supprimer la violence et seul il peut le faire. Sa mission est de faire régner le royaume de Dieu c'est-à-dire l'amour. »

— Quelles réflexions vous suggèrent ces remarques de Jean Rostand : « Si ce savant n'eût pas fait cette découverte un autre l'eût faite un peu plus tard. Mendel meurt inconnu, ayant trouvé les lois de l'hérédité; trente-cinq ans après ils sont trois qui les retrouvent. Mais le livre qui ne fut pas écrit ne le sera jamais. La mort prématurée d'un grand savant retarde l'humanité, celle d'un grand écrivain la frustre? »

SUJETS RÉCEMMENT DONNÉS AU BACCALAURÉAT (1977-79)

— La laideur est-elle indigne de l'art? (Aix)

— En quoi les œuvres d'art diffèrent-elles des objets techniques? (Metz)

— L'art est-il un travail ou un jeu? (Montpellier)

— un objet utile peut-il être beau? (Strasbourg)

— Qu'est-ce que comprendre une œuvre d'art? (Vietnam)

— Quelle peut être la fonction de l'art dans une Société obsédée par la technique et le rendement? (Côte des Somalis)

— Une société a-t-elle besoin d'artistes? (Montpellier)

— Pensez-vous que la place d'une œuvre d'art soit dans un musée? (Centre méditerranéen « Groupe I »)

— Le beau est-il le véritable but de la création artistique? (Lyon)

L'horloge astronomique de Strasbourg *(Photo Roger-Viollet)*

L'horloge donne du temps une image spatiale (le cercle parcouru par les aiguilles). Mais le temps (même symbolisé par un parcours dans l'espace) se distingue radicalement de l'espace. *L'espace est réversible*, peut être franchi dans tous les sens. *Le temps est irréversible*, ne peut être parcouru que dans une direction. Tous les poètes ont dit ce thème tragique du temps qui fuit sans remède :

Trois mille six cents fois par heure, la seconde
Chuchote : souviens-toi ! Rapide, avec sa voix
D'insecte Maintenant dit : « je suis Autrefois ».

(Ch. Baudelaire).

A. V.

CHAPITRE IV

L'espace et le temps

« O Temps ! Suspends ton vol », s'écriait le poète pour éterniser un instant de bonheur. Mais ce vœu est irréalisable et presque impensable. Pour s'en aviser, il suffit de demander, avec **Alain** : « Pendant combien de temps le Temps va-t-il suspendre son vol? » Le temps pur est quelque chose dont je ne peux jamais faire abstraction.

Envisageons la durée concrète, riche d'événements, par exemple une journée bien remplie; je puis par l'imagination vider cette durée des joies, des soucis et des œuvres qui l'ont occupée; je puis supposer que tous ces événements n'ont pas eu lieu. Mais il y a quelque chose que mon imagination ne peut supprimer, c'est le temps lui-même, le cadre de tous ces événements qui s'écoulent. Bien mieux, plus la durée se vide et s'appauvrit et plus la réalité du temps est sensible et pesante. Les heures bien remplies passent vite, les heures d'ennui sont les plus longues parce qu'il ne reste plus que le temps pur et que rien ne nous en distrait. Les heures où il ne se passe rien sont interminables et on a dit à juste titre que « s'ennuyer c'est être sensible au temps pur ».

Pas plus que je ne puis faire abstraction du temps, je ne puis faire abstraction de l'espace : par l'imagination, je vide aisément cette salle de tous ses meubles et de tous ses habitants, mais je ne peux supprimer l'espace lui-même; je peux appauvrir par abstraction l'étendue concrète, comme je pouvais appauvrir la durée concrète, mais le cadre de l'étendue concrète, l'espace, résiste comme le temps à tous mes efforts pour l'éliminer. L'espace et le temps sont des données de mon expérience que je ne peux pas évacuer. Ils paraissent liés à mon univers d'une façon nécessaire. Quelle est ma situation à l'égard de ces cadres constants de mon expérience?

I — L'ESPACE, LE TEMPS ET LA CONDITION HUMAINE

1° MA SITUATION CONTINGENTE (1) DANS L'ESPACE ET DANS LE TEMPS

Bien souvent, par exemple pour constituer un dossier d'examen, vous avez rempli des fiches, où, à la suite de votre nom, on vous demandait d'inscrire : né à... le... Pourquoi êtes-vous né à cette date plutôt qu'à une autre et pourquoi en tel lieu? C'est ainsi, vous n'y pouvez rien. Vous êtes tributaire du hic et du nunc, de l'ici et du maintenant. Ces caractéristiques définissent votre situation dans le monde en ce qu'elle a de contingent et vous limitent incurablement. Vous n'avez pas le don d'ubiquité, vous ne pouvez pas vivre à la fois en France et en Chine, par exemple, et vous ne pouvez pas « transcender », dépasser les conditions de votre incarnation temporelle : impossible pour vous de vivre au moyen âge ou d'aller faire un tour en l'an 3000.

De plus, cet espace et ce temps dont je suis prisonnier sont pour moi incompréhensibles. Mon imagination ne peut s'empêcher de les supposer infinis, ce que mon entendement ne peut comprendre. Nous pouvons toujours supposer un « après » et un « plus loin » et « l'imagination, comme dit **Pascal,** se lasserait plutôt de concevoir que la nature de fournir », ce dont l'auteur des Pensées concevait de « l'effroi » Pourtant, s'il est vrai que l'espace et le temps sont « nos plus cruels tyrans » **(Unamuno),** notre situation n'est pas tout à fait le même à l'égard de l'un et de l'autre. Il peut sembler que si notre servitude à l'égard du temps est complète, nous avons quelque liberté à l'égard de l'espace. **Lagneau** disait même que « l'espace est la forme de ma puissance, le temps, la forme de mon impuissance ».

2° MON IMPUISSANCE PAR RAPPORT AU TEMPS

Tandis que l'espace est **réversible** (je peux le parcourir dans des directions opposées et retourner à mon point de départ, par exemple aller de Paris à Lyon et revenir de Lyon à Paris), le temps est **irréversible,** ne peut être parcouru que dans une direction. Ici, je ne peux pas revenir en arrière, je ne peux pas revivre l'année précédente; je ne cesse au contraire de m'en éloigner, le souvenir même que j'en ai évolue et se transfigure. Le temps emporte tout sans retour, il m'empêche de fixer quoi que ce soit. **Héraclite,** sensible au changement perpétuel de l'univers (« on ne se baigne jamais deux fois dans le même fleuve »), a senti l'indifférence destructrice du temps, cet « enfant qui s'amuse à jouer aux dames » et l'Ecclésiaste note avec amertume : « Le sage meurt aussi bien que le fou ». **Proust** a été affecté plus que tout autre par l'irréversibilité tragique du temps contre laquelle notre cœur se révolte vainement. Assistant, à la fin de sa vie, après des années de solitude, à

(1) Contingent s'oppose à nécessaire. Ce qui est nécessaire, c'est ce qui ne peut pas ne pas être, ce que je déduis rigoureusement par la raison. Ce qui est **contingent,** c'est ce qui est donné sans raison, sans explication.

une soirée mondaine, il retrouve des gens connus autrefois si profondément transformés qu'il a l'impression d'assister à un bal masqué. Cette blonde valseuse s'est déguisée en une pesante douairière, ce fringant lieutenant s'est donné les galons, l'embonpoint et les cheveux blancs d'un colonel : « Mais ces têtes qu'ils se sont faites depuis longtemps sans le vouloir ne se laissent pas défaire par un débarbouillage, une fois la fête finie (1). »

Malgré tout notre désir, nous ne pouvons conjurer l'irréversibilité du temps. **Proust** pensait que la magie du souvenir pouvait nous restituer avec toute leur nuance émotive certains instants privilégiés. C'est la théorie de la mémoire affective, que vous trouverez longuement discutée dans le chapitre consacré au souvenir. En réalité, nous ne retrouvons jamais tout à fait, par la mémoire, le passé tel que nous l'avions vécu. Car notre évocation est fonction de ce que nous sommes devenus et nos souvenirs évoluent avec nous-mêmes. Un autre témoignage du refus par le cœur humain de l'irréversibilité temporelle nous est donné par le mythe de l'éternel retour : les stoïciens croyaient qu'au terme d'un cycle de plusieurs milliers d'années, à la suite d'une conflagration universelle, tout le cours du temps recommençait avec les mêmes péripéties. **Nietzsche** pensait aussi que l'histoire universelle, avec les mille détails de chaque événement, se répéterait indéfiniment.

« Cette vie, telle que tu la vis naturellement, telle que tu l'as vécue, il faudra que tu la revives encore une fois et une quantité innombrable de fois et il n'y aura en elle rien de nouveau, au contraire ! Il faut que chaque douleur et chaque joie, chaque pensée et chaque soupir, tout l'infiniment grand et l'infiniment petit de la vie reviennent pour toi et tout cela dans la même suite et le même ordre, et aussi cette araignée et ce clair de lune entre les arbres, et aussi cet instant et moi-même. L'éternel sablier de l'existence sera retourné toujours à nouveau et toi avec lui, poussière des poussières (2). »

Peut-être le mythe est-il suggéré par l'apparente réversibilité du temps de la nature que les poètes ont opposée bien souvent à l'irréversibilité du temps humain : tandis que je vieillis petit à petit, le printemps revient chaque année. Mais ce rajeunissement perpétuel n'est qu'apparence car les plantes aussi vieillissent, et la terre, et les étoiles. En fait, le temps ne saurait être envisagé comme un simple rythme, comme un parcours circulaire qui sans cesse repasserait par les mêmes endroits. Le temps n'est pas, comme le voulait **Platon** dans le Timée, « l'image mobile de l'éternité immobile », et l'irréversibilité demeure son caractère essentiel.

Mon impuissance tragique à l'égard de l'irréversibilité temporelle se révèle à la fois dans les expériences qui me mettent en face du passé et dans celles qui m'orientent vers l'avenir : la torture du remords exprime mon impuissance à l'égard du passé : j'ai fait un choix jadis, librement, me semble-t-il : j'aurais eu la possibilité d'agir autrement. Mais aujourd'hui je n'y puis rien, ce qui est fait est fait. L'acte qui m'apparaissait libre lorsqu'il n'était qu'un projet devant moi est aujourd'hui accompli sans retour possible. Par le sortilège cruel du temps, mon acte est devenu destin. L'acte de ma liberté, en devenant un acte passé, s'est métamorphosé en fatalité.

A la torture du remords répond, devant l'avenir, la torture de l'attente. Dans le temps, tous voyagent à même allure et je ne puis accélérer le cours des heures qui me séparent du rendez-vous de demain. Le pour-

---

(1) Proust, *A la recherche du temps perdu. Le Temps retrouvé*, p. 77, Gallimard.
(2) Nietzsche, *Le gai savoir*, § 341, trad. Albert, p. 295-296, Mercure de France.

rais-je d'ailleurs, je le regretterais peut-être car j'abrégerais ma vie (1). « Comment, écrit **M. Jankélévitch,** des années si courtes se fabriquent-elles avec des journées si longues? » En définitive, l'avenir m'angoisse parce qu'il contient ma mort. « Dès qu'un homme est né, note **Heidegger,** il est assez vieux pour mourir », et le risque de la mort se profile à l'horison de tous mes possibles. C'est ce qu'exprimait déjà en de très beaux vers la comtesse de Noailles :

« On ne possède bien que ce qu'on peut attendre,
Je suis morte déjà puisque je dois mourir. »

3° MA PUISSANCE SUR L'ESPACE

Impuissant dans le temps, comme nous venons de le montrer, je peux au contraire agir sur l'espace. Alors que je n'ai pas de prise sur le temps, qui se confond avec mon existence même, j'ai prise sur l'espace, sur l'extériorité. Dans le langage de **Gabriel Marcel,** « je suis » le temps et « j'ai » l'espace. Tandis que le temps est « mystère » existentiel, l'espace est « problème » objectif. Problema, en grec, ob-jectum, en latin, signifient : « qui est jeté devant ». L'espace est le lieu privilégié des problèmes et des techniques, car l'espace est ce qui est devant moi, je peux regarder l'espace, je peux le diviser, et faire des mesures dans l'espace (mesurer est précisément reporter un segment d'une longueur déterminée sur des segments de longueur indéterminée). L'efficacité des techniques ne consiste-t-elle pas en des déplacements d'objets dans l'espace (2)? Il est remarquable que la science ne parvient à exprimer l'univers — et à le conquérir — qu'en transposant dans l'espace les données de l'expérience immédiate. Par exemple, la sensation musculaire de poids, subjective et imprécise, est remplacée par l'appréciation visuelle de la position de l'aiguille de la balance. La sensation de température, qui est confuse et trompeuse parce qu'elle exprime la relativité très complexe de mon organisme au milieu (mon organisme est lui-même source de chaleur et je trouve les objets chauds ou froids selon leur conductibilité thermique), est remplacée par la lecture du thermomètre, c'est-à-dire par l'appréciation visuelle de la dilatation d'une colonne d'alcool ou de mercure dans un milieu donné, et par la mesure de cette dilatation sur une règle graduée. De même la science de l'électricité, négligeant nos sensations électriques rudimentaires, s'est développée grâce à des techniques qui emploient l'électricité à produire des effets visibles et mesurables dans l'espace (déplacement de l'aiguille du galvanomètre, produits de

(1) Anatole France cite à ce sujet un conte oriental plein d'intérêt. Un enfant obtient d'un génie du ciel le « privilège » d'abréger les moments ennuyeux de l'existence. Écolier, il ne conserve que ses récréations et précipite le temps des cours; puis il demande d'abréger la durée de son service militaire, le temps de ses études pour épouser la femme qu'il aime, puis de voir vite grandir ses enfants, ensuite de se trouver à la retraite, enfin d'abréger une vieillesse importune. Il n'avait, au total, vécu que quelques jours.

(2) L'espace exprime la puissance. Le délire impérialiste n'est-il pas toujours associé à l'exigence d'espace vital? De même le conquérant vaincu est châtié par la diminution de son « espace ». L'échec napoléonien est consacré par l'exil dans l'île minuscule de Sainte-Hélène.

l'électrolyse mesurés au moyen de la balance). Le temps lui-même serait susceptible d'être dominé de la même manière, c'est-à-dire en étant transposé dans le champ spatial. Ce problème de la réduction scientifique du temps à l'espace est d'une importance particulière en philosophie et doit nous retenir spécialement.

4° LA SPATIALISATION DU TEMPS

Rien de plus commun que la mesure du temps par l'espace. Si je demande à un passant : « L'hôtel de Paris, c'est encore loin? » on me répondra indifféremment : « C'est à cinq minutes » ou « C'est à trois cents mètres ». Scientifiquement la mesure du temps se traduit par la mesure d'un espace parcouru par un mobile dont le mouvement est supposé uniforme, par exemple l'espace parcouru par l'aiguille d'une montre sur le cadran. Une horloge enregistre les répétitions d'un phénomène périodique considéré comme constant (battements d'un pendule ou d'un ressort) et l'accord de diverses bonnes horloges vérifie en pratique notre confiance dans la constance de leur marche. Toutefois, ce temps abstrait et régulier, mesuré par l'espace, défigure, selon Bergson, le temps réel, la durée vécue par la conscience. « Concept bâtard » d'espace et de durée, le temps apprivoisé de nos horloges trahit le temps naturel libre et sauvage, la durée vécue qualitative et non mesurable, bondissant au rythme de nos joies, alanguie au tempo de l'ennui. Vous savez tous qu'un film passionnant dure psychologiquement beaucoup moins qu'une conférence ennuyeuse, même si tous deux sont mesurés, par exemple, par une heure trente à l'horloge. Pour Bergson, la durée vécue par la conscience est un pur changement qualitatif, ne se prête pas à la mesure, ne se compose pas d'intants séparés et comme juxtaposés les uns aux autres, mais au contraire est l'unité organique de moments qui se fondent les uns dans les autres comme les couleurs d'un soleil couchant ou les notes d'une mélodie : « La durée toute pure est la forme que prend la succession de nos états de conscience quand notre moi se laisse vivre, quand il s'abstient d'établir une séparation entre l'état présent et les états antérieurs. Il n'a pas besoin pour cela de s'absorber tout entier dans la sensation ou l'idée qui passe car alors, au contraire, il cesserait de durer. Il n'a pas besoin, non plus, d'oublier les états antérieurs. Il suffit qu'en se rappelant ces états il ne les juxtapose pas à l'état actuel comme un point à un autre point mais les organise avec lui, comme il arrive quand nous nous rappelons, fondues pour ainsi dire ensemble, les notes d'une mélodie. » Mais notre intelligence, tournée spontanément vers l'extériorité (à cause des exigences pratiques), est obsédée par l'espace géomètrique (cadre qui permet excellemment l'analyse des objets et l'action sur eux) et l'introduit « à notre insu dans notre représentation de la succession pure ; nous juxtaposons nos états de conscience de manière à les apercevoir simultanément non plus l'un dans l'autre mais l'un à côté de l'autre ; bref, nous projetons le temps dans l'espace, nous exprimons la durée en étendue et la succession prend pour nous forme d'une ligne continue ou d'une chaîne dont les parties se touchent sans se pénétrer... la pure durée n'est qu'une succession de changements qualitatifs qui se fondent qui se pénètrent sans contours précis, sans aucune parenté avec le nombre : ce serait de l'hétérogénéité pure... Dès l'instant où l'on attribue la moindre homogénéité à la durée, on introduit subrepticement l'espace (1) ». Le temps, ou plutôt la durée, selon **Bergson,** n'est pas une dimension abstraite à la surface des choses, mais c'est le mouvement réel, concret, de ma vie intérieure. Le mouvement parce qu'il est changement réel, durée et vie est en lui-même étranger à l'espace.

N'envisager le mouvement qu'à partir de l'espace parcouru, c'est s'interdire de le comprendre, comme le montrent les paradoxes de **Zénon d'Élée.** Zénon prétendait prouver l'impossibilité du mouvement. L'argument de la dichotomie (le mot signifie division en deux) observe qu'un mobile, pour parvenir à un point donné, doit d'abord parcourir la première moitié de la distance à couvrir puis la moitié du reste, puis la moitié du nouveau reste et ainsi de suite à l'infini. La distance totale ne serait donc en théorie jamais parcourue. L'argument « Achille et la Tortue » est très célèbre. Achille « aux pieds légers » dispute avec la tortue une course au handicap. Achille part d'une position A_0, la tortue part en même temps d'une position plus avancée T_0. Supposons que la tortue aille dix fois moins vite qu'Achille. Zénon se fait fort de démontrer qu'Achille ne rattrapera jamais la tortue.

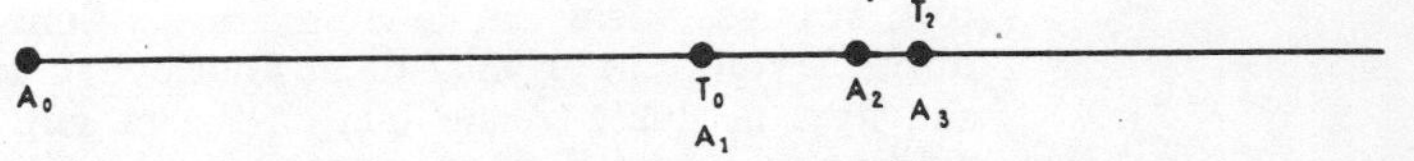

Lorsqu'Achille arrive en T_0 position de départ de la tortue, celle-ci est en avant exactement à 1/10 du trajet que vient de parcourir Achille. Quand Achille rejoindra à son tour cette nouvelle position T_1, la tortue aura parcouru une nouvelle distance égale au 1/10 du trajet T_0-T_1. Quand Achille parviendra à cette nouvelle position T_2, la tortue aura encore parcouru un trajet égal au 1/10 de T_1 T_2. Chaque fois qu'Achille rejoint une position précédemment occupée par la tortue, celle-ci conserve une avance égale au dixième du trajet que vient de parcourir Achille. Comme l'espace est divisible à l'infini, la tortue conservera toujours une avance infinitésimale. **Zénon d'Élée** propose deux autres arguments dont le plus simple est celui de la flèche. La flèche lancée vers la cible est immobile puisqu'à chaque instant de son trajet elle occupe un point bien déterminé de l'espace. Pourquoi **Zénon** peut-il s'arrêter à de telles absurdités? C'est, répond **Bergson,** parce qu'il confond le mouvement vécu dans la durée concrète avec la trajectoire spatiale. L'espace qui sert à mesurer le mouvement est, en effet, divisible à l'infini. Mais le mouvement lui-même, c'est-à-dire la durée vécue, est indivisible : « Bref, il y a deux éléments à distinguer dans le mouvement : l'espace parcouru et l'acte par lequel on le parcourt, les positions successives et la synthèse de ces positions. Le premier de ces éléments est une quantité homogène; le second... est une qualité. »

5° L'INTELLIGENCE DÉDUCTIVE ET LA DURÉE CONCRÈTE

Mais la durée vécue, qualitative, hétérogène, concrète, échappe, selon **Bergson,** aux prises de l'intelligence analytique et déductive que les besoins pratiques ont façonnée selon les exigences de l'extériorité spatiale. Il est aisé de montrer que la déduction est la négation du temps. Déduire une proposition d'une autre, c'est faire voir (par exemple par un jeu habile de substitutions, comme en mathématiques) que cette seconde

(1) BERGSON, *Données immédiates de la conscience,* P.U.F.

proposition s'identifie à la première, dit la même chose qu'elle (les deux propositions sont tautologiques). Posant que $a = b$ et que $b = c$, je puis dire $a = c$, car cette proposition est au fond la même que les précédentes. Déduire l'avenir du présent, c'est identifier l'avenir au présent; c'est découvrir l'avenir dans l'analyse du présent, c'est nier l'avenir en tant qu'avenir, c'est affirmer que l'avenir est contenu dans le présent comme le théorème sur la somme des angles du triangle est implicitement inscrit dans les théorèmes, définitions et postulats qui le précèdent. L'idéal de la raison serait donc, comme l'a bien vu É. Meyerson, de conjurer l'irréversibilité temporelle en réduisant et en identifiant complètement l'effet à la cause. « Expliquer, c'est identifier. » L'identité logique remplacerait la succession chronologique. Mais si la science réussissait à ramener intégralement les effets aux causes et à identifier entre eux les événements successifs de l'univers, le réel perdrait toute consistance, l'Etre serait sacrifié à l'Un; il ne se passerait, à la lettre, plus rien dans le monde. Ce serait l'« acosmisme ». Reconnaître que le monde existe c'est, au contraire, s'apercevoir que chaque événement a sa valeur propre, son poids, sa couleur, sa nouveauté radicale et ne peut être intégralement déduit de quelques principes. L'existence, c'est ce jaillissement continu de nouveautés, c'est la durée. Toutefois, la rançon de l'existence temporelle du monde, c'est l'impossibilité de l'expliquer totalement. La science classique n'a pu s'édifier qu'en rusant avec le temps, qu'en ne retenant de lui qu'une simple dimension à la surface du réel. Ainsi l'astronome — à partir de la connaissance des lois des mouvements célestes — fait des prévisions exactes parce qu'il réduit la temporalité à des changements de position dans l'espace céleste. Mais la découverte de la réalité temporelle apporte toujours une limite à l'idéal déductif d'identification. Les principes de conservation se heurtent, par exemple dans les sciences de la matière, à la dégradation de l'énergie (l'énergie se dégrade en chaleur, forme sous laquelle elle n'est plus totalement convertible en travail). En biologie, le passage de l'embryon à l'adulte, l'évolution des formes élémentaires archaïques aux formes plus complexes (sans parler du passage de la matière inerte à la vie elle-même) semblent révéler un devenir en partie irréductible (on ne peut pas « déduire » l'adulte de l'embryon, ni l'homme de l'amibe). Ici, le temps mord sur les choses, le temps est l'existence même; l'ultérieur enrichit toujours l'antérieur dont il dépend mais auquel il ne se réduit pas. De même l'histoire des hommes apparaît comme un devenir vivant dont les péripéties concrètes ne sont jamais totalement explicables, ni à plus forte raison, prévisibles. Devons-nous conclure avec Bergson que « l'intelligence se caractérise par une incompréhension naturelle de la vie », c'est-à-dire de la durée? Il ne faudrait cependant pas confondre l'impuissance d'une forme de logique avec une impuissance totale de la raison. Là où la logique classique déductive échoue, une logique dialectique peut réussir. La dialectique procède non plus par analyse tautologique mais par contradictions surmontées. Cette méthode qui « considère les choses et les concepts dans leur enchaînement, leur action réciproque et la modification qui en résulte, leur naissance, leur développement et leur déclin (1) » tente de saisir les lois du devenir lui-même. La dialectique procédant par l'opposition et la résolution des contraires essaie d'épouser les contradictions, les interactions, et les « progrès par bonds », qui caractérisent le devenir. La pensée ne va plus de l'identique à l'identique mais de la thèse à l'antithèse et à la synthèse. Il est vrai que cette triade introduit dans le devenir mouvant la constance d'un rythme et de processus semblables. Et on peut voir ici encore un effort pour retrouver des identités dans le changement.

6° LE TEMPS MAITRISÉ PAR LA CONSCIENCE

Nous avons vu pourquoi le temps était « la forme de mon impuissance ». Il est ce qui fuit sans cesse, à la fois mon être propre et ce qui, à chaque instant, me sépare de moi-même. Pourtant, il ne semble pas que je sois totalement prisonnier du devenir. Si j'étais intégralement enveloppé dans le flux de la durée, je n'aurais pas conscience que cette durée dure. Ainsi, le nageur imprudent, saisi par un courant marin, ne s'aperçoit pas, s'il ne retourne pas les yeux, qu'il s'éloigne rapidement de la plage. Mais moi je m'aperçois que le temps s'écoule, je pense le temps, je saisis une relation entre les différentes parties du temps et cette relation ne peut appartenir à aucune d'entre elles. **Brunschvicg** disait : « Les jugements qui ont pour objet le temps sont des jugements hors du temps. » Du moins puis-je dire que j'échappe en partie au devenir et que je le domine puisque je suis à la fois conscience dans le temps et conscience du temps. Si j'étais entièrement pris dans le temps, le seul mode de ma temporalité serait le présent. Le passé n'existant plus et l'avenir n'étant pas encore, mon existence coïnciderait ponctuellement avec chaque instant et je n'aurais aucune conscience du temps. Mais en réalité, je prends du recul sur le flux du devenir, et si, d'une certaine façon, je n'échappe jamais au présent, on peut dire que, d'une autre façon, j'en sors perpétuellement. Je pense à ce que j'ai fait et à ce que je vais faire, je suis cet « être des lointains » dont parlait **Heidegger,** qui projette ses soucis et ses rêves sur l'avenir, qui est toujours un peu en avant de lui-même et aussi un peu en arrière puisqu'il peut évoquer son passé. En tout cas, il ne coïncide jamais rigoureusement avec lui-même, il n'est jamais son propre contemporain. La philosophie d'aujourd'hui a beaucoup développé ces descriptions et en a souvent conclu que la temporalité était la réalité humaine elle-même. Dans la perspective rationaliste qui est nôtre, nous dirions plutôt que la prise de conscience du temps exprime le dépassement de la temporalité par l'esprit, et révèle bien en l'homme la dimension de la réflexion et de la raison. En un sens, nous l'avons vu, **je suis temps,** mais en un sens aussi **j'ai le temps;** autrement dit, mon comportement n'est pas déterminé mécaniquement par les stimuli environnants. J'ai la liberté de réfléchir, d'envisager plusieurs possibilités, de différer mes réactions. Je peux organiser mon existence en tenant compte des différents moments du temps, et cela parce qu'il y a en moi un principe de réflexion

(1) Engels, *Anti Dühring*, p. 392. Éditions sociales, 1950.

et de synthèse qui, dans une certaine mesure, échappe à l'écoulement de toutes choses. Alors même que vous dites : « J'ai bien changé », tout n'a pas changé en vous, puisque vous rapportez ces changements à l'unité d'un même « je ».

Si nous voulons approfondir cette analyse, nous découvrirons que la prise de conscience du temps ne donne pas aux différents moments du temps une valeur identique. En fait, toute conscience du temps prend appui sur le futur. Tous mes actes présents n'ont de sens qu'en fonction du futur que j'envisage. Cette page que j'écris, cet achat que je fais chez un commerçant, ce reste de viande que je mets dans le frigidaire l'attestent également. Je ne ferais rien de tout cela si j'étais sûr d'être mort dans une demi-heure, ou du moins si j'étais sûr que, dans une demi-heure, il n'y aurait plus un seul habitant sur la terre pour prendre la suite de mes actes et leur donner un sens. Le passé lui-même ne prend signification et valeur qu'à partir des projets par lesquels je vise mon avenir, ce qui est vrai non seulement de la mémoire personnelle de chacun de nous, mais encore du passé historique tel que chaque peuple le reconstruit et l'imagine en fonction de ses aspirations actuelles.

Dès lors, la conscience que je prends du temps apparaît au service de l'action et, ici, il nous faut nuancer les analyses proposées d'abord au sujet de l'impuissance humaine dans la temporalité. Sans doute le temps est irréversible et je ne peux pas faire que ce que j'ai accompli n'ait pas été accompli. Mais je puis, en prenant conscience de ce passé, lui donner un sens nouveau et en tirer des leçons pour l'avenir. Après le stérile remords vient le fécond repentir et l'impuissance première est convertie en liberté (1).

II — UN PROBLÈME CLASSIQUE RÉALITÉ OU IDÉALITÉ DU TEMPS ET DE L'ESPACE

L'histoire des problèmes et des théories philosophiques retient traditionnellement cette question : l'espace et le temps existent-ils dans les choses, sont-ils des réalités objectives ou simplement des relations conçues par l'esprit humain entre les choses, des modes subjectifs de représentation du monde? Les théories qui adoptent la première solution sont appelées réalistes, les doctrines qui soutiennent le deuxième point de vue sont idéalistes.

1° LES THÉORIES RÉALISTES CLASSIQUES

La théorie cartésienne est foncièrement réaliste. Le temps est une succession d'instants indépendants les uns des autres. Quant à l'espace,

(1) A côté du temps qui angoisse et déchire, il y a le temps qui apaise, le temps qui guérit, et aussi le temps qui accomplit et qui mûrit : « Le temps n'exprime pas seulement mon impuissance puisqu'il est la dimension du progrès. »

il constitue l'essence propre des corps, la substance matérielle elle-même. **Descartes** déclare à propos de la matière : « Je conçois son étendue ou la propriété qu'elle a d'occuper de l'espace non point comme un accident mais comme sa vraie forme et son essence » (l'espace étant considéré comme substance, il n'y a pas de vide dans l'univers cartésien).

La conception de **Newton** est aussi typiquement réaliste mais différente. **Newton** ne confond pas l'espace et la substance matérielle (pas plus qu'il ne confond la géométrie, science de l'espace, et la physique, science de la matière, que Descartes identifiait). Mais pour Newton l'espace et le temps sont des cadres réels, absolus, qui existent indépendamment des objets qui s'y trouvent ou des événements qui s'y passent : « Le temps absolu, vrai et mathématique en soi et par nature, sans relation à rien d'extérieur, s'écoule uniformément... L'espace absolu par nature sans relation à rien d'extérieur demeure toujours le même. » A côté des mouvements relatifs (le marin se promène sur le pont du navire qui lui-même se meut sur l'océan), il y a des mouvements absolus (par exemple la terre se meut par rapport à l'espace absolu). Et même s'il n'y a pratiquement, ce qui est possible, « aucun mouvement uniforme qui puisse servir à mesurer exactement le temps, tous les mouvements pouvant être accélérés ou ralentis », il reste que « l'écoulement du temps absolu est immuable ». Le paramètre t qui figure dans les équations de la Mécanique est ce temps uniforme, idéal. Ce temps absolu, qui existe indépendamment des phénomènes qui durent, cet espace absolu qui existe indépendamment des phénomènes étendus sont plus que les cadres préparés par Dieu pour contenir le monde. L'espace et le temps semblent bien être des attributs de Dieu lui-même, sa façon de percevoir (sensorium Dei) et même d'être. « Dieu dure toujours et est présent partout et en existant toujours et partout il constitue l'espace et le temps. »

2° THÉORIES IDÉALISTES

a) *Leibniz* a critiqué le réalisme cartésien et newtonien.

Contre **Descartes,** il observe que l'étendue ne peut être une substance. Car l'étendue se laisse diviser indéfiniment. Toute substance est une tandis que l'étendue est pure multiplicité.

De même **Leibniz** a entretenu une correspondance polémique avec un disciple de **Newton, Clarke. Leibniz** ne veut pas accorder à l'espace et au temps une réalité absolue en dehors des choses étendues et des événements successifs. Pourquoi s'imaginer que le réceptacle illimité d'un espace et d'un temps absolus est nécessaire à notre petit monde fini? Ce serait « une bien grande cage pour une bien petite mouche ». Le point de vue de Leibniz se comprend très bien à partir de sa métaphysique générale : Dieu est toujours déterminé par le principe de raison suffisante. Or, ce principe serait mis en échec par l'existence d'un cadre absolu spatio-temporel indépendant du monde : « Si le temps était réel indépendamment des choses qui durent, on ne pourrait pas expliquer pourquoi

Dieu a créé à un moment plutôt qu'à un autre; le choix de l'instant de la création n'aurait pas de raison suffisante » et pas davantage le lieu de la création. Si on refuse la préexistence d'un espace réel et d'un temps réel, la difficulté disparaît. Dieu n'a pas créé **dans** le temps et **dans** l'espace, en un moment et en un lieu nécessairement injustifiables. Mais il a créé le monde et à partir de cette création l'espace et le temps doivent s'interpréter seulement comme ordre et relation entre les choses : « L'espace est l'ordre des coexistences possibles, comme le temps est l'ordre des successions possibles. » Le dieu de Leibniz a créé, comme on sait, le meilleur des mondes possibles. C'est-à-dire que n'ont été retenus pour la création effective que les compossibles, autrement dit les possibles compatibles entre eux. L'espace et le temps ne sont rien d'autre que des ordres distincts de compatibilité. Par exemple, des événements peuvent être simultanés. C'est la compatibilité spatiale. Mais supposons que l'existence de l'homme jeune que je suis et du vieillard que je serai soient également nécessaires à l'harmonie de l'univers; je ne peux pas être simultanément un jeune homme et un vieillard, mais je puis l'être successivement. Le temps est ce qui traduit cette compatibilité d'où la simultanéité se trouve exclu. L'espace et le temps, selon Leibniz, ne sont donc pas des choses, mais de pures relations.

b) *Kant*

Pour **Kant**, il n'est pas davantage possible de considérer l'espace et le temps comme des réalités absolues. Car je me heurterais alors à des contradictions insolubles qui sont exposées dans la Première Antinomie. Par exemple, supposons que le monde a un commencement dans le temps et des limites dans l'espace. Cette hypothèse paraît d'abord raisonnable : par exemple, je ne puis, semble-t-il, admettre que le moment actuel ait été précédé par une infinité d'instants et de phénomènes. Si le monde n'a pas eu de commencement, peut-on dire, la série des phénomènes n'aboutira jamais au moment actuel. Comme disaient les scolastiques : « L'infini en arrière est impossible. » D'autre part, si le monde a eu un commencement, je ne puis m'empêcher de me demander : et avant que se passait-il? De même, si l'espace a des limites je me poserai tout de même la question : et au-delà n'existe-il pas quelque chose? A la réflexion, il apparaît aussi inconcevable que l'espace et le temps soient finis et qu'ils soient infinis. La thèse qui affirme les limites de l'espace et du temps n'est pas plus soutenable que l'antithèse qui les conteste. Le seul moyen d'éviter ces difficultés est de cesser de considérer l'espace et le temps comme des choses en soi. L'espace et le temps sont des cadres *a priori* de notre perception, des conditions subjectives de ma représentation du monde. Le fait que nous ne puissions nous en abstraire, que nous ne puissions nous représenter quoi que ce soit en dehors d'eux ne montre-t-il pas qu'ils font partie de nous-mêmes? L'espace a donc un caractère de nécessité puisque je ne peux rien connaître sans lui. Il est universel, car les constructions *a priori* de la géométrie sont valables universellement. Le caractère essentiel du cadre spatio-temporel est donc son **idéalité transcendantale.** Idéalité, puisqu'il n'est qu'une forme subjective de ma perception, idéalité transcendantale puisqu'il est une condition *a priori* universelle et nécessaire de toute connaissance (transcendantal veut dire, chez Kant, condition *a priori* de toute connaissance). Kant précise d'ailleurs que l'espace est la forme du sens externe (nous percevons selon lui le monde extérieur à la fois selon la forme de l'espace et celle de la succession temporelle) tandis que le temps est la forme du sens interne (je perçois ma vie intérieure comme succession de moments et d'états). Mais l'espace et le temps, à côté de leur caractère d'idéalité transcendantale, présentent un aspect de **réalité empirique.** Ce sont à la fois des formes de connaissance et des données empiriques. L'espace n'est pas un concept par exemple, car un concept est un symbole abstrait qui résume après coup des réalités concrètes (le concept de « chien » symbolise les chiens existants). Au contraire, l'unité de l'espace est une donnée première, antérieure à toute composition, objet d'une pure intuition. Ce sont au contraire les parties de l'espace qui sont obtenues après coup par division. Et ces parties ne sont pas dissemblables entre elles comme le sont les individus que réunit un concept. Au contraire, elles sont homogènes. L'espace est donc selon Kant une intuition pure de ma sensibilité et non un concept abstrait construit par l'entendement. Au demeurant, les propriétés de l'espace kantien (homogène, à trois dimensions) sont celles de l'espace euclidien et de l'espace newtonien. Kant n'a fait que transporter dans l'esprit de l'homme l'espace et le temps absolus de Newton. Le « sensorium dei » est devenu « sensorium hominis ».

3° CONCLUSION

Quelle solution proposer? Tout d'abord, il nous semble qu'on peut attribuer à l'espace et au temps une réalité extérieure à notre conscience. Le nier nous obligerait à poser l'hypothèse d'un monde en soi intemporel et non spatial qui demeurerait inconnaissable. Par ailleurs, notre impossibilité d'échapper à l'espace et au temps, notre impossibilité de les comprendre parfaitement ne sont nullement des raisons de ne leur accorder qu'une existence subjective.

Pourtant, il y a quelque chose de vrai dans le subjectivisme : en effet, l'idée que nous nous faisons de l'espace et du temps, de leur structure, est fonction de nous-mêmes (elle varie selon les civilisations et n'est pas la même chez l'enfant et chez l'adulte). A l'origine, l'espace et le temps sont des données intuitives, subjectives; mais nous sommes capables, à partir de là, de construire des notions d'espace et de temps susceptibles de serrer de plus en plus la réalité (la valeur d'un concept scientifique se mesurant en définitive à la richesse des données expérimentales dont il peut rendre compte et à la fécondité de ses applications techniques). Ainsi l'espace et le temps construits, les concepts scientifiques les plus évolués de l'espace et du temps sont plus objectifs que les données immédiates de la conscience qui ne reflètent à la limite que notre propre structure.

Kant a décrit comme une donnée intuitive, comme une forme immédiate de notre perception l'espace homogène à trois dimensions d'Euclide et de Newton; en fait, c'est une notion déjà évoluée qui se situe à un certain niveau de développement des sciences. Ce n'est, semble-t-il, ni une intuition originaire, ni une donnée définitive de la connaissance.

a) *Formes primitives et subjectives de la représentation spatio-temporelle.*

Chez les animaux, chez les enfants, chez les primitifs, l'espace et le temps sont des données tout à fait éloignées de l'idée qu'un homme civilisé ou, à plus forte raison, qu'un savant peut se faire de l'espace et du temps. A ce propos, remarquons qu'il y a un espace concret et hétérogène vécu, au même titre qu'une durée vécue. Et l'opposition introduite par **Bergson** entre l'espace et le temps est un peu artificielle en ce qu'il considère l'espace et le temps à des niveaux très différents d'élaboration : il oppose à un espace géométrique, très conceptualisé, une durée psychologique intuitive et immédiate.

L'espace vécu est hétérogène et qualifié : non seulement l'espace de chaque espèce animale est relatif à la structure de ses organes sensoriels, mais encore il est qualifié par les instincts de l'être vivant. **Von Uexküll** a montré que « chaque espèce n'a avec l'univers qu'un contact partiel, le reste du monde étant pour elle sans valeur, presque sans existence ». L'espace n'est nullement distingué des objets étendus et l'« umwelt », le monde environnant, ne se définit pas en termes de distance géométrique mais en termes de valeur vitale ou d'intérêt. Au niveau de l'existence spontanée (et c'est vrai de l'homme comme de l'animal) l'espace est, ainsi que l'a bien montré **Lewin,** un champ de moyens et de fins (means ends field) dont toutes les régions n'ont pas un intérêt équivalent (par exemple, dans votre salle de classe, la porte d'entrée, les fenêtres, la chaire du professeur ne sont pas des lieux quelconques, mais des régions qualifiées ayant chacune sa signification propre pour vous).

Dans cet ordre d'idées, les sociologues ont montré que l'espace des populations primitives s'oppose pleinement à l'espace vide et formel que conçoit la raison. L'espace est figuré à l'image du camp (par exemple considéré comme circulaire) et divisé comme lui en régions. L'espace est structuré, chaque lieu porte une qualification distinctive et concrète. Le totem s'incarne dans le paysage et l'espace s'organise autour de l'autel, du lieu sacré. Les analyses de **M. Leenhardt** ont ici enrichi un point de vue que Lévy-Bruhl avait déjà développé. Il écrivait dans la « Mentalité primitive » : « Les régions de l'espace ne sont pas conçues, ni proprement représentées, mais plutôt senties dans des ensembles complexes où chacune est inséparable de ce qui l'occupe. Chacune participe des animaux réels ou mythiques qui y vivent, des plantes qui y poussent, des tribus qui l'habitent, des vents et des orages qui en viennent. » De même, la distinction de la droite et de la gauche (même si elle a une base physiologique dans la dualité des hémisphères cérébraux) est certainement d'origine sociale et religieuse.

Il est particulièrement intéressant d'étudier chez l'enfant l'élaboration progressive de la notion d'espace, comme l'a fait M. Piaget. Au début la notion d'espace n'est même pas unifiée : il y a plusieurs espaces, correspondant à la pluralité des schèmes d'action et d'exploration de l'enfant. Il y a l'espace buccal de la succion, l'espace tactile de la préhension et l'espace visuel. Progressivement ces divers espaces sont unifiés. Par exemple, l'enfant parvient à saisir les objets qu'il voit, à coordonner vision et préhension. Ce qui est le plus long et le plus difficile, c'est l'abandon de l'égocentrisme primitif et l'acquisition de la notion de réversibilité : au début, le corps propre est la perspective privilégiée, exclusive, autour de laquelle l'enfant organise son espace; plus tard, il parviendra à considérer son corps comme un objet parmi les autres et saura situer ses mouvements par rapport aux objets (comme il situe les mouvements des objets par rapport à son corps).

Comme l'espace, le temps peut être considéré à différents niveaux. Dans chaque espèce animale, le temps a sa valeur propre. On peut dresser des insectes (par la méthode des réflexes conditionnés) à venir à intervalles de temps réguliers chercher de la nourriture. L'expérimentation a révélé que leurs retours périodiques pouvaient être hâtés ou retardés, selon les variations de température ou après l'absorption de certaines substances, ces facteurs déterminant l'accélération ou le ralentissement du métabolisme.

Nous avons déjà décrit le temps psychologique humain intimement lié aux valeurs et aux significations des événements qui le remplissent. Ce temps psychologique est souvent un temps social, rythmé par le retour des fêtes, des vacances, des « jours importants ». Dans notre société imprégnée par les valeurs scientifiques, le calendrier renvoie aux phénomènes astronomiques et au temps objectif et rationnel. Mais il n'en est pas de même dans les sociétés primitives, il n'en était pas de même dans la Rome antique à propos de laquelle Fustel de Coulanges écrivait déjà : « Le calendrier n'était réglé ni sur le cours de la lune, ni sur le cours apparent du soleil; il n'était réglé que par les lois de la religion, lois mystérieuses que les prêtres connaissaient seuls. » Cependant, à partir de ce temps hétérogène, qualifié, dont les moments ne s'équivalent pas, mais ont chacun leur personnalité singulière, la raison s'efforce de construire un concept objectif de temps exactement comme elle construit à partir de l'espace vécu un espace rationnel.

b) *Le concept rationnel d'espace et de temps*

L'espace euclidien homogène à trois dimensions, le temps newtonien où Kant avait vu des formes *a priori*, immédiates, nécessaires et universelles de la perception, sont donc en réalité le résultat de constructions scientifiques. Mais il faut souligner que la conceptualisation de l'espace et du temps ne s'arrête pas à ce niveau. Non seulement les géométries non euclidiennes nous ont fait concevoir d'autres espaces possibles, mais encore Einstein, pour interpréter les équations de l'électromagnétisme, a remanié toute la mécanique newtonienne classique et les concepts newtoniens d'espace et de temps. L'expérience de Michelson et Morley a révélé l'impossibilité de mettre en évidence le mouvement de la terre par rapport à l'espace absolu, à l'éther. Un rayon lumineux qui se propage dans le sens du mouvement de la terre ne paraît pas avoir par rapport à la terre une vitesse plus faible qu'un rayon lancé en sens opposé : la théorie de la relativité restreinte élimine le concept newtonien de milieu absolu et montre la dépendance étroite de l'espace et du temps à l'égard du mouvement des objets matériels.

D'autre part la théorie de la relativité généralisée établit la liaison entre les propriétés géométriques de l'espace et le champ de gravitation.

Il faut donc, pour interpréter cette évolution des concepts scientifiques, faire une distinction entre les concepts purement mathématiques; comme ceux qui sont mis en œuvre dans les géométries non euclidiennes et qui sont de pures constructions de l'esprit (tant qu'ils n'ont pas servi de modèles pour l'interprétation de phénomènes physiques), et les concepts proprement expérimentaux. **La conception einsteinienne ne plaide nullement contre la réalité de l'espace et du temps.** Elle montre seulement que la conception euclidienne de l'espace, que la conception newtonienne du temps doivent être révisées, précisément pour rendre plus fidèlement compte de la réalité spatio-temporelle d'après les données expérimentales.

LES IDÉES ESSENTIELLES

Ce qu'il y a de commun à l'espace et au temps : ils sont tous deux des cadres *a priori*, ou comme dit Kant transcendantaux, par où passe nécessairement notre expérience du monde. Je peux abolir par l'imagination tous les livres, tous les meubles qui peuplent cette salle. Mais je ne peux pas supprimer — même en imagination — l'espace lui-même, condition *sine qua non* de toute perception. Et de même je peux vider le temps de tout événement, je peux supposer que dans l'heure qui s'écoule je n'ai rien dit, rien écrit, rien fait. Mais je ne puis supprimer le temps lui-même. Au poète qui prie le temps de « suspendre son vol », le philosophe demande : « Pendant combien de temps le temps va-t-il suspendre son vol? »

La différence la plus apparente entre l'espace et le temps est celle-ci : l'espace est *réversible* (je puis aller du lieu A au lieu B, et ensuite revenir du lieu B au lieu A), alors que le temps est *irréversible*. La distinction : avant/après, est à sens unique : je parcours un fragment de temps de ma naissance à ma mort, sans retour possible.

L'espace est aisé à penser car il est un objet devant moi que je puis diviser et mesurer. Je puis aussi mesurer l'espace parcouru par un mobile, dans le temps, mais la durée elle-même, parce qu'elle se confond avec mon existence, est quasi impensable : Je ne sors jamais du présent, au sens strict et je puis dire qu'il n'y a que le présent qui existe. Mais je peux aussi rigoureusement dire que le présent n'existe pas puisqu'il n'est qu'un point mathématique, ou bien s'analyse en un futur très prochain et un passé très immédiat. Le temps disait Aristote, est un être qui se décompose en deux néants : ce qui fut, un néant, ce qui sera, un néant.

Le temps cependant, ne m'emporte pas tout entier, puisque j'ai conscience *du* temps qui passe. Dire : « j'ai bien changé », c'est rapporter les changements dans le temps à un « sujet » qui domine mystérieusement le temps. La conscience qui me reconnaît dépendant du temps est précisément ce par quoi je lui échappe.

LECTURES

Distinguons : les grands ouvrages classiques : par exemple la 1re partie de la *Critique de la Raison pure* de **Kant**, l'*Esthétique transcendantale* (difficile mais fondamental), les ouvrages de **BERGSON,** *Données immédiates de la conscience*, *Évolution créatrice* (plus accessibles et toujours recommandables).

Les ouvrages de philosophie des sciences, d'épistémologie, souvent difficiles. Parmi les plus accessibles : **Paul COUDERC,** *La relativité* (que sais-je?); **Jean PERRIN,** *L'espace et le temps* (Hermann); **Alexandre KOYRÉ,** *Du monde clos à l'univers infini* (Idées, Gallimard).

De grands ouvrages métaphysiques contemporains traitent du problème du temps : **Martin HEIDEGGER,** *L'Être et le temps* (trad. française, Gallimard); **Maurice Merleau Ponty,** *Phénoménologie de la perception* (Gallimard), 2e partie, *L'espace*, p. 281 et sq et 3e partie, chap. II, *La temporalité* (p. 469 et sq: et l'ouvrage moins connu mais tout à fait remarquable de **Gaston BERGER,** *Phénoménologie du temps et prospective* (P. U. F.). Signalons un ouvrage anti-bergsonien, riche d'aperçus originaux : **Gaston BACHELARD,** *La dialectique de la durée* (Boivin).

Trois petits livres, très pénétrants et d'une lecture parfaitement accessible aux débutants :

Ferdinand ALQUIÉ *Le désir d'éternité* (P. U. F.)
Pierre BURGELIN *L'homme et le temps* (Aubier)
Jean PUCELLE *Le temps* (P. U.F.).

Enfin un ouvrage collectif, récemment paru : *Le temps et les philosophies* (Payot, Unesco, 1978) sous la direction du grand philosophe **Paul RICŒUR.**

TEXTES A COMMENTER

1. On dit que le temps passe ou s'écoule. On parle du cours du temps. L'eau que je vois passer s'est préparée, il y a quelques jours, dans les montagnes, lorsque le glacier a fondu; elle est devant moi, à présent, elle va vers la mer où elle se jettera. Si le temps est semblable à une rivière, il coule du passé vers le présent et l'avenir. Le présent est la conséquence du passé et l'avenir la conséquence du présent. Cette célèbre métaphore est en réalité très confuse. Car, à considérer les choses elles-mêmes, la fonte des neiges et ce qui en résulte ne sont pas des événements successifs, ou plutôt la notion même d'événement n'a pas de place dans le monde objectif. Quand je dis qu'avant hier le glacier a produit l'eau qui passe à présent, je sous-entends un témoin assujetti à une certaine place dans le monde et

je compare ses vues successives : il a assisté là-bas, à la fonte des neiges et il a suivi l'eau dans son décours, ou bien du bord de la rivière, il voit passer après deux jours d'attente les morceaux de bois qu'il avait jetés à la source. Les « événements » sont découpés par un observateur fini dans la totalité spatio-temporelle du monde objectif. Mais, si je considère ce monde lui-même, il n'y a qu'un seul être indivisible et qui ne change pas. Le changement suppose un certain poste où je me place et d'où je vois défiler des choses; il n'y a pas d'événements sans quelqu'un à qui ils adviennent et dont la perspective finie fonde leur individualité. Le temps suppose une vue sur le temps. Il n'est donc pas comme un ruisseau, il n'est pas une substance fluente. Si cette métaphore a pu se conserver depuis Héraclite jusqu'à nos jours, c'est que nous mettons subrepticement dans le ruisseau un témoin de sa course. Nous le faisons déjà quand nous disons que le ruisseau s'écoule, puisque cela revient à concevoir, là où il n'y a qu'une chose toute hors d'elle-même, une individualité ou un intérieur du ruisseau qui déploie au-dehors ses manifestations. Or, dès que j'introduis l'observateur, qu'il suive le cours du ruisseau ou que, du bord de la rivière, il en constate le passage, les rapports du temps se renversent.

Dans le second cas, les masses d'eau déjà écoulées ne vont pas vers l'avenir, elles sombrent dans le passé : l'à-venir est du côté de la source et le temps ne vient pas du passé. Ce n'est pas le passé qui pousse le présent ni le présent qui pousse le futur dans l'être : l'avenir n'est pas préparé derrière l'observateur, il se prémédite au-devant de lui, comme l'orage à l'horizon. Si l'observateur, placé dans une barque, suit le fil de l'eau, on peut bien dire qu'il descend avec le courant vers son avenir, mais l'avenir ce sont les paysages nouveaux qui l'attendent à l'estuaire, et le cours du temps, ce n'est plus le ruisseau lui-même : c'est le déroulement des paysages pour l'observateur en mouvement. Le temps n'est donc pas un processus réel, une succession effective que je me bornerais à enregistrer. Il naît de mon rapport avec les choses. Dans les choses mêmes, l'avenir et le passé sont dans une sorte de préexistence et de survivance éternelles : l'eau qui passera demain est en ce moment à sa source, l'eau qui vient de passer est maintenant un peu plus bas dans la vallée. Ce qui est passé ou futur pour moi est présent dans le monde. On dit souvent que, dans les choses mêmes, l'avenir n'est pas encore, le passé n'est plus, et le présent, la rigueur, n'est qu'une limite de sorte que le temps s'effondre. C'est pourquoi Leibniz pouvait définir le monde objectif *mens momentanea*, c'est pourquoi encore saint Augustin demandait, pour constituer le temps, outre la présence du présent, une présence du passé et une présence de l'avenir. Mais comprenons bien ce qu'ils veulent dire. Si le monde objectif est incapable de porter le temps, ce n'est pas qu'il soit en quelque sorte trop étroit, que nous ayons à y ajouter un pan de passé et un pan d'avenir. Le passé et l'avenir n'existent que trop dans le monde, ils existent au présent, et ce qui manque à l'être lui-même, pour être temporel, c'est le non-être de l'ailleurs, de l'autrefois et du demain.

(MERLEAU-PONTY, *Phénoménologie de la perception*, p. 470-471, Gallimard, 1945)

2. A celui qui accepte les sacrifices nécessaires, il est permis, non de saisir comme une chose ou de vivre comme une émotion, mais de concevoir, dans une parfaite évidence, la réalité d'un « je » soustrait au devenir et au temps et devant qui les choses naissent, passent et meurent. La philosophie accomplit son œuvre lorsqu'elle aide l'homme à prendre conscience de son éternité. Il comprend alors qu'il est d'une tout autre nature que les représentations qui lui étaient offertes ou, plus exactement, il sait qu'il n'est pas dans la nature et qu'il n'y a pas non plus de nature en lui. Il s'est rendu compte que ce qu'il tenait autrefois pour ses sentiments les plus intimes ne sont que des événements dans le monde. Il les fait choses sous son regard au lieu de se confondre avec eux. Quant à cet ensemble d'instincts, de dispositions et d'aptitudes qu'il appelait son caractère, c'est encore là une structure dans le monde, celle à travers laquelle toutes les autres lui sont données : c'est proprement sa situation.

Mais n'est-ce pas un fantôme né de notre imagination que ce « sujet transcendental » décharné? Ne provient-il pas d'une assimilation contestable et inconsciente de la connaissance à la vision? Ou même n'a-t-il pas pour origine un simple mécanisme verbal?

Parce qu'on dit « je mange », on dit « je pense », et, parce qu'on dit « Je », on croit que le « je » existe...

Il n'est pas ici dans nos intentions de justifier la réalité de l'ego. Il y faudrait des démarches concrètes qui ne sont pas compatibles avec les conditions dans lesquelles doit se présenter une communication. Nous voudrions seulement faire remarquer que ce qui déconcerte le plus dans cette conception du sujet et ce que la pensée moderne a le plus de peine à admettre, c'est son intemporalité. Toute action semble supposer le temps comme son cadre et la nature comme son objet. Si je suis hors du temps et hors de la nature, toute action ne va-t-elle pas me devenir impossible? Et la liberté n'est-elle pas un pouvoir d'agir?

Ces scrupules, à vrai dire, ne peuvent impressionner que ceux qui n'ont pas encore l'intuition de l'éternité intérieure. Pour s'apercevoir comme sujet, il faut précisément avoir dépassé le stade auquel l'action exerce ses prestiges. Il faut se concevoir comme extérieur à la nature, lié à elle d'ailleurs et sans indépendance ni insuffisance véritable (ce qui signifie précisément le mot de transcendental). Mais la perte de la croyance à l'absolu du temps est plus inquiétante que celle de la croyance à l'absolu de la nature. Celle-ci n'est qu'un contenu. Celui-là est un cadre — ou du moins il passe pour tel. A-t-il pourtant la solidité qu'on lui prête? Essayons de mettre en lumière quelques-uns de ses paradoxes.

A) Ce que semble nous dire notre conscience, lorsque nous l'interrogeons à propos du temps, c'est que le présent « existe », tandis que passé et avenir n'existent pas. Ici, le sens commun — et beaucoup de philosophes nous arrêtent et nous proposent une interprétation moins absolue : il ne faut pas dire que le passé n'est pas, mais qu'il n'est plus. Quant à l'avenir, il n'est pas encore. Le temps est fait de ces distinctions.

Il faut bien se pénétrer de la gravité d'une adhésion au temps ainsi entendu : elle n'implique rien moins que l'abandon du rationalisme. On qualifie le néant, on admet des modalités diverses du non-être : il y aurait, à côté du non-être pur et simple, le non-être du passé, actualisable par la mémoire et le non-être de l'avenir, actualisable par le jeu des causes ou l'exercice de la volonté. On introduit subrepticement des formes intermédiaires entre l'être et le néant, puisqu'on prête à celui ci des propriétés... Cette concession faite, il n'y a plus de raisons de se refuser à toutes les autres — précisément parce qu'il n'y a plus de raison.

B) Les paradoxes du temps se manifestent dans le temps personnel comme dans le temps historique — qui, d'ailleurs, s'impliquent réciproquement. Toute histoire, bien que faite de non-êtres, est susceptible de vérité. Mais si l'on fait une étude phénoménologique des procédés par lesquels ont peut vérifier des propositions du type de « cela s'est passé » ou « cela a été », on constatera que le présent est l'unique lieu de ces vérifications. C'est dans le présent qu'on consulte les textes, qu'on compare les documents ou qu'on évoque les souvenirs. Le passé ne s'atteint jamais qu'au présent. Il est « ineffectuable » par essence. Il ne parvient à l'existence que pour mourir comme passé.

Si la forme même du passé fait qu'il répugne à l'existence, son contenu s'oppose aussi à ce qu'il puisse jamais revivre. Si, en effet, nous revivons le passé sans savoir que nous l'avons déjà vécu une première fois, nous le vivrions sans vraiment le revivre. Et si nous le revivions avec la conscience de la répétition, notre épreuve serait tout différente de la première qui avait, au contraire, le caractère de la nouveauté.

Ainsi, tout effort pour élucider la signification du temps nous ramène au présent. Comme l'avait bien remarqué Saint Augustin, la réalité du passé n'est que l'activité de la mémoire et celle de l'avenir tient dans notre attente. Il faut donc expliquer le temps par la mémoire et non la mémoire par le temps.

C) Il faut méditer sur tout ce qu'il y a d'étrange dans les êtres temporels, qu'ils se manifestent dans la conscience individuelle ou dans la pensée collective. Je puis évoquer « ma jeunesse », comme on parle, dans les livres, du « règne de Louis XIV » ou de « la guerre de Cent ans ». Il y a sans doute des relations précises — c'est-à-dire vérifiables — derrière ces mots, mais aucun être réel. Non seulement le règne de Louis XIV n'existe pas, puisqu'il n'existe plus, mais il désigne des éléments incompossibles : 1967 exlcut 1661 aussi bien que 1715. Pourtant, parler d'une période, c'est toujours supposer qu'on se donne ensemble, pour déterminer une sorte de courbe idéale, deux ou plusieurs moments dont le sens est précisément de s'exclure.

On est trop porté à faire du temps et de l'espace deux fonctions ou deux milieux symétriques. Ils s'opposent plus qu'ils ne se ressemblent. Ainsi, l'espace est implication d'existence : le recto de cette feuille que je vois pose dans l'existence le verso que je ne vois pas. Le temps est négation d'existence : le présent nie tout le reste et chaque instant, dès qu'il se pose, détruit tous les autres. Ce qui peut nous incliner encore à penser que le temps est un système de relations valant pour une pensée actuelle et non un être particulier ou un milieu dans lequel se situent les êtres.

D) Dira-t-on que supprimer toute réalité du temps serait faire évanouir la conscience en prétendant l'enfermer dans un présent sans épaisseur? L'argument supposerait précisément ce qui est en question, à savoir la réalité du temps. Il consiste à imaginer un continu unidimensionnel — qui est précisément le temps — et à supposer qu'on y déplace une limite sans épaisseur, à laquelle on assimile le présent. Mais c'est vouloir faire sortir le présent du temps, ce qui va en sens inverse de l'expérience. Le présent est « épais » et c'est dans le présent que nous faisons l'expérience du devenir.

E) Il semble possible, au point où nous en sommes, d'apercevoir les raisons qui poussent l'homme à construire le mythe du temps. L'expérience fondamentale de la conscience est celle de l'insuffisance du donné. Ce que nous voyons, non seulement ne nous suffit pas (ce qui ne serait pas de grande conséquence), mais ne suffit pas. Le donné renvoie toujours à quelque autre chose, qui le soutienne et lui donne un sens. Il y a deux manières de chercher à combler cette insuffisance. L'une est de rattacher le monde à son principe, l'autre consiste à dérouler indéfiniment la série des apparences, en prolongeant le présent réel par le passé et par l'avenir. Dans cette nouvelle perspective, on rendra compte de l'homme par son histoire ou par son projet — ce qui est parfaitement équivalent et revient toujours à faire reposer l'être sur le non-être. Et l'on fixe l'homme dans le regret d'un paradis perdu ou dans une course après un bonheur qui recule à mesure, comme la carotte attachée au-dessus de la tête de l'âne...

On exprimerait la même idée en disant que tout l'effort de l'homme semble être de lutter contre la mort. Elle est la grande, l'unique ennemie, comme elle est l'absurdité définitive, celle qui annule toutes les significations. Et elle apparaît au cœur de l'expérience la plus banale comme dans les événements tragiques : ce pétale qui se détache de cette rose, cette fatigue que je sens dans mon bras, cette note qui tombe dans le silence, la douceur de ce regard qui fait place à l'indifférence — autant de signes légers, mais pourtant sensibles, de cet effritement de l'existence que l'homme refuse d'admettre. Il pense y échapper et se consoler du présent qui meurt en courant à l'avenir qu'il voit naître — ou, si son caractère en décide autrement, en s'enchantant de la croyance à la persistance du passé. Ce qui meurt ne serait pas vraiment détruit. Il serait seulement « devenu » du passé, restant réel sans être perçu, bien conservé dans la structure de notre système nerveux, ou dans la région mystérieuse des « souvenirs purs ».

La construction du temps apparaît ainsi comme le résultat d'une fuite devant le réel. Le temps n'est pas le symbole de l'éternité : il n'en est que la parodie.

Il semble qu'il y ait une entreprise philosophique à tenter, que la plupart des philosophes ont ébauchée, mais qui n'a pas été développée de manière systématique. Elle consisterait à rejeter délibérément toute croyance à la réalité du temps et à voir quelle figure prend le monde quand on le débarrasse de la mythologie qui l'encombre.

Ce n'est pas ce problème général que nous entendons traiter ici. Nous nous demanderons seulement quel sens peut prendre la liberté dans une telle perspective.

A) Ce que la conception d'un moi éternel conduit à abandonner, c'est évidemment la croyance à une liberté « éparpillée », voulant tantôt ceci, tantôt cela. Notre vie n'est point une suite réelle de volitions indépendantes.

B) Mais, loin de s'évanouir, notre liberté acquiert au contraire sa véritable dimension : elle est absolue. Elle est, comme l'a bien vu Descartes, égale en Dieu et en l'homme et l'expression de « liberté partielle » est contradictoire. Ce que traduit cette dernière est la confusion de la liberté et de la puissance. Être libre n'est pas posséder une certaine force susceptible de s'ajouter aux sollicitations de la nature pour précipiter le déclenchement des actes, ou de s'y opposer, pour les neutraliser ou modifier leur direction. Et la liberté n'a pas à chercher quelque lacune ou quelque faille par laquelle elle pourrait s'introduire subrepticement dans la nature et changer l'ordre des causes.

C) Concentrée sur une option unique, par l'éternité même du moi dont elle procède, la liberté exclut toute futilité. Elle ne consiste pas à choisir entre un crayon rouge ou un crayon bleu, entre une lecture ou une promenade, comme invitent à le croire certaines expositions de la liberté d'indifférence. Nous pensons, ici encore, que Descartes est bien fondé à dire que nous sommes d'autant plus libres que nous sommes moins indifférents. C'est que l'enjeu est le plus sérieux qu'on puisse concevoir — nous dirions le plus tragique si l'on n'avait abusé du terme. Ce que notre choix déterminera, c'est notre destinée et pas seulement notre avenir. La liberté n'a pas de sens sur le plan physique. Elle apparaît au point où la métaphysique et la morale se rejoignent.

D) Notre liberté est toujours en acte. Il n'y a pas de passé qui nous enchaîne, il n'y en a pas non plus qui nous dispense jamais d'être libres. C'est dans le présent que le moi éternel prononce ses décisions, sans nourrir non plus le vain espoir qu'un moment « à venir » puisse racheter sa défaillance.

L'éternité du moi ne fait donc pas de la vie humaine une sorte de partie ridicule parce qu'elle serait jouée d'avance. C'est la projection de la liberté sur le plan du temps qui donne naissance à de telles représentations. Ma vie est éternellement en train de se jouer; rien n'est réglé « une fois pour toutes ».

E) Loin d'être un choix dans le temps, l'acte de ma liberté est un choix entre le temps et l'éternité, entre un effort moralement condamnable et métaphysiquement vain pour étaler dans un temps mythique un présent qui fond entre nos doigts — et le rattachement de notre propre insuffisance au principe parfaitement suffisant. On pourrait symboliser l'option qui nous est demandée par l'opposition d'un étirement horizontal et d'une ascension verticale, au lieu d'utiliser l'image aberrante et habituelle de la bifurcation dans un même plan.

Nous pourrions dire aussi qu'il nous faut choisir entre l'abandon au temps et le consentement à l'absolu.

(Gaston Berger, *Phénoménologie du temps et prospective*, pp. 114-118, P. U. F., **1964**.)

SUJETS DE RÉFLEXION, DE DISSERTATIONS OU DE DÉBATS

— Temps abstrait et durée concrète.
— Commentez cette remarque de Lagneau : « L'espace est la forme de ma puissance, le temps de mon impuissance. »
— Louis Lavelle écrit : « La conscience du temps, sous sa forme la plus pure, c'est l'ennui, c'est-à-dire la conscience d'un intervalle que rien ne traverse ou que rien ne peut combler ». Qu'en pensez-vous? (on lira avec fruit à propos du rapport du temps et de l'ennui l'ouvrage de Jankelevitch : *L'aventure, l'ennui, le sérieux*, Éd. Aubier).
— Quelles réflexions vous suggère cette remarque de Claudel : « Dieu lui-même quand il ferait un autre ciel et une autre terre ne ferait pas que ce qui a été n'a pas été »?
— En quel sens Alain a-t-il pu dire que « la méditation sur le temps est la véritable épreuve du philosophe »? *(Éléments de philosophie).*
— Commentez cette formule d'Alain dans *Système des Beaux-Arts :* « Le tragique est toujours dans l'attente, non dans la catastrophe. Aussi le temps se trouve être le personnage principal de toute tragédie. »
— Comment comprenez-vous cette remarque de Léon Brunschvicg : « Les jugements qui ont pour objet le temps sont des jugements hors du temps »?

SUJETS DONNÉS AU BACCALAURÉAT en 1978-79

— Le temps existe-t-il en dehors de la conscience que nous prenons du changement? (Lille)
— L'avenir est-il déterminé? (Toulouse)
— En quel sens peut-on dire que l'homme ne vit pas que dans le présent? (Nice)
— Peut-on connaître l'avenir? (Orléans-Tours)
— On peut dire du passé qu'il n'est plus et du futur qu'il n'est pas encore. Est-ce qu'ils ne sont rien pour nous? (Polynésie française)

Emmanuel Kant (1724-1804) est le premier philosophe à avoir mis en lumière la spécificité de l'*existence*. L'existence n'est pas un concept, n'est pas chose que l'on puisse déduire, démontrer. Une fortune de cent thalers dans ma poche n'est pas conceptuellement différente de la simple idée de cent thalers dans mon esprit. Simplement, dans le premier cas, cette fortune existe, dans le second cas elle est imaginaire. De l'idée de Dieu, être souverainement parfait, je puis bien déduire l'*idée* de l'existence de Dieu (cette idée étant impliquée dans l'idée de perfection). Mais l'existence elle-même n'a rien à voir avec l'idée de l'existence. De l'idée de Dieu je ne puis déduire son existence. D'aucune essence je ne puis déduire la moindre existence. L'existence est un donné brut, rebelle à la raison. L'existence est une « position absolue » extérieure à tous les concepts.

CHAPITRE V

L'existence

DOUBLE FONCTION DU VERBE ÊTRE

Le verbe être comme simple liaison

Le verbe être peut être d'abord considéré comme simple liaison, comme simple *copule* dans le langage des anciens logiciens. Par exemple, si j'affirme que la neige **est** blanche, que Socrate **est** mortel, le verbe être me sert uniquement à relier un **attribut,** ou **prédicat** (blanc, mortel) à un **sujet,** à une **substance** (la neige, Socrate). En d'autres termes, dans le langage de la logique des classes le verbe être me permet tout simplement d'affirmer l'**appartenance :** la neige appartient à la classe des objets blancs, Socrate à la classe des êtres mortels.

Le verbe être comme affirmation absolue

Mais le verbe être peut être considéré aussi dans son sens absolu : je dis que je **suis,** que cette horloge **est.** Dans ce cas, le verbe être me sert à **affirmer l'existence,** de la façon la plus générale et sans préjuger des différentes sortes d'existence (ce ne serait être évidemment la même chose d'affirmer que Dieu est, que je suis, que ces objets sont). Le verbe **exister** nous apparaît ici, au moins à première vue, du même ordre que le verbe être : je puis affirmer que ce bois de pins au bord de la route **est,** ou bien qu'il **existe.** Dans la langue courante cela revient au même quoique le langage philosophique puisse apporter, nous le verrons ultérieurement, une distinction entre ces termes. Mais, au tout premier sens du mot, et dans l'usage le plus courant, le verbe exister affirme tout simplement avec plus d'énergie ce que dit le verbe être, le verbe exister insiste sur la réalité, sur le caractère authentique, donné dans l'expérience de ce qui existe.

ESSENCE ET EXISTENCE

La notion d'**essence** opposée couramment dans la langue philosophique à celle d'**existence** dérive directement du verbe être. L'infinitif être, en latin, se dit esse. L'essence c'est donc tout simplement ce qu'est une chose. Tandis que l'existence c'est le fait **que** quelque chose existe, l'essence dit **ce qu'est** la chose qui existe, quels sont les attributs fondamentaux qui lui appartiennent en propre. Les scolastiques distinguaient, à la suite d'Aristote, l'essence et l'accident (par exemple l'homme est **par essence** animal raisonnable, par accident grand ou petit, blanc ou noir).

L'IRRÉDUCTIBILITÉ DE L'EXISTENCE; L'ARGUMENT ONTOLOGIQUE ET SA RÉFUTATION

L'existence déduite de l'essence

L'argument ontologique est une preuve de l'existence de Dieu proposée par saint Anselme (XIe siècle) reprise par Descartes (XVIIe siècle) et critiquée par Kant (XVIIIe siècle). Cette preuve illustre concerne directement notre propos puisqu'elle prétend déduire de l'**essence** même de Dieu, défini comme être parfait, son **existence.** Bien entendu, les partisans de l'argument reconnaissent que, pour tout ce qui n'est pas Dieu, l'essence doit être radicalement distinguée de l'existence. Par exemple, l'essence de l'homme n'implique pas son existence. La définition de l'homme n'implique pas qu'il existe au monde un milliard d'hommes, ou trois, ou aucun. L'essence d'aucun être fini — l'essence d'aucune « créature » diraient les théologiens — n'implique son existence. Rien de plus fragile, de moins assuré et de plus dépendant que l'existence d'une créature. Il est, disait le cardinal de Berulle « plus facile d'effacer son être que sa servitude ». En ce qui concerne Dieu, selon saint Anselme et Descartes, c'est tout à l'opposé : la seule essence, la seule idée de Dieu implique son existence. Selon Descartes, de même que le mathématicien, à partir d'une définition, déduit les conséquences qu'elle renferme, de même peut-on, de l'idée de Dieu déduire son existence. L'idée de Dieu est l'idée d'un être parfait : s'il n'existait pas il ne serait pas vraiment parfait parce qu'il lui manquerait précisément cette qualité qu'est l'existence ! Parmi les attributs qu'embrasse l'essence de l'être parfait se trouve l'existence nécessaire qui peut être considérée comme une perfection aussi bien que toute qualité.

L'existence irréductible à l'essence

Kant, en critiquant vigoureusement cette preuve fait ressortir ce qu'il y a d'irréductible, d'extérieur aux arguments et aux concepts, dans l'existence proprement dite. L'existence, dit-il, n'est pas un attribut, l'existence n'est pas un concept contenu dans un autre concept. De l'*idée* d'un Être parfait sans doute puis-je déduire l'*idée* d'un être existant nécessairement. Mais je ne peux pas, d'une idée, déduire l'existence elle-même. L'existence est une position absolue, quelque chose qui est donné. L'existence est tout autre chose que le concept, elle se situe sur un tout autre plan que l'enchaînement des idées. Une fortune de cent thalers réels n'est pas un autre concept, un concept plus « parfait », plus complexe que la simple idée de cent thalers. Conceptuellement, il n'y a pas de différence entre les cent thalers réels et les cent thalers seulement pensés. Seulement, dans un cas, cette fortune existe, dans l'autre, elle n'existe pas. Et ce donné brut, l'existence, ne saurait être un attribut, un concept. L'existence ne saurait en aucun cas être déduite de l'essence. L'idée de Dieu ne fait nullement exception, malgré l'avis de saint Anselme et de Descartes à cette règle absolue. De même que je ne puis à partir de l'idée de cent thalers possibles déduire l'existence de cent thalers réels, de même je ne puis de l'essence de Dieu conclure à son existence.

Certains historiens de la philosophie ont pris la défense de l'argument d'Anselme et de Descartes contre la critique kantienne. Mais ce faisant ils confirment, malgré tout, ce qu'il y a de plus important dans cette critique à savoir le fait que l'existence est une « position absolue », extérieure à tout concept, et non déductible. On peut en effet objecter à Kant que l'idée de l'être parfait dont partent Anselme et Descartes n'est pas un simple concept, mais une sorte d'expérience intérieure. L'idée de perfection c'est la présence en mon esprit d'une transcendance qu'il conçoit sans la comprendre et qui le dépasse. C'est déjà la présence d'une **existence.** En ce sens, la preuve ontologique serait l'expérience intérieure d'une existence et non la déduction de cette existence. Kant a peut-être mal compris ce que voulaient dire en profondeur Anselme et Descartes mais il a parfaitement compris ce qu'il y a d'original, d'irréductible et de non-déductible et de non-rationnel dans l'existence proprement dite.

L'ÉNIGME DE L'ÊTRE

L'être oublié et retrouvé

L'existence, au sens le plus large, autrement dit l'**être** est ce qu'il y a de plus banal au monde et en même temps de plus mystérieux : je suis, le monde et toutes les choses du monde sont : affirmation élémentaire et pourtant tout de suite oubliée. Car plutôt que de s'étonner de l'existence des choses, de « l'être » de « l'étant » comme dit Heidegger, on s'occupe communément de la nature des choses qui existent, de l'essence de ces multiples « étant ». L'évidence toute simple du « il y a », du simple fait de l'être est laissée de côté. Ce mystère philosophique est le plus souvent méconnu. Il est méconnu bien sûr par tous les hommes plus soucieux de vivre que de penser. Ceux-là s'occupent de leurs affaires, pressés par leurs intérêts ou leurs passions. Ceux-là se di-vertissent au sens pascalien du mot. Mais même ceux qui veulent connaître et réfléchir vont tout de suite aux essences, aux concepts, c'est-à-dire aux idées abstraites qui expliquent les choses concrètes.

Et pourtant l'être des choses fait problème avant leur essence. Pourquoi, demandait Leibniz « y a-t-il quelque chose plutôt que rien »? Certes Leibniz donnait à cette question une réponse de théologien : l'existence mystérieuse du monde renvoie à un Dieu nécessaire, créateur de ce monde. L'être en général trouverait son fondement et sa source dans un être déterminé, Dieu, et le créateur incréé serait la raison de toute créature. Cette réponse déplace le problème plus qu'elle ne le résout : si l'existence du monde s'explique par l'existence de Dieu, l'existence de Dieu lui-même reste énigmatique, ne peut être déduite de rien. Ce dernier point est même, nous l'avons souligné, ce qui ressort de plus clair de la critique kantienne de l'argument ontologique. L'existence — fût-ce l'existence de Dieu lui-même ne peut être déduite; quant à l'existence du monde, Dieu ne lui ôte pas son mystère. Il n'y a que dans la philosophie de Spinoza que le monde, avec toutes ses particularités, résulte en quelque sorte de Dieu « comme les propriétés du triangle découlent de sa définition ». Mais pour les chrétiens par exemple, le monde est bien loin de se déduire de Dieu. Le monde est issu d'une création imprévisible, il est l'expression d'un amour mystérieux. L'être du monde et notre être n'est pas la conclusion d'un théorème mais l'effet d'une grâce.

L'énigme de l'être chez Heidegger et Sartre

Cette énigme de l'**être** a été soulignée en notre siècle avec une force particulière par Martin Heidegger. Sartre, dans la *Nausée* s'est fait l'écho de l'interrogation heideggerienne. L'être ne se justifie pas. « Tout est gratuit, écrit Sartre, le jardin, cette ville et moi-même; quand il arrive qu'on s'en rende compte ça vous tourne le cœur et tout se met à flotter. » Dans cette perspective on dit couramment que l'être est absurde; mais si du moins on s'en tient au sens premier et immédiat du mot l'affirmation de l'absurdité de l'être n'est pas un jugement de valeur, un jugement moral sur la qualité de l'existence. Dire que l'être est absurde ne veut pas dire que la vie est laide ou cruelle à la manière de Schopenhauer. Absurde doit être pris dans le sens que lui donnent les logiciens : non déductible par la raison : « Les existants apparaissent, dit Sartre, se laissent rencontrer mais on ne peut jamais les déduire ». Insistons sur le fait qu'une telle révélation : la gratuité de l'être n'est pas nécessairement liée à des expériences négatives, mornes ou douloureuses. Certes c'est parfois au sein de l'ennui ou à l'occasion d'un grand désespoir que surgit en nous le sentiment de la contingence de l'être. Mais c'est parfois aussi dans la joie, dans l'ivresse d'une passion heureuse, d'un émerveillement que nous découvrons la gratuité des choses : « Dans l'allégresse du cœur, dit Heidegger, la question est là aussi parce que maintenant toutes les choses sont transformées et comme pour la première fois se présentent à nous comme s'il nous était plus facile de comprendre leur inexistence que leur existence. » Telle est en tout cas la question fondamentale : « Pourquoi y a-t-il quelque chose plutôt que rien? » Même si nous nous efforçons d'oublier cette question elle demeure, latente. Elle a un sens pour tous les hommes même si, dit Heidegger, « elle ne nous frappe qu'une fois, comme le son voilé d'une cloche qui retentit dans l'existence pour s'estomper bientôt de nouveau ».

DE L'ÊTRE À L'EXISTENCE

L'existence distincte de l'être

Jusqu'ici, nous avons, comme on le fait parfois, confondu la question de l'être et celle de l'existence. Bien entendu, les définitions sont libres et on peut prendre le mot **exister** dans le sens très général d'**être**. Mais on peut aussi refuser de confondre ces termes. Heidegger qui se veut **philosophe de l'être** entend par exemple distinguer tout à fait sa pensée de celle des **philosophes de l'existence. L'existence,** en effet, au sens étroit, c'est l'existence subjective. Cette existence sur laquelle les philosophies dites existentialistes s'interrogent, c'est d'abord mon existence. Les chose sont, mais elles ignorent qu'elles sont. Les choses sont, mais elles **n'existent pas.** Les choses sont « en soi » et non « pour soi ». C'est moi qui sais que les choses sont et qui sais que je suis et en ce sens les choses et moi-même sont « pour moi ». C'est moi qui existe et par ma conscience je fais exister l'univers. A côté des philosophies de type rationaliste qui tentent de rendre compte de l'homme par rapport à l'univers (à la façon spinoziste) par rapport à la totalité de l'histoire (à la façon hégelienne) il y a des philosophies qui mettent au premier plan le sujet existant. Descartes, bien que sa philosophie débute par le **cogito,** par une réflexion sur le **je pense** n'est pas un philosophe de l'existence, car le sujet pensant de Descartes est la raison universelle et pas un sujet existant individuel. Au contraire, la philosophie de Pascal qui, à la même époque de Descartes, part d'une interrogation tout autre, s'intéresse à la solitude de l'homme dans « le silence éternel des espaces infinis » à son angoisse, à son péché, à son salut éternel, est par excellence une philosophie de l'existence. On pourrait dire que chez Platon, philosophe dont la pensée est infiniment riche et complexe, on trouve à la fois une philosophie rationaliste et une philosophie de l'existence. Philosophie rationaliste parce que Platon argumente, réfute ou démontre, donne une place essentielle au **logos.** Philosophie existentielle aussi d'abord à cause du **dialogue** qui n'est pas toujours un artifice. Dans le **Gorgias** par exemple, Socrate et Calliclès s'affrontent comme deux personnes existantes qui ont des styles de vie opposées. Philosophie de l'existence encore à cause du rôle éminent de Socrate — un penseur existant qui **s'interroge** et non pas le porte-parole d'un système achevé, bouclé. Philosophie de l'existence enfin à cause de l'importance des **mythes,** ces récits allégoriques qui traduisent les idées en images ou plus exactement qui invoquent des images là où le logos, où la raison raisonnante se révèle impuissante. Les mythes posent en effet les questions proprement existentielles, c'est-à-dire chez Platon les questions qui mettent en jeu la **temporalité.** La raison en effet peut seulement déduire une vérité d'une autre vérité, construire un système où les vérités s'impliquent immédiatement l'une l'autre, en dehors de toute considération de temps. Mais partout où le temps, le temps existentiel, est présent, il faut bien que le mythe raconte et décrive ce que la raison ne peut construire. C'est ainsi que chez Platon, le mythe est par excellence le procédé d'exposition pour les problèmes d'origine (événements sans témoins, par exemple la création du monde dans le *Timée*) et pour les problèmes des fins dernières (la destinée ultime et surnaturelle de l'homme). L'intellect, le logos ne peut en règle générale comprendre la temporalité, l'historicité qui est existentielle.

Kierkegaard et la philosophie de l'existence

Mais le philosophe de l'existence par excellence, celui qui est le père de tous les « existentialismes » du XXe siècle, c'est le penseur danois Kierkegaard (1813-1855). Plutôt qu'un philosophe de l'existence (puisque d'une certaine façon Kierkegaard s'est défini un anti-philosophe) nous dirons qu'il s'est voulu un témoin de **l'existence** par opposition à toutes les **philosophies** et en particulier à la philosophie de Hegel. En effet, la philosophie (notamment chez Hegel) tend au **système** alors que **l'existence c'est la présence du sujet humain avec son individualité irréductible à tout système.** L'existence ne peut pas être expliquée, elle peut seulement être vécue. La **vérité** visée par les philosophes se veut objective, universelle mais la **réalité existentielle** est subjective, particulière, partiale. La philosophie, essentialiste, rationaliste et systématique ne peut comprendre l'existence, en particulier l'existence sous sa forme la plus aiguë et la plus tragique : à savoir l'existence religieuse, relation vécue, unique, inexplicable entre la créature et le Créateur. L'expérience de la foi est pour Kierkegaard une expérience d'ordre **existentiel,** absolument étrangère à la raison, irréductible aux concepts et aux essences d'ordre général.

Le philosophe peut parler de l'expérience morale, éthique, parce que l'homme de devoir obéit précisément à des **règles générales.** Alors que l'expérience religieuse est celle d'une relation unique qui récuse toute règle générale. Un exemple très simple permet de comprendre la différence entre le sacrifice éthique et le sacrifice religieux. En apparence, Abraham prêt à sacrifier son fils, Agamemnon qui sacrifie sa fille se ressemblent. En réalité, il n'en n'est rien, Agamemnon est seulement un héros éthique : il sacrifie sa fille Iphigénie à la volonté des dieux mais dans un but moral, patriotique; il faut que le vent se lève et que la flotte grecque puisse partir. Agamemnon sacrifie son devoir de père à son devoir de roi, c'est-à-dire à un devoir plus général. Abraham, tout au contraire, ne poursuit aucun but éthique. Il est prêt à sacrifier son fils Isaac parce que Dieu l'ordonne, mais cet ordre n'est justifié par aucune fin éthique. Au point de vue moral, ce sacrifice est même absurde, scandaleux. Au fond, c'est une affaire strictement privée entre Abraham et Dieu. Dans l'expérience religieuse, il y a une relation ineffable, intraduisible en langage rationnel, entre un homme et un Dieu.

Bien entendu, une philosophie de l'existence n'est pas nécessairement comme chez Kierkegaard ou Pascal une philosophie religieuse. Mais c'est toujours une philosophie de l'homme subjectif, du sujet existant, **en situation dans le monde** c'est-à-dire en relation avec son propre avenir, avec ses possibles qu'il lui appartient ou non de réaliser, en relation aussi avec le monde, c'est-à-dire non seulement avec les objets de la nature mais avec les autres personnes. Pour éclairer par un exemple particulier cette idée d'existence, nous vous proposons une analyse un peu détaillée d'une des philosophies de l'existence qui a eu le plus de succès en France dès 1945, l'existentialisme de Jean-Paul Sartre.

L'EXISTENTIALISME DE JEAN-PAUL SARTRE

1° L'EXISTENTIALISME EST UN HUMANISME

Jean-Paul Sartre a donné à une longue conférence, récemment rééditée, le titre suivant, très caractéristique : *l'existentialisme est un humanisme* : **l'existence proclame Jean-Paul Sartre, précède l'essence.** Il s'agit ici de l'existence humaine qui diffère radicalement de l'existence des objets fabriqués; par exemple, cette carafe d'eau qui est là devant le conférencier existe. Mais avant d'exister, elle a été pensée, dessinée peut-être par le fabricant; elle a été conçue expressément pour contenir de l'eau. Construite selon un modèle et pour un usage, cette carafe a été un concept, une idée, autrement dit une essence avant d'être une existence. Mais moi, homme, j'existe tout simplement. Ma personnalité n'est pas construite sur un modèle dessiné d'avance et pour un but précis. Quand il s'agit de l'homme l'existence précède l'essence. Ce primat de l'existence sur l'essence entraîne une philosophie de la liberté : c'est moi qui choisis de servir telle fin, de m'engager dans telle entreprise.

En affirmant ce primat de l'existence Sartre s'en prend assurément à la théologie essentialiste de certains philosophes classiques. Il s'oppose tout à fait à la théologie rationnelle de Leibniz qui voulait que Dieu ait d'abord imaginé le concept d'homme possible pour le réaliser ensuite. Dans une telle philosophie l'existence concrète n'est que le déploiement de l'essence. Et les actes de toute ma vie par exemple ne font qu'expliciter la formule initiale qui soi-disant me définirait. Mais l'existentialisme rejoint sur ce point — même si Sartre, personnellement est athée — la tradition chrétienne selon laquelle l'homme surgit d'un acte d'amour mystérieux, d'une générosité divine gratuite. L'homme n'est pas un mécanisme bien monté mais une créature libre qui peut se perdre ou se sauver. L'existentialisme s'oppose en tout cas radicalement au scientisme et le structuralisme contemporain sera, nous le verrons, une sorte de revanche du scientisme sur la philosophie de l'existence. Le scientisme de toujours cède à la tentation d'expliquer l'homme comme une chose (tandis que dans l'ordre pratique la technocratie cherche à utiliser l'homme comme un objet). Gabriel Marcel avait bien avant Sartre développé ce thème nettement. Dès 1925, il distinguait **existence** et **objectivité.** L'objet est là devant moi, je peux l'étudier du dehors, l'analyser. Il constitue un problème (problème en grec, ob-jet en latin signifient : ce qui est jeté devant moi). J'ai des objets tandis que mes rapports avec moi-même ne sont plus des relations **d'avoir** mais une situation **d'être,** c'est-à-dire d'existant. J'ai cette montre mais je suis ce corps ou cette conscience. Un dérèglement de ma montre est un problème objectif que la technique de l'horloger pourra résoudre. Tandis que la faute dont je m'accuse est non pas un problème mais un **mystère existentiel.** Rien de ce qui touche directement ma personne, mon existence ne relève des techniques objectives. Le péché du technicien c'est d'objectiver la personne, de la traiter comme un élément utilisable dans un tout.

2° LA TRANSCENDANCE DE L'HOMME

Tout ceci souligne l'irréductibilité de l'existence humaine à toute tentative pour l'expliquer, la réduire à la nature. Sartre souligne tout particulièrement la transcendance de l'homme. Spinoza, tout à l'opposé de l'existentialisme contemporain, disait : l'homme n'est pas un empire dans un empire, il n'est qu'une partie de la nature, il est totalement déterminé par ce qui l'entoure. A cette affirmation dogmatique Sartre substitue une dialectique. D'une part en effet — et ceci est propre à toute philosophie de l'existence — Sartre accorde que tout homme est « en situation ». Il a un corps, un passé, des amis ou des ennemis, des obstacles devant lui, etc. Mais d'autre part, **c'est l'homme existant qui confère à la situation son sens.** Par exemple, un déterministe, un « essentialiste » prétendrait que des hommes se sont révoltés **parce que** ils étaient dans une « situation intolérable ». Sartre fait remarquer qu'aucune situation n'est intolérable en soi, c'est un projet existentiel de révolte qui lui a conféré ce sens. On aurait pu, avec un autre objet, considérer la situation comme une épreuve sanctifiante. En projetant mes intentions, mes visées d'avenir sur la situation actuelle, je fais de la situation, quelle qu'elle soit, un motif de ma liberté. Kierkegaard avait déjà remarqué que toute situation d'existant entraîne de multiples possibles, dès lors un choix angoissant. Il n'est pas nécessaire d'occuper un rôle de premier plan sur la scène du monde pour être un existant, pour concevoir des « possibles ». Même au milieu des plaines du Jutland, au cœur de la lande danoise disait Kierkegaard, là où il ne se passe presque rien, « où le plus grand événement est l'envol d'un coq de bruyère » l'homme est encore un existant, il lui appartient de choisir (par exemple de maudire Dieu ou au contraire de lui rendre grâces). Les situations les plus douloureuses et les plus contraignantes n'enlèvent pas à l'homme sa condition d'existant libre, mais la font ressortir. Sartre disait en 1945 « Nous n'avons jamais été plus libres que sous l'occupation allemande. » Le paradoxe n'est qu'apparent, car plus une situation est pressante difficile, tragique, plus urgent est le choix. Ce sont mes décisions d'existant qui donnent un sens aux situations. Le monde n'est jamais que le miroir de ma liberté. Et c'est **ce dépassement d'une situation présente par un projet à venir que Sartre nomme transcendance.** C'est précisément parce que nous sommes des existants en situation, parce que nous sommes « embarqués » comme disait Pascal que les choix sont inéluctables, que nous sommes en quelque sorte « condamnés à être libre ». Choisir de ne pas choisir c'est encore faire un choix. Ne rien faire c'est encore une décision de l'homme existant que je suis et on peut me demander des comptes. Ajoutons que le choix est de tous les instants. Nos libres décisions d'hier n'engagent pas celles de demain. A tout moment, je peux, si je veux, changer ma vie. On saisit ici un sens très particulier du verbe **exister** qui l'oppose au verbe **être.** Exister c'est être en sursis, c'est conserver la ressource d'orienter mon avenir dans un sens nouveau et par là de transfigurer et de sauver mon passé. Ma liberté ne trouve sa limite qu'avec ma mort. Dès que j'ai cessé d'exister, ma vie devient être et essence. Elle est tout entière au passé, métamorphosée en destin. **L'existence est devenue de l'être,** figé, définitif, clos que l'on peut désormais raconter, décrire comme une chose donnée. L'être, en somme, c'est de l'existence au passé. Hegel avait donné ici déjà une admirable formule « *Wesen ist was gewesen ist* », être, c'est avoir été. Ainsi, les personnages de *Huis-clos,* qui sont en enfer, n'ont-ils plus aucun pouvoir sur leur vie passée. L'un d'eux déclare (c'est une des formules célèbres de l'existentialisme) : « Tu n'es rien d'autre que ta vie. » Formule qui était celle de ma liberté quand j'étais **existant** (et que je pouvais à tout moment tout changer), qui devient celle de l'essence et du destin quand je suis mort. Ma vie a cessé alors d'exister pour être, elle n'est plus dès lors qu'une histoire toute faite offerte comme telle aux regards de ceux qui me suivirent : « Être mort, c'est être en proie aux vivants. »

3° UN EXISTANT N'A PAS DE NATURE — NÉGATION DE L'INCONSCIENT

e ne suis pas ce ue je suis

Nous venons de voir que l'existant — en situation — est libre par rapport à cette situation quelle qu'elle soit. Il faut ajouter qu'il est également libre par rapport à lui-même. **L'homme, parce qu'il est un existant, n'a pas de nature.** On peut aisément rendre compte de cette formule. Ce caillou, ce fauteuil ont une nature. Ils sont ce qu'ils sont, purement et simplement. Ils sont « en soi ». Leur réalité est massive (comme on dit que l'or est massif). Pour eux, il n'y a pas de « dedans » ni de « possibles ».. Mais l'homme, lui, a conscience d'exister. Il existe « pour soi ». Répétons-le, tandis que la chose est, l'homme existe, c'est-à-dire échappe toujours, par la transcendance du « pour soi » à ce qu'il est. Ex-ister au sens étymologique, c'est « sortir de ». Ce surgissement continu qu'est l'existence libre fait qu'aucun existant ne saurait être prisonnier, tant qu'il existe, d'une nature pré-définie. Ni mon corps, ni ce qu'on appelle mon caractère, ni mes conditions de vie ne sont pour moi un destin. Comme on dit vulgairement : « Je peux toujours m'en sortir ! » Voilà le sens de l'ex-istentialisme. Être un existant, c'est être avant tout un être conscient. Ma conscience réfléchie m'interdit de m'attribuer une essence, une nature. Par exemple, qu'est-ce qu'avoir conscience d'être triste? C'est poser mon chagrin comme un objet à distance de moi. C'est me voir m'agiter, m'entendre sangloter comme je verrais quelqu'un d'autre. Le **Je** qui prend conscience de la tristesse n'est plus tout à fait **le moi** qui est triste. Être « pour-soi », être conscient, c'est ne plus tout à fait coïncider avec soi-même, c'est se voir condamné à n'être jamais ce qu'on est. Être c'est être ce qu'on est (comme sont les choses, les objets). Mais **exister c'est toujours être ce qu'on n'est pas, et ne pas être ce qu'on est.** Je ne suis ce que je suis qu'en représentation. En fait, je dépasse toujours mon rôle que je ne puis prendre au sérieux sans mauvaise foi, puisque ce rôle, **je le joue, je ne le suis pas.** Dans *Les Mots*, Sartre raconte comment devant son majestueux grand-père qui, par sa barbe de neige, « ressemblait à Dieu le père » le petit Jean-Paul jouait la comédie de l'enfant-modèle. Mais cet enfant-modèle, il ne l'était pas (car nous ne sommes rien, pure liberté et « néant d'être ») il faisait semblant de l'être. Ainsi, pour reprendre un exemple célèbre de l'*Être et le Néant*, le garçon de café qui s'avance comme un automate « qui a le geste vif et appuyé, qui s'incline avec un peu trop d'empressement » nous donne l'impression de jouer la comédie. A quoi joue-t-il? Il joue à être garçon de café ! Plus grave est la mauvaise foi de ce dictateur qui, dans le film *Les jeux sont faits* se regarde dans un miroir avec complaisance, en grand uniforme, se transforme en « chose » noble, guerrière, souveraine, s'imagine qu'il est « le maître », par essence. Celui que Sartre appelle le « salaud » (en donnant à ce mot vulgaire un sens philosophique très précis) est très exactement un « gros plein d'être » qui oublie l'ex-ister et s'arroge quelque supériorité « essentielle ».

Dénonciation des mythes essentialistes

En toute mauvaise foi, l'homme peut se déclarer « par nature » supérieur à la femme, l'honnête homme « d'une autre essence » que le voyou, le Blanc créé de toute éternité pour dominer le Noir. Trois grands livres existentialistes prennent la défense des victimes des « salauds ». Dans *la Question Juive*, Sartre invite les Israélites à se libérer de l'image traditionnelle et mythique qu'ils trouvent d'eux-mêmes dans la conscience des antisémites. Il n'y a pas d' « essence juive » et les Juifs comme les autres ont à « exister leur être ». De même, à propos de Jean Genet (*Saint Genet comédien et martyr* NRF), Sartre se penche sur le cas d'un jeune délinquant que les honnêtes gens ont tenté de transformer en chose criminelle : « Tu n'es qu'un voyou » lui a-t-on dit et peut-être ce dernier n'a-t-il vu à sa liberté d'autre issue que d'assumer le rôle du méchant que la société lui assignait. Mais il n'y a pas de voleur et de voyou « par essence » pas plus qu'il n'y a « par essence » d'honnêtes gens. De même, le grand ouvrage de Simone de Beauvoir *(Le Deuxième Sexe)* se propose de montrer que la femme ex-iste et qu'il n'y a pas *a priori* d'essence féminine, d'éternel féminin. L'éternel

(Photo Giraudon)

Léonard de VINCI : La *Sainte Anne* du Louvre

Freud croit avoir découvert, dans la Sainte Anne du Louvre, un vautour obsessionnel qui serait dessiné involontairement, inconsciemment, par les plis de la robe de la Vierge.
De telles interprétations, ingénieuses et irréfutables (puisqu'on ne peut les soumettre à aucun contrôle expérimental) n'expliqueront jamais que les alentours d'une œuvre d'art. Le génie de Léonard et la beauté de l'œuvre échappent à toute psychanalyse (comme à toute « réduction » sociologique).

A.V.

féminin est un mythe « essentialiste » parallèle aux mythes de la puérilité noire, de la fourberie juive. Il n'est pas vrai que la femme soit par essence frivole, coquette, moins intelligente que l'homme. La personne humaine n'a pas d'essence, n'a pas de nature, parce que nous sommes des existants conscients. Et l'**existant** conscient est le contraire de **l'être** parce que la conscience en posant tout donné comme objet le dépasse ou comme dit Sartre le néantise. Il faut noter ici que c'est cette **non-coïncidence** de l'homme avec soi-même ou avec une situation (caractéristique de la conscience) cette constante séparation d'avec ce que nous sommes, que Sartre appelle le « néant ». Ma conscience « néantise » les particularités de ce moi qu'elle pose comme objet et transcende. Je suis donc toujours séparé de moi-même par ce rien par ce « néant » qui est la marque de la conscience. Sartre rejoint ici l'idéalisme universitaire traditionnel (à forme cartésienne ou kantienne) c'est-à-dire la relativité de l'objet pensé au sujet pensant et le primat de la conscience. Nous ne sommes pas après tout si loin d'Alain qui disait « La conscience est cet orgueil qui remonte de tout et cette négation qui donne à toute chose un être de pensée ».

La négation de l'inconscient

L'homme existant se définit par la conscience et ceci a pour conséquence capitale qu'il n'y a pas d'inconscient psychologique. Exister pour une conscience, c'est avoir conscience qu'elle existe. Il n'y a pas divers degrés de conscience, on n'est pas plus ou moins conscient, mais la conscience revêt des intentionnalités différentes. Imaginer n'est pas moins que percevoir, c'est seulement poser l'objet autrement (le poser comme non-existant). L'évanouissement même, cet aboutissement extrême de l'émotion, cette disparition de la conscience n'est qu'une ruse de la conscience, le choix d'un procédé magique pour supprimer le danger : par exemple, je m'évanouirai devant un tigre furieux échappé d'une ménagerie : faute de pouvoir supprimer le danger, je supprime ma conscience du danger. Au lieu de supprimer le danger objectivement (rationnellement) je le supprime subjectivement (magiquement). Cette défaite de l'homme n'en est pas moins en quelque sorte une décision de la conscience humaine. Niant l'insconcient, Sartre substitue à la psychanalyse classique une psychanalyse existentielle. Pour lui, mes complexes n'ont pas été noués en moi, à mon insu, par les circonstances de mon enfance. En fait, c'est moi qui me choisis timide, angoissé ou phobique, et ce qu'on appelle l'inconscient n'est que la « mauvaise foi » de ma conscience.

4° L'EXISTENCE HISTORIQUE : SARTRE ET LE MARXISME

Y a-t-il une évolution de la pensée de Sartre? N'a-t-il pas depuis plusieurs années plus ou moins abandonné l'existentialisme de ses débuts pour rejoindre le marxisme militant? Le second grand ouvrage de Sartre, *La critique de la Raison Dialectique* (1960) est-il conciliable avec le premier, *l'Être et le Néant* (1943)? En fait, Sartre a toujours condamné certains aspects historiques du communisme (l'inhumaine dictature de Staline) et même certains traits du marxisme classique. Il rejette par exemple le matérialisme dialectique (c'est-à-dire essentiellement la doctrine de Engels qui affirme que les lois de la nature elle-même sont dialectiques) mais il a toujours été partisan du matérialisme historique (qui affirme que l'histoire des hommes s'explique par des relations dialectiques) : « Nous étions convaincus, en même temps que le marxisme fournissait la seule explication valable de l'histoire et que l'existentialisme restait la seule approche concrète de la réalité. »

Cependant, comment concilier la doctrine apparemment idéaliste de la liberté, dans l'*Être et le Néant*, doctrine qui affirme au fond que l'homme est toujours libre (dans la mesure où la conscience transcende toujours son objet) avec l'affirmation (longuement reprise dans la *Critique de la Raison Dialectique*) que l'homme est radicalement aliéné dans les sociétés féodale et capitaliste et qu'il ne sera libéré que par la révolution rendue possible par l'augmentation de la production industrielle?

En fait, tandis que l'*Être et le Néant* étudie l'existence individuelle *la Critique de la Raison Dialectique* étudie l'existence collective. Certes chaque « pour soi » demeure libre en ses projets, seulement, dans les sociétés aliénées, la somme des « praxis » individuelles aboutit à une situation où nul ne reconnaît plus l'intention de sa liberté. Par exemple dans la Chine féodale chaque paysan déboise sa propriété pour augmenter la surface cultivable, et la Chine devient rapidement un pays sans arbre, proie des inondations. Les « praxis » individuelles se trouvent alors aliénées dans leur résultat commun, catastrophique et non-voulu. L'aliénation est le piège où chaque liberté s'enlise (c'est « librement » que l'ouvrier du XIXe siècle accepte une baisse de salaire car il préfère cela au chomage) (1). Dans la lutte des classes, le groupe (par exemple les ouvriers révolutionnaires) récupère les tronçons de libertés aliénées et s'engage dans une praxis efficace. Comme le dit s[i] bien Colette Audry (2) : « D'un bout à l'autre de son œuvre, la pensée philosophique de Sartre conserve une unité et une permanence remarquables. Cette permanence se révèle dans l'affirmation indéfiniment répétée que la conscience n'est pas une chose, que le propre de l'existence humaine est de se dépasser toujours vers ses fins, qu'elle est donc irréductible au déterminisme. » C'est parce que l'homme conditionné par la société qui l'aliène prend sur elle un certain recul qu'il peut finalement la transformer. L'histoire est le champ où les libertés humaines se récupèrent et s'affirment comme praxis révolutionnaire Le marxisme de Sartre demeure ce qu'était fondamentalement son existentialisme : un humanisme.

---

(1) « Car la contrainte ne supprime pas la liberté (sauf en liquidant les opprimés) elle en fa[it] sa complice en ne lui laissant pas d'autre issue que l'obéissance » (*Critique de la Raison Dialectique*, p. 696).

(2) *Sartre et la réalité humaine (Seghers)*, p. 110.

APPENDICE

L'EXISTENTIALISME CONTESTÉ : LE STRUCTURALISME CONTEMPORAIN

Il est important de remarquer que les trois affirmations fondamentales de l'existentialisme que nous venons de mettre en lumière (1° Le rôle de la conscience; 2° L'accent mis sur l'histoire interprétée comme le combat de la liberté en situation avec ce qui la conditionne; 3° L'affirmation fondamentale qui sous-entend les deux autres, à savoir la transcendance de l'homme) sont rejetées avec force par le mouvement philosophique le plus en vue actuellement, le structuralisme.

Certes, le structuralisme ne constitue pas une école philosophique à proprement parler. Ceux que M. Domenach appelle « les trois mousquetaires du structuralisme et qui sont quatre comme il se doit », l'ethnologue Lévi-Strauss, le psychanalyste Lacan, le philosophe marxiste Louis Althusser, le philosophe Michel Foucault, ne se sont nullement concertés, ne traitent pas des mêmes problèmes et n'ont pas sur toutes les questions des orientations convergentes. Cependant, une nouvelle façon de philosopher se fait jour clairement à travers ces diverses entreprises. Pour en caractériser les grands traits, il convient de remonter à ses origines.

Structuralisme et formalisme

1. Le structuralisme repense les problèmes philosophiques dans l'esprit de la logique scientifique moderne et de la linguistique. Le logicien Wittgenstein dans son *Tractacus Logico-Philosophicus* disait que la logique est l' « architecture du monde ». Comprendre le monde selon la logique c'est mettre entre parenthèses le contenu intuitif des propositions, leur sens vécu, pour procéder à une formalisation des énoncés, pour s'intéresser seulement à leur « structure » logique.

Structuralisme et linguistique

2. Cette méthode s'est imposée avec éclat en linguistique. Si le mot structure n'apparaît avec son sens actuel, dans les débats des linguistes, qu'en 1928 au Premier Congrès International des linguistes, à La Haye, déjà Ferdinand de Saussure dans son *Cours de Linguistique Générale* (publié en 1916) avait montré que toute langue doit être considérée comme un système : combinaison de signes, la langue est identique à un système formel. Les éléments d'une langue (qu'il s'agisse des unités significatives, les mots ou des unités sonores distinctives, les phonèmes) doivent être étudiés non en eux-mêmes, pour leur contenu propre, mais dans le réseau de leurs relations, qui constitue un système. Les mots, comme les phonèmes, « ont une définition différentielle, ne se posent qu'en s'opposant ». Le mot capitaine n'a de sens que par opposition aux mots lieutenant ou commandant, le phonème /t/ n'est « pertinent » que parce que je le distingue immédiatement du phonème /b/ (je fais immédiatement la distinction entre une tête et une bête) (1).

(1) Cf. notre chapitre sur le *langage* et notre chapitre sur les *sciences humaines*, t. III.

Fécondité du modèle linguistique

3. Pour les structuralistes, la structure du langage est une clef qui ouvre toutes les serrures. A partir du modèle linguistique on peut étudier avec fruit les formes de société, les œuvres littéraires, les usages culinaires (voir le paragraphe sur Lévi-Strauss dans notre chapitre *Les Sciences Humaines*). L'homme du structuralisme, remarque justement M. Albérès, n'est plus comme l'homme de Sartre la somme de ses actes mais « la somme de ses paroles ou de ses phrases formulées ou informulées ». Il est remarquable qu'aujourd'hui un structuraliste comme Lévi-Strauss définisse d'abord une société par ses mythes c'est-à-dire par ses paroles. Et dans toutes les institutions d'une société il cherche à dégager, sous les contenus concrets, un système formel analogue à ceux qu'étudient les linguistes. Toute société est un système d'échanges et on peut rechercher la structure formelle de ce système quelle que soit la nature des choses échangées (qu'il s'agisse des biens de consommation, des mythes ou des femmes, nous avons évoqué l'étude des structures du mariage). En tout ceci, le sens vécu des institutions est mis à l'écart : il s'agit de fonder une syntaxe plutôt qu'une sémantique.

Trois orientations fondamentales du structuralisme

4. Nous pouvons donc reconnaître ici une transformation radicale de la façon de philosopher. Nous mettrons en lumière trois orientations fondamentales qu'on peut opposer terme à terme aux orientations de l'existentialisme :

a) *La « passion du système »*, pour reprendre une expression de Foucault, tend naturellement à diminuer l'importance attribuée à l'histoire. En effet, un système, une structure c'est un agencement d'éléments qui *coexistent* à un certain moment du temps. L'explication se place au point de vue *synchronique*. L'histoire n'est plus un lieu privilégié d'intelligibilité. Elle signifie le désordre, l'accident, l'altération d'un système, lequel se rééquilibre ensuite dans une nouvelle structure (on relira dans notre chapitre sur le langage les pages consacrées à la distinction saussurienne de la *synchronie* et de la *diachronie*). C'est ainsi que pour M. Foucault (1) les civilisations successives sont discontinues; chacune a sa structure propre, son type de langage (à la Renaissance, la langue veut représenter la réalité, à l'époque classique elle veut ordonner, classifier, ainsi chaque période est marquée par une structure mentale particulière). Mais selon J.-P. Sartre, « Foucault ne nous dit pas ce qui serait le plus intéressant, à savoir... comment les hommes passent d'une pensée à une autre. Il lui faudrait pour cela faire intervenir la praxis, donc l'histoire et c'est précisément ce qu'il refuse » (2).

b) *Le structuralisme souligne la réalité de l'inconscient*, de cet inconscient, dont Sartre niait l'existence. La méthode structurale dans les sciences humaines consiste en quelque sorte à « décoder » les messages ambigus que nous lancent cultures et institutions et à y découvrir

(1) FOUCAULT, *Les Mots et les Choses*, Gallimard.
(2) Entretien de J.-P. Sartre avec B. Pingaud (revue l'*Arc*, nº 30), *Sartre aujourd'hui.*

« les règles d'une syntaxe cachée ». Notons que cette affirmation de l'inconscient est au fond liée aux ambitions proprement scientifiques du structuralisme. Car « toute science est science de ce qui est caché ». Bachelard a bien montré qu'il y avait une coupure entre la connaissance spontanée, c'est-à-dire le perçu, le vécu, et la connaissance scientifique. Ceci est vrai pour les sciences humaines aussi bien que pour les sciences de la matière.

Mais ici l'influence de la psychanalyse freudienne est évidemment prépondérante. Toutes les recherches de Lacan se placent sous le signe du retour à Freud, lui-même mieux compris à travers la linguistique saussurienne. Les symptômes névrotiques ne sont-ils pas pour le psychanalyste comme des hiéroglyphes à déchiffrer, comme des « signifiants » énigmatiques dont il faut retrouver le « signifié » refoulé? Il ne s'agit pas là seulement d'une image et il faut comprendre que le symptôme névrotique est « soutenu par une structure qui est identique à la structure du langage » (1). Entendez que le « matériel de l'inconscient » obéit précisément « aux lois que découvre l'étude des langues positives ». Par exemple, le phénomène du **déplacement** dans les rêves (où tel objet refoulé est discrètement signifié par l'une de ses parties, seule présente dans le contenu patent du rêve) est identique à la **métonymie** des grammairiens (2). Ceci ne devrait pas surprendre puisque l'homme est avant tout parole, puisque les interdits que nous subissons sont d'abord des mots, puisque le besoin animal ne devient en nous désir humain qu'en se formulant dans le langage, qu'en « passant par les défilés du signifiant ». Ainsi l'inconscient freudien selon Lacan est-il « un discours dont le sujet ignore la grammaire et la syntaxe ».

c) A cette affirmation du rôle de l'inconscient nous pouvons aisément rattacher *le thème le plus important de la nouvelle philosophie, son anti-humanisme*. Comme dit Lacan, « je pense où je ne suis pas, je suis où je ne pense pas », les structures qui me déterminent sont inconscientes. La primauté cartésienne ou plutôt kantienne du sujet pensant, que l'existentialisme illustrait encore, est donc rejetée. L'homme s'efface devant les structures. Pour Saussure déjà, *la parole*, acte du sujet humain, est secondaire; ce qui compte, c'est *la langue*, ce système impersonnel qui transcende toutes les paroles. L'homme n'est que le lieu du langage et le produit des structures. Comme le dit Foucault « A tous ceux qui ne veulent pas penser sans penser aussitôt que c'est l'homme qui pense... on ne peut opposer qu'un rire philosophique » (3). Après Nietzsche qui proclamait « Dieu est mort » les philosophes structuralistes annoncent donc aujourd'hui, en quelque sorte « la mort de l'homme ».

---

(1) Jacques LACAN, *Écrits* (Éd. du Seuil), p. 444.

(2) La métonymie est une figure qui consiste à substituer un terme à un autre par restriction ou extension de sens (par exemple dire « toute la salle applaudit » au lieu de « toutes les personnes qui sont dans la salle »).

(3) FOUCAULT, *Les mots et les choses*, p. 354.

5. L'opposition entre existentialisme et structuralisme apparaît bien dans les conceptions contradictoires que se font du marxisme Sartre et Althusser. Pour Sartre, c'est l'homme qui « se projette » dans le monde, le transforme et fait l'histoire. Le marxisme est un humanisme de la praxis. Pour Althusser le marxisme est un anti-humanisme et l'homme ici encore est un produit des structures. Les luttes de classes ne sont plus ici les conflits de « libertés en situation » mais le reflet du système de relations, de différences et d'oppositions qui constituent les « rapports de production » propres à telle société à tel moment de l'histoire : « La structure des rapports de production détermine des places et des fonctions qui sont occupées et assumées par des agents de production qui ne sont jamais que les occupants de ces places, dans la mesure où ils sont les porteurs de ces fonctions ». Les « vrais sujets » de l'histoire sont donc non les hommes concrets mais « ces définisseurs et ces distributeurs » de places et de fonctions, autrement dit, les « rapports de production » (1). M. Dufrenne commente fort bien ce texte en concluant : « N'allez donc pas croire que les rapports de production soient des rapports humains ! Ce qui constitue et fait jouer le système, ce sont les propositions qui énoncent les relations, et les hommes ne sont que des variables dans des fonctions propositionnelles » (2).

»»»»»»»»»»»» LES IDÉES ESSENTIELLES ««««««««««««

L'existence, c'est le simple fait d'être, d'exister, abstraction faite de la nature de ce qui existe, de l'essence. Par exemple je distinguerai tout de suite ce que je suis (un homme, un français, un professeur, etc.) du simple fait que je suis. Tandis qu'une essence se définit, s'analyse, le simple fait de l'existence se constate, s'éprouve.

L'existence est, selon le mot de Kant, une position absolue. On la rencontre, on ne la déduit pas. Certes saint Anselme (XIe siècle) et Descartes (XVIIe) avaient prétendu déduire de l'idée de Dieu son existence. L'idée de Dieu est celle d'un être parfait. N'implique-t-elle pas toutes les perfections, y compris cette perfection qu'est l'existence elle-même ? Kant a réfuté ce raisonnement. De l'idée d'un être parfait je peux tout au plus déduire l'idée d'un être existant. Mais l'existence même ne peut pas être déduite. D'une fortune de cent thalers dans ma tête je ne peux déduire l'existence de ces cent thalers dans ma poche. De l'idée de Dieu, ou de toute autre idée je puis déduire un grand nombre d'idées, je ne puis déduire aucune existence.

---

(1) Louis ALTHUSSER, *Lire le Capital*, t. II, p. 157.
(2) Mikel DUFRENNE, *Pour l'Homme*, Seuil, p. 57.

Les philosophes « existentialistes » modernes (le philosophe danois Kierkegaard au XIXe siècle, le philosophe français J.-P. Sartre au XXe siècle) ont insisté sur ceci que l'existence humaine irréductible à tout système, à toute logique était avant tout liberté. On dira que j'agis pour des raisons. Les existentialistes répondront qu'exister c'est inventer librement des raisons.

Les structuralistes ont contesté les idées forces de l'existentialisme, son refus du rationalisme, sa proclamation d'une liberté humaine transcendant toute cause et toute essence. Le structuralisme est un retour au rationalisme et aux structures logiques. L'homme n'est plus ce souverain de la transcendance, défiant toute logique; mais l'homme redeviendrait un simple objet du savoir; et son essence (inconsciente à lui-même) serait déchiffrable, notamment dans la structure de son langage.

LECTURES

Sur le problème de l'existence :

KANT *Critique de la raison pure — Dialectique transcendantale* (réfutation de l'argument ontologique).

KIERKEGAARD *Le concept d'angoisse.*
Traité du désespoir (existe dans la petite collection Idées, Gallimard).

Sur Kierkegaard, le meilleur livre est celui de Georges GUSDORF (Ed. Seghers).

HEIDEGGER *L'être et le temps* (traduction, Gallimard).

Jean BEAUFRET *Introduction aux philosophes de l'existence* (Médiations).

DE WAELHENS *La philosophie de Heidegger.*

SARTRE *L'existentialisme est un humanisme* (Nagel).
Huis-Clos.

GILSON *L'être et l'essence* (Vrin).

N.B. : Les deux études de l'existentialisme les plus accessibles aux débutants sont un admirable article de Robert Campbell, dans la *Revue de Paris* (décembre 1948) et le petit livre de Colette Audry : *Sartre et la réalité humaine* (Ed. Seghers, 1966) qui constituent une excellente analyse de la *Critique de la raison dialectique.*

Toute initiation au structuralisme d'autre part doit commencer par une lecture approfondie du *Cours de Linguistique Générale* de Ferdinand de Saussure (Ed. Payot). On consultera par ailleurs Lévi-Strauss *Les structures élémentaires de la parenté* (P. U. F.) et *La Pensée Sauvage* (Plon) ainsi que Foucault *Les mots et les choses* (Gallimard). Contre le structuralisme, on pourra lire : *Pour l'homme* (Seuil). Un résumé clair et solide de la pensée structuraliste se trouve dans l'excellent *Dictionnaire des Grandes Philosophies* (Éd. Privat).

TEXTES A COMMENTER

1. *La critique de l'argument ontologique selon Kant*

Être n'est évidemment pas un prédicat réel, c'est-à-dire un concept de quelque chose qui puisse s'ajouter au concept d'une chose. C'est simplement la position d'une chose ou de certaines déterminations en soi. Dans l'usage logique, ce n'est que la copule d'un jugement. Cette proposition : Dieu est tout-puissant, renferme deux concepts qui ont leurs objets : Dieu et toute-puissance; le petit mot *est* n'est pas du tout encore par lui-même un prédicat, c'est seulement ce qui met le prédicat en relation avec le sujet. Or, si je prends le sujet (Dieu) avec tous ces prédicats (dont la toute-puissance fait aussi partie) et que je dise : Dieu est, ou il est un Dieu, je n'ajoute aucun nouveau prédicat au concept de Dieu, mais je ne fais que poser le sujet en lui-même avec tous ses prédicats, et en même temps, il est vrai, l'objet qui correspond à mon concept. Tous deux doivent exactement renfermer la même chose et, par conséquent, rien de plus ne peut s'ajouter au concept qui exprime simplement la possibilité, par le simple fait que je conçois (par l'expression il est) l'objet de ce concept comme donné absolument. Et ainsi, le réel ne contient rien de plus que le simple possible. Cent thalers réels ne contiennent rien de plus que cent thalers possibles. Car comme les thalers possibles expriment le concept, et les thalers réels l'objet et sa position en lui-même, au cas où celui-ci contiendrait plus que celui-là, mon concept n'exprimerait pas l'objet tout entier et, par conséquent, il n'en serait pas, non plus, le concept adéquat. Mais je suis plus riche avec 100 thalers réels qu'avec leur simple concept (c'est-à-dire qu'avec leur possibilité). Dans la réalité, en effet, l'objet n'est pas simplement contenu analytiquement dans mon concept, mais il s'ajoute synthétiquement à mon concept (qui est une détermination de mon état), sans que, par cette existence en dehors de mon concept, ces 100 thalers conçus soient le moins du monde augmentés.

Quand donc je conçois une chose, quels que soient et si nombreux que soient les prédicats par lesquels je la pense (même dans la détermination complète), en ajoutant, de plus, que cette chose existe, je n'ajoute absolument rien à cette chose. Car autrement, ce qui existerait ne serait pas exactement ce que j'avais conçu dans mon concept, mais bien quelque chose de plus, et je ne pourrais pas dire que c'est précisément l'objet de mon concept qui existe. Si je conçois aussi dans une chose toute réalité sauf une, du fait que je dis qu'une telle chose défectueuse existe, la réalité qui lui manque ne s'y ajoute pas, mais au contraire cette chose existe (la réalité qui lui manque) avec exactement le même défaut qui l'affecterait lorsque je l'ai conçue car autrement il existerait quelque chose d'autre que ce que j'ai conçu. Or, si je conçois un être à titre de réalité suprême (sans défaut), il reste toujours à savoir, pourtant, si cet être existe ou non.

(*Critique de la Raison pure*, Trad. Tremesaygnes-Pacaud, p. 429, 3e éd. 1963, P. U. F.)

2. *Pas de système de l'existence, selon Kierkegaard*

Un système de l'existence ne peut être donné. S'ensuit-il qu'un tel système n'existe pas? En aucune façon. Ce n'est d'ailleurs pas dit dans les mots qui précèdent. L'existence est elle-même un système pour Dieu, mais ne peut l'être pour un esprit existant. Être un système et être clos se correspondent l'un à l'autre, mais l'existence est justement l'opposé. Du point de vue abstrait, système et existence ne se peuvent penser ensemble, parce que la pensée systématique pour penser l'existence doit la penser comme abolie, et donc comme existante. L'existence est ce qui sert d'intervalle, ce qui tient les choses séparées, le systématique est la fermeture, la parfaite jointure.

Dans la réalité intervient une illusion, une erreur des sens, que les *Miettes,* auxquelles je me réfère, ont d'ailleurs essayé de mettre en lumière, en ce qui concerne la question de savoir si le passé est plus nécessaire que le futur. En tant qu'accomplie, l'existence est, bien entendu, finie et close, et tombe donc sous le coup de la conception systématique. Parfait — mais pour qui? Qui existe soi-même ne peut, comme on sait, acquérir ce caractère clos, extérieur à l'existence, qui correspond à l'éternité, dans laquelle le passé est entré. Quand un penseur veut être assez distrait pour oublier sa propre existence, il n'en résulte pourtant pas que spéculation et distraction soient tout à fait la même chose. Au contraire, qu'il existe lui-même indique que l'existence lui pose une exigence, celle-ci que, s'il est grand, son existence à son époque en tant que quelque chose de passé peut être considérée par un penseur systématique comme quelque chose de fini. Mais qui est donc ce penseur systématique? Oui, c'est celui qui est lui-même en dehors de l'existence et pourtant dans l'existence, qui est éternellement enfermé dans son éternité et qui pourtant renferme en lui l'existence — c'est Dieu. A quoi sert de s'illusionner! De ce que le monde a maintenant duré depuis 6 000 ans l'existence n'en pose-t-elle pas moins à l'existant exactement la même exigence que toujours, en sorte que celui-ci n'est pas en imagination un esprit contemplant, mais en réalité un esprit existant? Toute compréhension ne vient qu'après. Tandis que l'existant d'aujourd'hui vient sans conteste après les 6 000 ans qui l'ont précédé, il se produirait, si nous admettions qu'il comprit celles-ci systématiquement, cette étrange ironie qu'il ne se comprendrait pas lui-même dans son existence parce qu'il n'aurait pas lui-même ce qu'il s'agirait de comprendre après coup. Il suit de là qu'un tel penseur serait, ou bien Dieu lui-même, ou bien un fantastique, « ce que vous voudrez ».

. . . .

On a souvent rappelé de soi-disant systèmes panthéistes et on les a attaqués en disant qu'ils abolissaient la liberté et la différence entre le bien et le mal. Peut-être peut-on dire plus nettement que tout système de ce genre volatilise d'une façon fantastique le concept de l'existence. Mais on a tort de n'affirmer cela que des systèmes panthéistes, bien plutôt aurait-on dû montrer que tout système, justement en raison de son caractère fini, doit être panthéiste. L'existence doit être abolie dans l'éternel avant que le système ne soit clos, aucun résidu ne doit subsister, même pas la moindre breloque comme l'honorable professeur existant qui écrit le système. Mais ce n'est pas ainsi qu'on présente la chose. Non, on combat les systèmes panthéistes tantôt dans des aphorismes tumultueux, qui promettent toujours un nouveau système, tantôt on fabrique une espèce de système et on insère un paragraphe particulier où l'on enseigne que l'on insiste sur le concept de l'existence et de la réalité. Qu'un tel paragraphe se moque de tout le système, qu'au lieu d'être un paragraphe dans le système il soit une protestation absolue contre le système, cela ne fait rien aux affairés adeptes du système. Si le concept existence doit être réellement souligné, cela ne peut se faire dans un paragraphe se trouvant dans le système, et tous les serments directs et les « que le diable m'emporte » ne font que rendre de plus en plus risible cet enseignement absurde. Que l'existence doive vraiment être accentuée, cela doit trouver son expression dans une forme essentielle, et celle-ci vis-à-vis de la ruse de l'existence est une forme indirecte, qu'il n'y a pas de système.

(KIERKEGAARD, *Post-scriptum aux Miettes Philosophiques*, trad. Petit, Gallimard, pp.78-79, et 81.)

SUJETS DE RÉFLEXION ET DE DISSERTATIONS

— Être et exister.

— Comment comprenez-vous la formule célèbre de J.-P. Sartre : « L'existence précède l'essence »?

— Existence et liberté.

— Tout système philosophique trahit-il nécessairement comme le pensait Kierkegaard l'existence concrète?

— Existence et angoisse.

(Photogram. Varga)

La proximité de la mort n'est pas toujours accompagnée d'angoisse et de terreur. Ce peut être le moment de la sérénité et de la paix : « Il faut quitter la vie comme Ulysse quitta Nausicaa, en la bénissant et non amoureux d'elle » (Nietzsche)

CHAPITRE VI

La mort

LA MORT DE L'UNIVERS

La mort peut être représentée comme un phénomène physique très général qui n'est pas le propre de l'individu vivant, mais concerne dans un sens plus large, tout système physique clos. Dans un tel système en effet, à côté du principe de conservation de la quantité de l'énergie, il faut faire place au second principe de la thermodynamique, qui affirme la *dégradation irréversible de la qualité de l'énergie*. A la suite des travaux de Carnot (1824) et de Clausius (1850) on peut se représenter la dégradation de l'énergie de la manière suivante : *L'énergie se transforme en chaleur, forme sous laquelle elle n'est plus entièrement récupérable en travail.* Dès 1824, Carnot dans ses *Réflexions sur la puissance motrice du feu* montrait qu'il y a une corrélation entre la puissance fournie par une machine à vapeur et la chute de température de la chaudière au condensateur. *La chaleur passe des corps chauds sur les corps froids jusqu'à ce que toute différence disparaisse, jusqu'à ce que l'équilibre s'instaure par égalisation thermique.* Ce passage de l'hétérogène à l'homogène, du mouvement à la stabilité, du divers à l'uniforme est très exactement le contraire d'une évolution, d'un progrès. C'est une *involution*, ou pour reprendre le terme consacré (mot d'origine grecque) une *entropie*. L'entropie est strictement une fonction mathématique : elle est proportionnelle au logarithme d'une probabilité. Mais cela signifie qu'un système clos évolue nécessairement vers l'état le plus probable qui est précisément celui qui comporte le moins d'organisation, celui où le désordre est maximum : « Par le jeu du mouvement des molécules l'ordre se perd. Les dissymétries sont détruites. L'agitation moléculaire s'affaiblit. Les températures se nivellent... L'état final signifie la répartition la plus homogène et le mouvement le plus uniforme... A cette limite théorique qui correspond au zéro absolu de température la dissymétrie de l'état initial fait place à la symétrie de l'état final... Le potentiel énergétique du système est totalement épuisé.

L'énergie n'a pas disparu. Elle est totalement conservée conformément au premier principe mais elle est totalement désordonnée. » On voit que si le deuxième principe de la thermodynamique introduit la notion d'un temps irréversible, d'une flèche temporelle orientée vers la dégradation de l'énergie, vers l'entropie croissante, en revanche, au terme du processus, le temps n'a plus de « flèche », aucune transformation d'énergie n'affirmerait en définitive rien d'autre que la mort de l'univers. C'est ce que résume très clairement Jacques Grinevald (1) : « La logique de cette mort thermique de l'univers est simple : dans la mesure où toutes les énergies se transforment naturellement en chaleur et que l'intensité de la chaleur tend naturellement à son niveau le plus bas, ce qui implique une perte irrémédiable de la capacité de transformation de l'énergie du monde, ce qui signifie pour nous une dégradation, l'univers, s'il forme physiquement un système clos, n'échangeant pas d'énergie avec un autre monde, connaîtra dans un temps indéterminé mais assurément fini une valeur maximale à son entropie, c'est-à-dire un arrêt de son devenir. »

LA VIE ET LA MORT

L'énigme de la vie

L'existence d'êtres vivants dans notre monde semble contredire de façon éclatante le deuxième principe de la thermodynamique. Même ceux qui pensent que tous les phénomènes biologiques s'expliquent en définitive par le seul jeu des lois mécaniques de la matière ne peuvent s'empêcher de remarquer, avec M. Jacques Monod, que « les êtres vivants sont des objets étranges » (2). Certes, chaque individu vivant finit par mourir, mais auparavant il s'est développé, il a assimilé du non-vivant, il s'est reproduit. Et si nous considérons l'évolution des espèces, nous avons le sentiment d'aller du moins au plus — des micro-organismes jusqu'à l'homme — du plus simple au plus complexe, des structures les plus pauvres jusqu'aux organismes les plus richement différenciés. Ici la flèche du temps n'est plus descendante mais montante. La croissance d'un individu, la montée d'une espèce dans l'évolution, et l'Évolution elle-même qui se manifeste comme un progrès vers l'organisation maximale, vers ce que Teilhard de Chardin appelait la complexité-conscience, apparaissent donc comme le contraire d'une entropie, comme une néguentropie. L'histoire de l'Univers, ou plus précisément l'histoire de la vie est celle d'une « information croissante » alors que la loi d'entropie du monde matériel est une loi de désinformation, une loi de mort. On peut en donner une image en évoquant un château de sable sur une plage où je dessine mon nom en modelant le sable. Cette information aux deux sens du mot, le sens banal de

---

(1) Jacques GRINEWALD, *Fragments pour une recherche sur le temps, le désordre et la mort* (inédit).

(2) Jacques MONOD, *Le hasard et la nécessité* (Éd. du Seuil, p. 28).

message (je communique mon nom) le sens de structure différenciée, se dégrade rapidement au souffle du vent qui finit par égaliser mon château de sable, par détruire cette structure. Si la loi de l'univers matériel est la mort, tout être vivant est une énigme. Selon les penseurs « vitalistes », l'existence des êtres vivants est un défi au second principe de la thermodynamique. La vie comme l'écrivait Bichat au milieu du XIXe xiècle est « l'ensemble des forces qui résistent à la mort ». L'énigme de la vie est bien soulignée par R. Ruyer : « Supposons que la mort au lieu de laisser un cadavre ne perdant sa structure que lentement se manifeste par une décomposition instantanée du corps. Cela n'est pas une imagination gratuite mais une simple accélération de ce qui se passe en fait : un animal mort ne conserve la forme de l'organisme vivant que par inertie, comme la limaille de fer sur la table conserve la forme du champ de force, même quand le champ de force a disparu. En fait, le cadavre n'est plus que l'ensemble des matériaux de la vie : un peu d'eau, de charbon, d'azote, de fer. Supposons donc que cet effet secondaire d'inertie n'existe plus. La mort se traduirait alors par la chute instantanée d'une fine poussière. Nous nous ferions sur cette image, une idée plus juste de ce qu'est la vie. La vie ne nous paraîtrait pas le fonctionnement massif, macroscopique de l'organisme, ou pas seulement cela, mais ce qui tient directement ou indirectement la forme même de l'organisme » (1). Le biologiste Cuénot disait dans le même sens : « Il n'y a rien de vivant dans une cellule sauf l'ensemble. »

Pourtant deux remarques doivent être faites, l'une contre les « vitalistes » qui affirment encore que le fonctionnement de l'être vivant est en contradiction avec le principe de dégradation de l'énergie, l'autre contre les philosophes « nihilistes » qui extrapolent la notion d'entropie et se font les porte-parole d'une métaphysique de la mort universelle.

La vie n'est pas nécessairement une exception à l'entropie

1) Il est bien vrai que tout système énergétique évolue nécessairement dans le sens de la dégradation de l'ordre qui le caractérisait d'abord, mais cela n'est vrai que si l'on envisage le système dans sa totalité et dans une durée suffisante. Au sein de ce système on pourra observer la formation locale de structures différenciées, à tel ou tel moment, sans que la loi d'entropie soit pour autant contredite. Par exemple dans un millilitre d'eau contenant quelques milligrammes de glucose ainsi que des sels minéraux comprenant tous les matériaux chimiques de la vie (azote, soufre, phosphore) si nous ensemençons une bactérie microscopique de l'espèce *escherichia coli*, en quelque trente-six heures il y aura dans cette solution plusieurs milliards de bactéries. Si près de 40 % de glucose a été transformé en constituants cellulaires le reste a été oxydé en CO_2 et H_2O. Toute l'opération effectuée dans un calorimètre montre que l'entropie de l'ensemble du système (c'est-à-dire les bactéries plus le milieu) a augmenté au moins du minimum indiqué par le deuxième principe de la thermodynamique. Comme

(1) GUYENOT, RUYER, PORTMANN et BARUZI *Le problème de la vie* (La Baconnière, Neuchâtel © 1951, p. 53).

dit J. Monod : « Tandis que la structure extrêmement complexe que représente la cellule bactérienne a été non seulement conservée mais multipliée plusieurs milliards de fois, la dette thermodynamique qui correspond à l'opération a été dûment réglée » (1).

La mort de l'univers est-elle donc une fatalité?

2) Faut-il en conclure que toute organisation se paie en définitive par un désordre plus grand et que dans l'univers la mort toujours et nécessairement l'emporte sur la vie? Par exemple, l'humanité a construit la civilisation industrielle à partir de ressources énergétiques (charbon, pétrole) qui finissent par s'épuiser. Même le soleil dont l'énergie sera sans doute quelque jour largement utilisée finira par s'éteindre. Doit-on alors extrapoler le deuxième principe jusqu'à affirmer le pouvoir absolu et ultime de la mort, jusqu'à parler, comme M. Michel Serres (2) de thanatocratie? C'était dès le milieu du XIXe siècle le point de vue de Thomson (Lord Kelvin) lorsqu'à la suite de travaux de Clausius il écrivit un célèbre article « *Sur une tendance universelle dans la Nature à la dissipation de l'énergie mécanique* ». Thomson affirmait déjà que « toute restauration de l'énergie mécanique qui ne serait pas plus que compensée par son équivalent de dissipation est impossible dans les phénomènes que présente la matière inanimée et probablement n'est jamais effectuée non plus par le moyen de la matière organisée que celle-ci soit enfermée dans la vie végétale ou soumise à la volonté d'une créature animée ». Et il évoquait le destin de la terre qui « sera dans l'avenir, à une époque séparée de nous par un temps fini, impropre à l'habitation de l'homme » (3).

La mort n'a peut-être pas le dernier mot

Pourtant, les plus expresses réserves peuvent être formulées à l'égard de la thanatocratie. Si la mort de la terre apparaît en effet probable, si le soleil doit s'éteindre un Jour nous ignorons tout des autres systèmes; rien ne nous permet d'affirmer, mais rien ne nous autorise non plus à nier la présence de la vie et même d'êtres intelligents en d'autres endroits de l'univers. Tout système clos, répétons-le encore une fois, est soumis à la loi d'entropie, évolue vers un état d'homogénéité où il ne se passe plus rien. Mais a-t-on le droit d'étendre cette loi à l'Univers dans sa totalité? Ce serait postuler que l'univers est un système clos, que l'univers est fini. Or certains refusent ce postulat. Ils font observer que l'idée d'une évolution créatrice — quand bien même elle serait compatible avec la loi d'entropie — implique aussi autre chose : si l'évolution se manifeste comme information croissante, comme néguentropie peut-être temporaire mais jusqu'à présent durable c'est qu'il y a une source de l'information, une source de vie capable de mettre en échec la thanatocratie. « Il faut admettre que l'univers n'est pas un système clos, fermé sur lui-même et suffisant. Il faut admettre qu'il reçoit d'une manière continuelle de l'information créatrice. On peut appeler Dieu

(1) MONOD, *op. cit.*, p. 3.
(2) SERRES, *La thanatocratie*, in *Critique*, n° 298, mars 1972.
(3) Cité par Jacques GRINEVALD, *Fragment pour une recherche... sur le temps, le désordre et la mort* (inédit p. 42).

la source de cette information qui opère dans le monde mais qui n'est pas le monde » (1). Ce postulat d'un dieu, éternelle source de vie, et aussi crédible que le postulat... contraire, à savoir le postulat de l'univers fini qui par la loi implacable de l'entropie, voue cet univers à la mort certaine.

LE VRAI PROBLÈME DE LA MORT

Mort : dissolution de l'individu vivant

Toutefois il nous faut reconnaître que ce concept de mort de l'univers a une signification vague et métaphorique. La mort au sens strict du terme ne concerne que des êtres vivants. C'est la transformation d'un organisme vivant en cadavre. Comme écrit Roger Mehl : « La mort n'existe qu'à proportion de l'individualité biologique ou mieux encore psychobiologique et la présence du cadavre de ce corps devenu étranger dans son milieu et dont les éléments se séparent, atteste tout ce qu'il y avait d'étonnant, de merveilleux et de fragile dans cette synthèse qu'était l'individualité » (2). La mort c'est donc la dissolution de l'individualité biologique, encore faut-il remarquer que le problème de la mort ne se pose véritablement que pour l'homme car seul l'homme sait qu'il doit mourir. Chez tout animal même chez les singes supérieurs, la conscience de l'individualité ne paraît pas suffisante pour rendre possible une aperception de la mort. Non seulement l'animal ne paraît avoir aucune connaissance de sa mort à venir, mais il distingue mal chez ses congénères l'organisme vivant du cadavre. L'illustre psychologue Yerkes a constaté qu'un babouin femelle transporte pendant plusieurs semaines son bébé mort comme s'il était vivant et n'abandonne le cadavre que lorsqu'il est déjà largement décomposé.

Seul, l'homme a conscience d'être mortel

Le passage de la nature à la culture qui définit l'humanité se manifeste donc non seulement par l'invention des outils, par un langage complexe, mais aussi par la reconnaissance de la mort et l'institution de la sépulture. L'homme de Néanderthal déjà, enterre ses morts, les recouvre de pierres, et parfois les rassemble dans un même lieu. L'homme n'abandonne jamais les cadavres. La mort biologique, fait de nature, est introduite dans le monde culturel des institutions. Que l'homme enterre ses morts après les avoir ou non embaumés, qu'il les brûle sur un bûcher sacré, dans tous les cas une cérémonie, un usage codifié s'ajoute au simple fait naturel de la mort. Certes on fera observer que tous les soins donnés au cadavre manifestant plus une espérance d'immortalité qu'une affirmation de la mort. Lorsque l'Égyptien était enterré avec ses armes, ses bijoux, ses objets les plus chers et

(1) Claude Tresmontant, *Les problèmes de l'athéisme* (Seuil, p. 434).
(2) Roger Mehl, *Le vieillissement et la mort* (P. U. F. p. 1).

même une certaine quantité d'aliments pour affronter l'ultime voyage qui le conduirait au jugement dernier, tout ce rituel ne témoignait-il pas d'une certaine incapacité à reconnaître la mort comme telle? Assurément toutes les civilisations ont affirmé l'immortalité ou du moins la survie des personnes (c'est seulement dans les sociétés développées contemporaines que le doute s'est répandu à ce sujet) mais précisément l'espérance de l'immortalité ne peut s'affirmer que lorsque le fait de la mort a déjà été constaté. Ce n'est pas la méconnaissance de la mort mais la volonté de compenser, de dépasser ce fait reconnu qui s'inscrit dans les rites de la sépulture et les mythes d'immortalité. Comme le dit Edgar Morin : « La même conscience nie et reconnaît la mort. Elle la nie comme anéantissement et la reconnaît comme événement » (1).

Spinoza ou Platon?

LA PHILOSOPHIE COMME MÉDITATION DE LA VIE

1) Le philosophe doit-il méditer sur la vie ou méditer sur la mort? A première vue, la philosophie traditionnelle est tout à fait divisée sur cette question. En tout cas, lorsqu'au XVIIe siècle Spinoza affirme dans son *Éthique* (livre IV, prop. 67) que le vrai philosophe ne pense jamais à la mort et que « sa sagesse est une méditation non de la mort mais de la vie » il semble radicalement opposé à cette illustre formule de Platon (dans *le Phédon*) que Montaigne avait donné pour titre à l'un de ses *Essais* (I, 20) : « Que philosopher c'est apprendre à mourir. » Cette formule avait constitué à la fin de l'Antiquité et au Moyen Age une des définitions de la philosophie. Spinoza semble dire le contraire et d'autant plus qu'à ses yeux le philosophe n'est pas celui qui **craint** la mort et cherche à l'éviter, mais de façon bien plus radicale le philosophe néglige la mort, il ne s'en préoccupe pas, même pour la combattre. Le vrai philosophe est pour Spinoza comme il le sera pour Nietzsche un affirmateur, quelqu'un qui rejette tous les sentiments négatifs et se préoccupe de « persévérer dans son être » c'est-à-dire de maintenir et d'épanouir ce qu'il y a de positif en lui. Dans son *Traité politique*, Spinoza opposant à l'esclave l'homme libre écrit : « L'un se contente d'éviter la mort, l'autre essaie de faire quelque chose de sa vie » (*Traité politique V, chap.* 6).

Selon Platon le monde des idées échappe à la mort

2) Et pourtant, même si les formules sont opposées, l'idée profonde que se font Platon et Spinoza du philosophe devant le problème de la vie et de la mort est presque la même. Bien sûr, le philosophe grec de l'Antiquité et le philosophe hollandais du XVIIe siècle diffèrent sur quelques points importants. Par exemple, Platon oppose l'âme et le

(1) Edgar MORIN, *L'homme et la mort* (Éd. du Seuil).

corps : si philosopher, c'est apprendre à mourir, c'est parce que le corps seul est mortel et que le philosophe doit apprendre à mépriser ce corps, à accepter qu'il soit éphémère avec sérénité, même avec reconnaissance, pour mieux se consacrer à son âme éternelle. Chez Spinoza, il n'y a aucun mépris du corps, aucune supériorité métaphysique de l'âme sur le corps. L'attribut *Pensée* auquel participe l'âme humaine est rigoureusement parallèle à l'attribut *Étendue* dont notre corps est une partie. Pourtant, si le philosophe refuse de méditer sur la mort c'est un peu comme chez Platon parce que le philosophe ne pense qu'à l'être véritable, qu'à l'éternel; tout ce qui est changeant, passager est sans importance. Le philosophe spinoziste ne veut penser qu'à la vraie vie, c'est-à-dire aux idées éternelles que conçoit l'entendement, et il renvoie la mort à l'imaginaire c'est-à-dire au monde sensible, à l'accidentel, à l'insignifiant, finalement comme le fait Platon : voyez la mort de Socrate dans *Le Phédon*. Cette mort elle-même — entendez l'événement concret, tragique, unique, irréversible de cette mort — est presque escamotée. Socrate boit la ciguë sans presque y songer, tout en devisant avec ses amis. Un seul mot dans le texte de Platon parle vraiment de cette mort. Socrate « tressaillit » en buvant le poison, dit Platon. Mais ce tressaillement mis à part, il n'est question que des Idées, que de la philosophie, que de l'amitié. La mort de cet individu particulier, Socrate l'éphémère, n'est rien au prix des Idées éternelles que Socrate affirma et qui continuent à briller pour toujours. Platon est dualiste : le philosophe doit mourir au monde sensible, aux illusions du monde de la caverne pour vivre parmi les Idées, ces Idées qui elles, ne meurent pas. Et chez Spinoza c'est après tout pareil : Spinoza n'est pas dualiste, il affirme l'unité de cette substance qui est Dieu ou le monde. Mais en pratique il nous demande de dépasser la connaissance « du premier genre », la connaissance selon l'imagination et les sens où tout est passif, illusoire, éphémère, pour affirmer l'éternité du vrai.

Le spinozisme est une méditation de la vie

3) Le spinozisme est en tout cas le type même de la philosophie de l'être — de l'être solide et sans failles où la pensée de la mort est non seulement condamnée mais en quelque sorte impossible. Le bonheur absolu existe ici bas pour l'homme et consiste dans la communion intellectuelle avec l'essence des choses. Ni l'erreur, ni le mal, ni la mort n'offrent la moindre prise à une pensée positive. Par rapport à l'Être, ils sont seulement absence, défaut et privation. La pensée de la mort est contradictoire car prétendre penser le rien équivaut très exactement à ne rien penser.

Déjà chez Spinoza la pensée de la mort n'a aucune place si on se situe à un niveau biologique élémentaire; chaque individu, le plus humble « mode fini » est une partie de Dieu, une parcelle de la substance infinie; à ce titre il ne songe qu'à affirmer sa vie à « persévérer dans son être » à s'épanouir dans la joie. Sa durée est en elle-même indéfinie puisque expression directe de l'éternité divine : « Aucune chose n'a en elle rien par quoi elle puisse être détruite et l'effort par lequel chaque chose s'efforce de persévérer dans son être n'enveloppe aucun temps fini, mais un temps indéfini. » Chez Spinoza, pourrait-on dire, aucun individu ne meurt de vieillesse ; chacun porte en lui une espérance de durée indéfinie. Si tous cependant finissent par mourir c'est une rançon de leur finitude. Car chaque mode fini est limité par les autres modes finis qui à tout moment peuvent le détruire.

La mort est pourtant inscrite dans les rapports entre les « modes finis » et la substance

Mais dans ces conditions, puisque chaque individu pris dans la chaîne implacable des causes et des effets peut être détruit par l'ensemble des autres choses la conscience de la mort ne retrouve-t-elle pas un sens ? Chez Spinoza l'homme, simple mode fini de la substance infinie, « subit la poussée des causes extérieures comme les eaux de la mer sont soulevées par les vents contraires ». L'homme fluctue constamment entre la joie, sentiment qui exprime l'accroissement de son être, et la tristesse, sentiment qui exprime que notre être est diminué. Il est même inévitable que l'affection, qui exprime le rapport le plus fréquent entre les forces extérieures et notre propre corps — ce corps dont notre âme est l'idée — soit la tristesse, la puissance de l'univers étant infiniment plus grande que la nôtre. La mort est inscrite implacablement dans le rapport entre chaque individu fini et la substance infinie, la nature sans bornes dont il n'est qu'un dérisoire fragment.

L'entendement nous met au niveau de l'éternel

Pourquoi alors l'optimisme absolu de Spinoza ? Pourquoi cette philosophie qui est méditation de la vie et refuse toute pensée de la mort. C'est que Spinoza refuse de se placer au point de vue du moi égoïste et sensible, ce moi qui n'est qu'une simple détermination, qu'une simple limitation de la substance infinie : « Toute détermination est négation » : Si le moi égoïste et particulier, si le moi de l'imagination et des passions n'est que négation, la mort elle-même n'est que la négation d'une négation. Le salut spinoziste consiste alors, non pas certes à refuser d'épanouir notre être individuel, cette essence particulière affirmative, mais à affirmer notre être à un autre niveau, c'est-à-dire à nous affirmer dans et par l'exercice de notre entendement. En effet, l'entendement nous permet de nous placer au niveau de la Vérité, au niveau de la pensée divine elle-même, au niveau de l'Être absolu où la mort n'a plus de sens. En comprenant par exemple l'enchaînement des causes qui nous font souffrir et nous détruiront, l'entendement affirme malgré tout sa puissance, sa puissance intellectuelle. « Celui qui connaît que Dieu est cause de tristesse, dit Spinoza, éprouve de la joie. » Autrement dit, notre entendement en se faisant une idée claire de ce qui nous fait souffrir conjure en quelque sorte sa finitude et sa souffrance, retrouve la joie dans l'exercice de sa puissance intellectuelle. Le Dieu de Spinoza c'est la Nature en sa totalité, l'Être à qui rien, littéralement, ne peut arriver puisqu'il n'y a rien d'extérieur à lui, l'être indestructible et plein. Si par la pensée je m'identifie à cette totalité, si je me fonds en elle par l'amour intellectuel, je deviens comme elle indestructible et « j'éprouve que je suis éternel ».

De Platon à Proust
Les idées éternelles

4) Platon et Spinoza, avec des formules opposées, nous tiennent le même discours : l'homme dans la mesure où il est un être pensant, dans la mesure où il connaît des idées vraies, participe à l'éternité de ces idées et échappe à sa condition mortelle apparente. Cette vieille argumentation philosophique n'est pas nécessairement désuète aujourd'hui. Un romancier comme Marcel Proust, dont toute l'œuvre explore pourtant le moi de chair et de passion, la condition temporelle de l'homme, a cependant été toujours impressionné par l'argumentation philosophique de la parenté de notre être avec les Idées éternelles. Marcel Proust, après avoir raconté la mort d'un de ses personnages, le romancier Bergotte, qui venait d'admirer dans une exposition la *Vue de Delft* de Ver Meer, ajoute ce commentaire : « Il n'y a aucune raison, dans nos conditions de vie sur cette terre pour que nous nous croyions obligés à faire le bien, à être délicats, même à être polis, ni pour l'artiste athée à ce qu'il se croit obligé de recommencer vingt fois un morceau dont l'admiration qu'il excitera importera peu à son corps mangé par les vers, comme le pan de mur jaune que peignit avec tant de science et de raffinement un artiste à jamais inconnu, à peine identifié sous le nom de Ver Meer ». Ainsi l'homme éphémère découvre-t-il en lui une étrange parenté avec les Idées, avec les lois qui régissent le monde des valeurs éternelles, Vérité, Beauté, « ces lois inconnues auxquelles nous avons obéi parce que nous en portions l'enseignement en nous, sans savoir qui les y avait tracées — ces lois dont tout travail profond de l'intelligence nous rapproche et qui sont invisibles seulement — et encore ! — pour les sots » (1).

LA PHILOSOPHIE NE PEUT OUBLIER LA MORT

Le moi concret et mortel

1) Platonicienne ou spinoziste, la philosophie des idées éternelles qui ne veut méditer que sur la vraie vie, repose malgré tout sur un tour de passe-passe. N'y a-t-il pas confusion permanente entre *l'Idée vraie*, indestructible et éternelle tant qu'on voudra, et le *moi éphémère* qui participe quelque temps à la Vérité ou à la Beauté des idées mais qui ne se confond pas avec elles. Dans la ligne spinoziste, nous nous sommes désintéressés de la mort parce que nous avons décidé que ce qu'il y a de mortel en nous ne comptait pas. Mais notre personne fragile demeure le support de toutes nos pensées. Ce qui est le plus haut et le plus vrai se trouve ainsi sous la dépendance de ce qui est le plus fragile et le plus contingent. M. Jankélévitch, dans son beau livre sur *la mort* a souligné la tragédie de cette relation contradictoire : d'une part, certes, c'est ce que nous montrions tout à l'heure, les assassins de Socrate sont sans pouvoir sur les Idées vraies que Socrate pensait; la vérité éternelle des Idées se rit de la violence et du crime qui ne

(1) Proust, *A la recherche du temps perdu. La prisonnière*, t. III.

peuvent s'exercer que sur la chair. Mais à côté de cette « ironie rationnelle » qui marque le pouvoir de l'Idée éternelle, Jankélévitch montre la « dérision tragique » de la mort de la personne. On peut toujours dire que la vérité des pensées socratiques survit à Socrate, « tout cela est bel et bon, mais Apollodore Criton et Phédon qui sont inconsolables paraissent être d'un tout autre avis... La mort du sage en ce sens est un échec partiel de la sagesse puisqu'elle consacre l'impossibilité où se trouve le sage d'harmoniser totalement sa « vérité personnelle » et la vérité idéale. Pourquoi faut-il que la vérité de la personne succombe au poison, et que la vérité de l'idée survive à ce poison?... Certes il y a quelque chose de dérisoire et de choquant dans ce manque de synchronisation, oui il y a une dérision amère dans la dissymétrie des deux Vérités, la vérité tout court et la vérité du porteur de vérité, celle-ci faussant compagnie à celle-là et dissociant son sort du sort de la vérité impersonnelle, et se décrochant pour toujours par l'effet de la mort » (1). En ce sens, conclut M. Jankélévitch « la pensée ne tue pas la mort, mais c'est la mort qui tue la pensée » (2).

Pour Epicure la mort n'existe pas

2) Et pourtant le moi « empirique » lui-même, le moi charnel fragile et éphémère ne devrait aucunement se préoccuper de la mort si l'on en croit le vieux philosophe grec Épicure et son vulgarisateur latin Lucrèce. Pour ces matérialistes qui ne croient ni aux idées éternelles, ni à l'immortalité des personnes, il ne convient pourtant pas de se soucier un seul instant de la mort. C'est qu'en effet la mort ne peut être l'objet de la moindre pensée claire. La mort et moi, en quelque sorte, ne pouvons nous rencontrer jamais. Ou bien j'existe encore, je n'ai donc pas rencontré la mort, ou bien la mort est déjà là mais alors c'est moi qui ne suis plus présent pour m'en apercevoir ! « Comment ne pas voir que dans la mort véritable il n'y aura pas d'autre soi-même qui demeuré vivant puisse déplorer sa propre perte » (3) ! Cet argument a souvent été commenté et repris. Le Stoïcien Sénèque dira : « Après la mort tout finit, même la mort. » Et Montaigne : « La mort ne nous concerne ni morts ni vifs, ni vifs parce qu'à ce moment elle n'existe pas, ni morts puisqu'à cet instant nous ne sommes plus. » La pensée de la mort pousserait jusqu'à la limite le célèbre paradoxe de l'instrospection : nous ne pouvons pas, dit-on parfois, nous connaître, parce que justement le sujet connaissant se confondrait alors avec l'objet connu. Dans le cas de la mort, cette coexistence du sujet et de l'objet qui est toujours, note M. Jankélévitch « un peu acrobatique » devient radicalement impossible puisque la mort a précisément éteint toute lumière et devient de ce fait proprement insaisissable. Un tel argument paraît irréfutable dans sa simplicité. Il passe pourtant assez communément pour un sophisme. Pour envisager sa réfutation, il faut peut-être diversifier notre approche philosophique du problème, et l'envisager à des points

(1) Jankelevitch, *La mort* (Éd. Flammarion), p. 375.
(2) *Ibidem*, p. 377.
(3) Lucrèce, *De la nature*, t. III, p. 885.

de vue aussi différents que « *On* meurt », « *Tu* meurs », « *Je* vais mourir », autrement dit, il faut distinguer, comme nous y invite M. Jankélévitch, la mort en troisième personne, en deuxième personne, en première personne.

La mort en troisième personne

3) La mort en troisième personne est abstraite et anonyme. C'est à la fois la mort de tout le monde et la mort de personne. Cette mort-là, la mort de tous et de n'importe qui, n'échappe certes pas à la connaissance. Elle est même banale, quotidienne. Elle est l'objet de démarches administratives — c'est le décès — elle intéresse diverses sciences, par exemple la démographie mais aussi la biologie et la médecine. On doit même dire que l'autopsie du cadavre, la science anatomoclinique qui recherche dans les lésions apparentes sur le cadavre disséqué la cause de la maladie et de la mort représente dès le XIXe siècle une arme majeure de la connaissance. Foucault, dans la *Naissance de la clinique* souligne ici une mutation scientifique radicale. La mort, objet de savoir dans l'autopsie, n'est plus seulement la nuit énigmatique où la vie disparaît, mais devient paradoxalement ce qui éclaire la vie, ce qui nous instruit sur l'être vivant et ses maladies : « Le regard médical pivote sur lui-même et demande à la mort compte de la vie et de la maladie, à son immobilité définitive compte de leur temps et de leurs mouvements. Ne fallait-il pas que la médecine contourne son plus vieux souci pour lire dans ce qui témoignait de son échec ce qui devait fonder sa vérité » (1).

La définition de la mort

Récemment, la science de la mort a même fait un nouveau progrès. La définition de la mort a changé, et cette définition objective est philosophiquement essentielle car elle pose des problèmes moraux particuliers. Jusqu'en 1966, la mort était définie par l'arrêt de la respiration (le signe du miroir devant la bouche) et l'arrêt du cœur (vérifié à l'auscultation). En mai 1966, l'Académie de médecine redéfinit la mort comme arrêt du fonctionnement cérébral. Lorsque le tracé électroencéphalographique est plat (disparition de tout courant électrique cérébral) pendant quarante-huit heures, on considère que la mort est certaine même si l'appareillage complexe de la réanimation a réussi à maintenir dans l'organisme une circulation et une respiration artificielle. D'où le problème moral des comas dits « dépassés ». Est-on tenu de maintenir indéfiniment la respiration et la circulation d'un organisme dont le cerveau est mort et qui a cessé d'être un homme? Lorsqu'on a la certitude qu'aucun réveil n'est plus possible, il n'est évidemment pas moralement requis de maintenir cette « vie » partielle de l'organisme, cette vie artificielle de certains organes ou tissus.

On voit que la réflexion scientifique sur la mort considérée comme objet de savoir, considérée en « troisième personne » n'est aucunement futile. Seulement ce qui donne indirectement son sens à cette réflexion,

(1) FOUCAULT, *Naissance de la clinique* (P. U. F.), p. 148.

c'est malgré tout le fait de l'existence ou de la mort vécues par des personnes. Philosophiquement, c'est seulement à ce niveau que la mort peut nous intéresser. Parler de la mort en troisième personne, dire « on meurt encore de faim dans les pays sous-développés » ou bien « on ne meurt plus guère d'épidémies avec la vaccination et les antibiotiques », traiter la mort comme objet de discours, presque comme événement impersonnel, c'est trahir sa signification réelle. Heidegger montre que parler de la mort sur le mode du « On », dans toutes les phrases où le sujet du verbe mourir est « On », c'est se masquer le mystère et la tragédie de la mort. Comme si le « On », qui n'est personne, pouvait mourir! Le discours « inauthentique » qui donne au verbe mourir un sujet impersonnel est un refus de regarder la mort en face. Comme le disait Bossuet : « Les mortels n'ont pas moins soin d'ensevelir les pensées de la mort que d'enterrer les morts eux-mêmes. »

La mort de l'autre

4) Toute autre est la question de la mort posée en *deuxième personne*. Ici il ne s'agit plus de ce monstre conceptuel de la mort impersonnelle (on meurt) mais d'une expérience tragique, l'expérience de la mort de l'autre : et pas n'importe quel autre, mais de celui auquel je m'adresse à la deuxième personne, de celui que j'aime d'amitié, d'affection, ou d'amour. Ici le raisonnement d'Épicure — ce raisonnement qui se voulait à la fois imparable et rassurant n'a plus cours, puisque *moi* vivant, je me trouve confronté à la mort de *l'autre*. Comme dit M. Jankélévitch : « Rien ne s'oppose à ce que ma conscience soit témoin de la mort dès l'instant que mort et conscience sont répartis sur deux têtes. » Deux philosophes, Léon Brunchsvicg et Gabriel Marcel discutaient jadis sur le problème de Dieu et de l'immortalité personnelle. Gabriel Marcel défendait la thèse de l'immortalité de la personne, thèse qui laissait sceptique Léon Brunschvicg. Ce dernier déclara alors : « Il me semble que l'immortalité de Léon Brunschvicg intéresse beaucoup moins Léon Brunschvicg que l'immortalité de Gabriel Marcel n'intéresse Gabriel Marcel ! » Et Gabriel Marcel répondit : « Ce n'est pas ma mort qui me préoccupe, mais la mort des autres, la mort de ceux que j'aime. » La mort de l'être cher, la possibilité, l'éventualité de cette mort (éventualité qui est en même temps une fatalité puisque si l'heure est incertaine, le fait lui-même est inévitable) ne donne-t-elle pas un aspect à la fois tragique et dérisoire aux relations d'amitié et d'amour?

Ma propre mort

5) La mort en *première personne* — ma propre mort — est-elle vraiment un faux problème? M. Jankélévitch fait ici remarquer que si la mort en première personne ne peut s'énoncer aux trois temps du verbe, comme la mort en deuxième personne (tu meurs, tu es mort, tu mourras), s'il est, comme l'indiquait Épicure, radicalement impossible d'énoncer le « je suis mort », le « je meurs » était incertain et peu clair, la mort en première personne impensable au passé, peu claire au présent, est en revanche parfaitement énonçable au futur. Le « je

suis mort » est une impossibilité, mais le « je mourrai » est une certitude. Tant que l'heure est lointaine, ou en tout cas inconnue de moi, je puis négliger de penser à ma mort. Mais celui qui sait ou qui sent que la mort est proche éprouve le plus souvent une extrême angoisse; la mort menaçante apparaît alors non plus comme destin commun, vaguement pressenti, mais comme l'événement le plus personnel, l'événement qui me concerne de façon unique et singulière en face duquel je me trouve radicalement seul. Dans *Les choses de la vie*, le héros de Paul Guimard évoque en ces termes la mort toute proche : « Ce n'est pas le sort de tous, comme on le dit ignoblement. C'est chaque fois un drame terriblement particulier. Pour moi, je suis unique, je ne suis pas un homme sur des milliards qui va mourir. Je vous en supplie, faites quelque chose! Quoi de plus important que ce qui va m'arriver? »

« L'être pour la mort »

Dire comme Épicure que la mort ne me concerne pas n'est-ce pas nier une évidence, oublier cette conscience du temps, cette visée de l'avenir qui précisément caractérise la réalité humaine? Sur ce point les analyses de Heidegger paraissent plus décisives que la pseudo-sagesse épicurienne. La vérité est que la mort est pour chacun de nous affaire personnelle et ce possible suprême qui est en même temps la fin de tous mes possibles. Parce que la temporalité vécue est constamment orientée vers l'avenir, parce que la réalité humaine est existence (ex-istence) autrement dit que nous sommes toujours en avant de nous-même, que la conscience s'échappe toujours vers l'avenir, la mort est donc inévitablement présente dans le moindre de nos projets, dans la moindre visée de la conscience. Et il serait vain de ruser avec ce possible implacable, de chercher des subterfuges; je suis jeune encore, ma santé est bonne, je ne vais pas mourir. En fait le jeune homme que la mort guette n'est peut-être selon la saisissante formule du romancier italien Dino Buzzati qu'un « vieillard clandestin ». Ainsi, « très vieux est l'automobiliste de trente ans qui dans une heure se fracassera contre un arbre, très vieux le quinquagénaire qui demain sera foudroyé par une attaque d'apoplexie, très vieux le gamin qui dans une quinzaine sera écrasé par un camion » (1). En vérité, selon le mot de Heidegger, « dès qu'un homme est né, il est assez vieux pour mourir » et la réalité humaine, telle qu'une réflexion philosophique lucide nous la révèle est celle d'un être-pour-la-mort. La perspective heideggerienne est, comme on voit, radicalement opposée à celle de Spinoza. Pour Spinoza la mort est crainte d'ignorant qui n'a pas appris à penser l'être en sa plénitude. Pour Heidegger c'est l'oubli de la mort qui est ignorance et frivolité. La philosophie, découverte de la réalité humaine comme temporalité, ne peut exclure la méditation sur la mort. Et on peut évoquer ici les vers mélancoliques de la comtesse de Noailles :

« On ne possède bien que ce qu'on peut attendre
Je suis morte déjà puisque je dois mourir. »

(1) Dino Buzzati, *Le rêve de l'escalier*, Laffont.

La sagesse épicurienne ne peut faire que nous ne pensions jamais à la mort. La sagesse stoïcienne ne peut faire que cette pensée soit toujours sereine. L'argument stoïcien repose sur une prétendue symétrie entre la naissance et la mort. Ma naissance est un don gratuit; ma mort m'arrache, avec la même gratuité, ce don contingent de l'existence. Pas plus que la vie ne m'était due la mort n'est scandaleuse. J'ai simplement restitué ce qui m'avait été prêté. A la fin de l'Antiquité, les tombes païennes portaient parfois l'inscription suivante : *Non eram Fui, non sum*, je n'étais pas, j'ai été, je ne suis plus. Mais la conscience humaine proteste contre cette logique apparente et sous l'apparence de la symétrie découverte l'absurdité révoltante. Le cri du roi qui se meurt, chez Ionesco : « Pourquoi suis-je né si ce n'était pas pour toujours? » rejoint la révolte de Victor Hugo, dans les *Contemplations* devant la mort d'un enfant :

« Et les femmes criaient : rendez-nous ce petit être
Pour l'avoir fait mourir, pourquoi l'avoir fait naître? »

En ce sens, la philosophie, en rupture avec la Sagesse antique, ne peut pas plus échapper à la méditation de la mort qu'à la révolte contre la mort.

La mort contingente selon Sartre

LA PHILOSOPHIE MÉDITATION DE LA VIE ET DE LA MORT

A la vérité, la philosophie ne peut être exclusivement ni cette méditation de la vie que réclamait Spinoza ni cette méditation de la mort à laquelle nous invite Heidegger. La philosophie heideggerienne de l'être-pour-la-mort, n'est-ce pas sous sa forme radicale plus soutenable que le refus systématique de la pensée de la mort à la manière épicurienne ou spinoziste? Sartre, bien qu'il se place au point de vue « existentiel », au point de vue de la réalité humaine montre — à l'encontre de Heidegger — que la pensée de notre mort n'est pas un possible que je puisse saisir. Toute conscience assurément est projet, visée d'un futur. Mais ma mort peut-elle être considérée comme un de ces possibles que je projette, au nom desquels par exemple je néantise le présent pour façonner l'avenir? En fait parce que ma mort met un terme à ma conscience elle est en dehors et au-delà de cette conscience. Elle m'échappe exactement au même titre que ma naissance. Ne transcendant pas ma mort, je ne puis décider de son sens. Ma mort ne m'appartient pas. Elle appartient aux autres. Elle ne donnera à ma vie son sens définitif que dans la conscience d'autrui qui me jugera : « Être mort c'est être en proie aux vivants. » Nous ne sommes pas, dit à peu près Sartre comme un condamné qui voit chaque jour exécuter ses compagnons de geôle, mais plutôt comme un condamné à mort qui se préparant à faire bonne figure sur l'échafaud, serait entre temps brutalement enlevé par une maladie cardiaque fulgurante et totalement imprévue.

On pourrait objecter à Sartre que ce caractère imprévu et totalement extérieur de la mort disparaît dans le suicide. Là le mortel paraît choisir lui-même le moment et le genre de son décès, à tel point même que les Stoïciens, notamment Sénèque, voyaient dans la possibilité du suicide le signe même de la liberté de l'homme, le signe que l'homme est, s'il le veut, maître de sa vie puisqu'il peut disposer de sa mort. Nous reviendrons plus loin sur ce grave problème mais notons pour le moment que Sartre n'est nullement convaincu par un tel argument : pour lui, en aucun cas la mort ne peut être une figure de ma liberté : et dans le cas du suicide lui-même ma mort ne m'appartient pas car le projet du néant est un projet inimaginable, très exactement un anti-projet, un néant de projet. C'est par une sorte d'illusion que le candidat au suicide croit vouloir quelque chose : car du suicide lui-même ne résulte que la fin de tous les projets, dc tous les possibles. Dans tous les cas, la mort c'est l'événement extérieur, c'est par rapport à ma condition d'existant l'extériorité radicale, la transcendance absolue.

La pensée de la mort est une invitation à bien vivre

2) A la vérité, les philosophies opposées dont nous avons parlé jusqu'à présent, celles qui se veulent soit méditation exclusive sur la vie, soit méditation exclusive sur la mort ont un postulat commun : le postulat qui consiste à opposer radicalement pensée de la vie et pensée de la mort ; ou bien on médite sur la vie et on croit devoir ajouter — au mépris de la condition humaine et de l'expérience concrète — que la mort n'est rien, ne mérite pas même un regard; ou bien on médite sur la mort et cette pensée envahit tout, ôtant à la vie toute signification, rendant notre existence absurde. Ces deux attitudes contradictoires ne nous paraissent pas épuiser le champ du possible. On peut concevoir une attitude philosophique selon laquelle méditation sur la vie et méditation sur la mort, loin de s'exclure ne prennent de sens que l'une par l'autre.

Tout d'abord, la pensée de la mort, ce savoir sans doute abstrait, mais sûr que nous allons mourir ne saurait empêcher le philosophe de vivre et de bien vivre. Notre temps est limité mais il s'agit pourtant de savoir comment nous allons l'utiliser pour le mieux. Feuerbach notait avec lucidité *(Mort et immortalité)* : « Vous appelleriez au moins fou un individu qui après avoir entendu une sonate de Mozart ne sait autre chose à dire que : elle a duré quatorze minutes et demi, tandis que le reste des auditeurs applaudit. »

Et si nous voulons réfléchir davantage, nous comprenons aisément que d'une certaine façon c'est la mort elle-même qui donne son sens à la vie. Et cela est vrai d'abord dans un sens objectif, scientifique. Ce qui caractérise les êtres vivants les plus évolués — les êtres vivants par lesquels la vie précisément s'affirme sous sa forme supérieure — c'est qu'ils sont mortels ! En effet, les cellules vivantes en elles-mêmes sont potentiellement a-mortelles; les êtres unicellulaires se reproduisent par sissiparité, par dédoublement à l'infini et ne peuvent être détruits que par des forces extérieures. De même, les cellules germinatives de l'homme (le *germen* de Weissmann par opposition au *soma*) se transmettent de génération en génération selon les lois de la génétique; notre héritage biologique est virtuellement immortel. L'être mortel, c'est l'être individuel, cet ensemble complexe de cellules qui constituent un être vivant. Et on remarquera que plus on s'élève dans la hiérarchie des êtres vivants, plus diminue le pouvoir de régénération des cellules. Un mammifère par exemple, ne peut pas, comme un batracien, régénérer un membre amputé; d'autre part, les cellules les plus évoluées, qui sont les cellules nerveuses, ne sont pas comme les autres cellules renouvelées au fur et à mesure qu'elles disparaissent. Le plus évolué, le plus organisé, le plus complexe est toujours en même temps le plus fragile. La mort est en ce sens étroitement liée à l'individuation.

Mort et reproduction

On doit également rapprocher le fait de la mort du fait de la reproduction sexuée. Le pouvoir de créer de nouveaux êtres est pour l'individu étroitement lié à la nécessité de disparaître. Dans un curieux roman *Les grands-pères prodiges* (Plon, 1957) Michel Carrouges imagine qu'une découverte médicale parvient à triompher de la mort. Bien vite cette immortalité terrestre se révèle une catastrophe. L'auteur parle d'un « ajournement catastrophique de la mortalité ». La vie sans la mort pose rapidement d'insolubles problèmes de surpopulation. Comme le dit à propos de cet ouvrage de science-fiction, Marc Oraison : « Pour que le monde sans mort soit vivable, il faudrait que personne ne naisse plus et que au moins à un moment chacun se trouve stoppé sur place à l'âge où il est parvenu. Et cela, d'une manière universelle. C'est-à-dire qu'il faudrait résoudre et évacuer la contradiction du temps, ce qui reviendrait à tuer le désir, c'est-à-dire la vie » (1).

Les pensées de la vie et de la mort se complètent

Au niveau existentiel lui-même, la pensée de la mort et la pensée de la vie ne sont pas exclusives mais bien complémentaires. La vie seule donne à la pensée de la mort son caractère tragique, la mort seule nous fait penser la vie comme précieuse et fragile. Toute vie pleinement vécue, implique un certain risque de mort conscient et assumé. Celui qui voudrait fuir tous les risques de mort et se réfugierait dans une existence étroite, douillette et calfeutrée, oublierait précisément de vivre. Un héros de Michel Lewis (*Aurora*) dit « Craignant la mort, je détestais la vie » et Jung (*Phénomènes occultes*, p. 96) remarque dans le même sens que les jeunes gens qui ont peur de la vie, seront plus tard précisément des hommes mûrs qui auront peur de la mort. Au rebours, Jung ajoute que ce sont précisément ceux dont l'existence fut la mieux remplie, la plus heureuse, qui souvent, le moment venu, acceptent la mort avec le plus de sérénité. Finalement, la vie n'a de sens et de prix que parce que nous ne disposons que d'un temps fini, donc susceptible d'être organisé. Simone de Beauvoir dans un de ses romans, *Tous les hommes sont mortels*, évoque avec assez de vraisemblance ce que pourrait

(1) Marc ORAISON, *La mort et puis après?* (Fayard), p. 26.

être la vie d'un homme qui aurait reçu l'impossible privilège de l'immortalité : la période d'exaltation est courte; bien vite, c'est l'ennui, le désespoir, le sentiment précisément qu'un temps infini ne saurait être humainement vécu. C'est justement parce que nous n'avons pas l'éternité devant nous que le temps humain s'articule en une succession de périodes et de moments susceptibles d'être organisés; et l'éternité, si elle existe n'a en tout cas rien de commun avec notre vie présente qui tire son sens, Fénelon lui-même le remarquait (1), de sa finitude : « Dieu, libéral et magnifique dans tout le reste, nous apprend par la sage économie de sa providence combien nous devons être circonspects sur le bon usage du temps, puisqu'il ne nous en donne jamais deux instants ensemble et qu'il ne nous accorde le second qu'en retirant le premier et qu'en retenant le troisième dans sa main avec une entière incertitude si nous l'aurons. Le temps nous est donné pour ménager l'éternité et l'éternité ne sera pas trop longue pour regretter la perte de temps si nous en avons abusé. »

La mort n'a pas le même sens à tous les âges

Peut-on dès lors retrouver quelque sérénité philosophique, affirmer que la mort donne à chaque vie son sens en lui conférant son point final? Certes, chacun de nous, quel que soit son âge, peut être mort demain. Pourtant, à peu près partout dans le monde, l'âge moyen de la mort a reculé. Dans les pays les plus développés, cet âge moyen dépasse aujourd'hui la soixante-dixième année. La mort reste une fatalité dans son fait, elle ne l'est plus dans son heure. Il y a une praxis de la mort, une politique de la mort. On sait par exemple que l'âge moyen de la mort est plus précoce dans les classes sociales les plus défavorisées, plus éloigné dans les classes privilégiées. On peut donc espérer que le progrès social réduira dans ce domaine comme dans d'autres une inégalité encore frappante entre les hommes, on peut espérer qu'un nombre d'hommes sans cesse plus grand atteindra ou approchera les limites naturelles de notre vie qui paraissent liées à notre « programme génétique ». De telles remarques, diront certains, sont sans intérêt philosophique et pour deux raisons : d'abord parce qu'un « âge moyen » de la mort n'est qu'une fiction statistique; ensuite parce que reculer de dix, vingt ou trente ans l'âge de la mort ne change absolument rien au problème philosophique de la mort. Que je meure demain ou dans vingt ans ne change rien à ma condition mortelle. Mais ces critiques nous semblent des sophismes. L'âge moyen de la mort concerne indirectement plus ou moins chacun de nous. Il y a une énorme différence entre mourir à vingt ans, à quarante ans, à quatre-vingts ans. Certains prétendent que les jeunes gens acceptent de mourir plus aisément que les vieillards, on cite l'exemple du philosophe Renouvier qui à quatre-vingt-huit ans, sur son lit de mort, se désespérait de ne pouvoir poursuivre son œuvre. En fait, si toute mort est tragique, la mort d'un être jeune, en pleine force est doublement tragique. La mort d'un vieillard

(1) Texte cité par JANKELEVITCH, *La mort* (Flammarion), p. 86.

qui a le sentiment d'avoir accompli sa tâche ici-bas, d'avoir bien réussi sa vie, est plus souvent qu'on ne le dit accueillie avec sérénité. La mort naturelle d'un être jeune est toujours une mort violente. C'est dans ce cas que l'agonie est vraiment, conformément à son sens premier, un combat. Alors qu'un vieillard chargé d'années, parfois s'éteint paisiblement. La mort peut apparaître alors comme une conclusion naturelle, comme le point final et le dernier accord d'une existence heureuse. La méditation de la mort est nécessaire. Elle nous fait comprendre le prix de la vie. Chez un être sain la conscience d'être mortel n'est pas autre chose qu'une invitation à construire pour autrui et pour soi-même l'existence la plus belle et la plus pleine. Telle est dans la Bible la sagesse — encore toute terrestre — de l'Ecclésiaste (IX, 10) :

« Va ! mange avec joie ton pain
Et bois ton vin d'un cœur content
Jouis de la vie avec une femme que tu aimes
Pendant tous les jours de ton existence
Car c'est ta part dans la vie
Et dans le travail que tu fais sous le soleil
Tout ce que ta main peut faire
Fais-le avec force
Car il n'y a plus ni œuvre, ni intelligence, ni science, ni sagesse
Dans la tombe où tu vas... »

LE SUICIDE — L'INSTINCT DE MORT

L'illusion du suicide

1) Que la mort puisse être acceptée, accueillie au terme d'une vie bien remplie, c'est compréhensible. Que la mort puisse être délibérément voulue et perpétrée sur soi-même, c'est un fait d'expérience mais qui a souvent constitué une énigme pour le philosophe. Spinoza, qui nous l'avons vu, n'entend faire aucune place à la mort dans sa philosophie, Spinoza qui définit l'essence de tout individu vivant comme **désir de persévérer dans son être** avoue ne pas comprendre le suicide. Il faut, dit-il, que des forces extérieures se soient emparé de la volonté, l'aient totalement défigurée. Et Schopenhauer montre que le suicide est une sorte de malentendu, une illusion où s'est emprisonné le vouloir-vivre. Dans le livre IV du *Monde comme volonté et comme représentation*, Schopenhauer écrit : « Bien loin d'être une négation de la volonté, le suicide est une marque d'affirmation intense de la volonté de vivre. » L'homme qui se suicide bien loin de s'opposer au vouloir-vivre est plus que quiconque son esclave. On se suicide d'ordinaire parce qu'on a perdu sa fortune, sa réputation, une personne qu'on aimait. L'homme qui se suicide est mécontent de sa vie, non de la vie. **Il est attaché aux biens de ce monde,** c'est parce que ceux-ci lui échappent qu'il se tue. Tous les hommes, écrit Pascal, après Saint Augustin, « cherchent le bonheur, même ceux qui vont se pendre ».

Suicide et sacrifice

En ce sens, une description phénoménologique des sentiments du suicidant rapprochera le **suicide** du **sacrifice.** Sans doute, les deux attitudes sont-elles souvent distinguées et même opposées par les moralistes. On dit que l'homme du sacrifice a pour **fin** le dévouement à une valeur (la patrie, la révolution, l'honneur, etc.) la mort n'étant qu'un **moyen,** la mort étant plutôt rencontrée que recherchée (par exemple, le soldat au combat peut **trouver** la mort). Au contraire, dans le suicide, la mort serait visée comme fin, recherchée pour elle-même. Mais cette distinction du sacrifice et du suicide n'est pas aussi claire qu'on le voudrait. Tout d'abord, il y a de nombreux cas limites, intermédiaires entre ce qu'on appelle suicide et ce qu'on appelle sacrifice : que penser des chrétiens qui couraient au devant du martyre, témoignant que le Christ veut qu'on meure pour lui? Que penser de Caton qui certes se suicide, mais pour témoigner de sa foi en la République, qui pense devoir se sacrifier parce que les ennemis de la liberté sont victorieux? Que penser du héros de la résistance qui, saisi par la police de l'armée d'occupation, se jette par la fenêtre pour ne pas prendre le risque de dénoncer ses camarades de réseau en parlant sous la torture? Son acte est formellement un suicide, encore que la noblesse de ses motifs le fasse classer parmi les sacrifices. En réalité, **du point de vue du suicidant,** il est clair que le suicide est identique à ce que le moraliste appelle sacrifice : autrement dit, dans tout suicide, il y a une visée de valeur. L'acte du suicide obéit toujours à la maxime : « Plutôt la mort que. » La vie est toujours sacrifiée aux raisons de vivre, même si ces « raisons de vivre » sont bien différentes. L'escroc découvert se tue parce qu'il ne peut vivre sans luxe et sans plaisirs, parce qu'il préfère la mort à l'ennui de la prison. Les « valeurs » pour lesquelles il meurt sont évidemment bien différentes de celles du combattant qui donne héroïquement sa vie pour une cause sacrée. Il n'en reste pas moins que dans les deux cas, la mort n'est qu'un moyen; la fin de l'acte réside dans ce qui est vécu, comme valeur — quelle que soit, au jugement du moraliste, la valeur de ces valeurs.

L'instinct de mort

2) Faut-il cependant s'en tenir là? La mort ne peut-elle, clairement ou obscurément (obscurément dans certains accidents ou dans certaines maladies comme l'anorexie mentale, grève de la faim inconsciente) être **voule pour elle-même ?** N'y a-t-il pas une sorte de fascination exercée par la mort? De Spinoza à Nietzsche, les philosophes nous ont habitué à reconnaître chez l'homme un instinct d'affirmation, une volonté de puissance. Mais certains psychanalystes, à la suite de Freud lui-même, pensent qu'un véritable « instinct de mort » ou « pulsion de mort » habite les profondeurs de notre inconscient. Comment Freud est-il parvenu à cette étrange découverte?

Certes, dans toute la première partie de sa carrière scientifique, avant 1914, Freud n'a reconnu en l'homme que des instincts de vie. Il distinguait d'une façon d'ailleurs très classique un **instinct d'affir-**

mation du moi, et une **pulsion érotique** dirigée vers un autre « objet ». Lorsqu'en 1914 Freud introduit le concept de narcissime, il apparaît que le moi lui-même peut être l'objet de son propre désir érotique et que la dualité précédemment affirmée entre affirmation du moi et pulsion érotique s'efface. Mais découvrir la nature « érotique » du narcissime n'est pas pour autant affirmer l'existence d'une pulsion de mort, tout au contraire ! La mort est encore à ce stade quelque chose de tout à fait extérieur à nos pulsions et comme l'écrit aujourd'hui le docteur Haim : « L'homme ne se console pas dans son désir de toute-puissance de ne pas être Dieu et l'idée de mort est sa blessure narcissique la plus grave. »

En fait, c'est la terrible guerre de 1914-1918 qui va suggérer à Freud l'idée qu'existe une pulsion de mort, pas seulement un instinct sadique de destruction distingué dès 1915 de l'instinct sexuel, mais aussi une pulsion vers l'autodestruction dont Freud rendra compte en 1920 en rédigeant son célèbre article *Au-delà du principe du plaisir.*

Rappelons ce qu'est le **principe du plaisir :** toute tension désagréable dans le psychisme déclenche un dynamisme correcteur qui vise à abaisser cette tension, autrement dit à supprimer le déplaisir ou à produire du plaisir. Le **principe de réalité** — que dès le début Freud a distingué du principe du plaisir ne s'oppose pas à celui-ci mais contribue à le régler. Le principe de réalité nous invite à ajourner la satisfaction, à la reporter à plus tard pour tenir compte des obstacles imposés par le monde extérieur.

La pulsion de mort est tout autre chose. Son existence est suggérée à Freud :

1) par les cauchemars de la névrose traumatique;

2) par certaines répétitions d'événements déplaisants;

3) par le « refus de guérir » de nombreux malades.

Examinons ces trois points. On sait tout d'abord que les rêves représentent en général pour Freud, de façon plus ou moins cachée et symbolique, la satisfaction d'un désir, bref une expression du principe de plaisir. Or, dans la *névrose traumatique,* c'est-à-dire dans la perturbation mentale qui suit quelquefois un choc psychologique violent (accident de voiture ou de chemin de fer, obus ou mine qui a explosé à côté du sujet pendant la guerre, ou arrestation par la police, etc.) les rêves du malade paraissent absolument contraires à ses désirs : le malade rêve constamment de l'événement terrible qui est à l'origine de sa névrose. Il revit littéralement par exemple la scène de l'accident, se réveille chaque fois en sueur, retrouve très exactement son ancienne frayeur. Il faut bien faire intervenir ici un principe de **répétition** qui paraît étranger à toute **libido.** Ce principe, on le retrouve dans toutes les situations d'échec où certaines personnes se complaisent, reproduisent sans fin des attitudes négatives. On le retrouve dans le transfert lorsque pendant une séance de psychanalyse le malade répète devant le médecin des attitudes pénibles de peur ou de haine qu'il avait eues jadis devant son père; enfin, et surtout le paradoxe des psychanalyses interminables où sous des formes diverses mais sans cesse répétées se manifeste une résistance inconsciente à la guérison, suggère la présence de forces psychologiques de régression, d'une véritable « entropie psychique ».

Mise en question de l'instinct de mort

Mais ces faits qui imposent effectivement d'aller « au-delà du principe du plaisir » montrent-ils de façon évidente l'existence d'une pulsion de mort? Certes il y a de nombreux faits de régression : toute névrose est peut-être essentiellement un retour à un stade antérieur de développement. Otto Rank pensait même que tout homme reste marqué par le « traumatisme de la naissance » et souhaite obscurément le retour à l'état antérieur. Mais cet état antérieur, pour Rank n'est pas la non-vie mais la vie du fœtus, l'existence intra-utérine dont nous garderions toute notre vie la nostalgie. Parler d'une pulsion de mort c'est postuler qu'au-delà d'une tendance à la régression vers des états antérieurs, il existe une tendance de l'organique à retourner à l'inorganique. Il ne s'agirait plus ici de régression mais de désintégration. Peut-on admettre qu'un organisme soit habité par une tendance qui vise sa propre désintégration? Beaucoup de psychanalystes refusent de croire en l'existence d'une telle pulsion. La notion même de pulsion paraît en contradiction avec l'état d'inertie que connote le concept de mort. Si la mort est cette limite qui donne à la vie ses contours et sa structure, il semble cependant difficile de concevoir la mort à l'œuvre au sein même des processus de la vie.

LES IDÉES ESSENTIELLES

Le passage de la nature à la culture qui définit l'humanité se manifeste non seulement par l'invention de l'outil et du langage, mais aussi par la reconnaissance de la mort et l'institution de la sépulture. Certes tous les soins données aux cadavres, tous les rituels funéraires sont une protestation contre la mort, souvent une affirmation d'immortalité, mais en même temps « une reconnaissance de la mort comme événement. »

La philosophie se présente parfois comme méditation sur la mort mais il est arrivé, en sens contraire, que le philosophe opère une négation pure et simple de la mort afin de nous guérir de toute angoisse. C'est le cas d'Épicure. Pour lui, la mort et moi, en quelque sorte ne pouvons jamais nous rencontrer. Ou bien j'existe encore, je n'ai pas rencontré la mort ou bien la mort est déjà là, mais alors c'est moi qui ne suis plus présent pour m'en apercevoir !

Un tel argument peut être tenu pour un sophisme. Il est inopérant pour le problème de la mort des autres; et ma propre mort, si elle échappe à ma pensée, m'est malgré tout largement annoncée par les maladies, les souffrances et l'expérience de la mort des autres.

Spinoza nous invite, dans une perspective plus profonde, à méditer sur la vie et non sur la mort. En effet, si par l'exercice de pur entendement je parviens à m'identifier à cette *totalité* que Spinoza appelle Dieu, si je me fonds en elle par l'amour intellectuel, je deviens comme elle indestructible et « j'éprouve que je suis éternel ».

Mais si l'Idée de Dieu est vérité éternelle, il reste que mon existence personnelle (ce moi qui porte l'idée de Dieu) est elle-même éphémère.

La philosophie sera donc à la fois méditation sur la vie et méditation sur la mort. Les deux méditations ne sont pas exclusives mais complémentaires. La vie seule donne à la pensée de la mort son caractère tragique, la mort seule nous fait penser la vie comme précieuse et fragile. La vie humaine n'a finalement de sens et de prix que parce que nous ne disposons que d'un temps fini.

LECTURES

Le problème peut être abordé fructueusement par la lecture d'un roman de **Léon TOLSTOÏ,** *La mort d'Ivan Ilitch* (éd. 10/18) et d'une pièce de théâtre de **IONESCO,** *Le roi se meurt* (Gallimard, coll. folio).

Les lectures classiques proprement philosophiques sont : le *Phédon* de **PLATON** (les derniers moments de Socrate; plutôt qu'une méditation sur la mort l'ouvrage est une réflexion sur l'immortalité de l'âme, un beau risque « à courir » et sur les Idées éternelles), la lettre à Ménécée d'**ÉPICURE** (*in Diogène Laerce, Vie des hommes illustres*) commentée par le poète latin **LUCRÈCE** dans *De la nature des choses* (livre III 870-903, éd. Belles Lettres t. I, p. 135-136).

On doit relire le célèbre *Essai* de **MONTAIGNE** (« Que philosopher c'est apprendre à mourir »), les pages de **PASCAL** dans les *Pensées* consacrées à ce problème, le texte du grand philosophe contemporain **HEIDEGGER** qui définit l'homme comme « être - pour - la mort » : *L'Être et le temps* (2e section, chap. 1, § 51).

Parmi les ouvrages parus depuis une dizaine d'années, celui d'**Edgar MORIN,** *L'homme et la mort* (Seuil) et avant tout celui de **Vladimir JANKELEVITCH,** *La mort* (Flammarion, 1966), une méditation moderne sur la mort, d'une exceptionnelle richesse. On lira également avec fruit le petit ouvrage de **Roger MEHL,** *Le vieillissement et la mort* (P. U. F.).

Tandis que dans les sociétés industrielles développées les rites funéraires, la période de deuil ont tendance à s'estomper, une réaction s'est manifestée dans la pensée sociologique et anthropologique contemporaine où brusquement l'étude de la mort, la thanatologie a été mise à l'ordre du jour.

L'ouvrage fondamental est ici :

Louis-Vincent THOMAS *Anthropologie de la mort* (Payot, 1975) (un volume de 800 pages mais avec beaucoup d'analyses concrètes).

Plus accessible, plus court mais tout aussi remarquable :

Louis-Vincent THOMAS *Mort et pouvoir* (Petite bibliothèque Payot, 1978).

Philippe ARIES *L'homme devant la mort* (Paris, Seuil, 1977) (les différentes attitudes de l'homme devant la mort dans l'histoire; ouvrage pénétrant et très concret).

Jean ZIEGLER *Les vivants et la mort* (Paris, Seuil, 1975).

Dr Léon SCHARTZENBERG et Pierre VIANSON-PONTÉ *Changer la mort* (Paris, Albin Michel, 1977), écrit par un éminent cancérologue et le rédacteur en chef du journal *Le Monde*, qui devait mourir quelques mois après sa publication précisément d'un cancer.

J. L. HENNIG *La morgue* (éd. libres J.-E. Hallier, Paris, 1979),

L. V. THOMAS *Le cadavre* (éd. Complexe à Bruxelles à paraître au printemps 1980).

Sur le point de vue psychanalytique on consultera deux ouvrages magistraux, mais un peu difficiles d'accès pour les débutants :

J. LAPLANCHE *Vie et Mort en psychanalyse* (Flammarion, 1970),

Michel de M'UZAN *De l'art à la mort* (Paris, Seuil, 1977).

Sur le suicide, l'ouvrage de référence est aujourd'hui

J. BAECHLER *Les suicides* (Calmann-Lévy, 1975).

On trouvera également des analyses originales dans :

Emmanuel TODD *Le fou et le prolétaire* (Robert Laffont, 1978).

(Photo Giraudon)

Un champ de blé, de VAN GOGH

C'est dans un champ comme celui-ci que Vincent Van Gogh s'est donné la mort...

L'espace est, aux yeux des philosophes, une sorte de toile de fond sur laquelle vont se profiler les objets. Qu'ils figurent sur le mur de la caverne platonicienne, dans le « silence éternel des espaces infinis » pascaliens ou derrière le pommier de Husserl, il faut bien les replacer dans un monde auquel ils appartiennent. Ici, dans ce célèbre champ de blé de Van Gogh, nous voyons le réel se matérialiser dans un espace très pittoresque où le philosophe percevra à la fois des données sensorielles et la notion abstraite du lieu imaginaire où tout se situe.

D.H.

TEXTES

1. *La mort comme délivrance, selon Platon*

Phédon — 66-67 — traduction Chambry

Il suit de toutes ces considérations que les vrais philosophes doivent penser et se dire entre eux des choses comme celles-ci : il semble que la mort est un raccourci qui nous mène au but, puisque, tant que nous aurons le corps associé à la raison dans notre recherche et que notre âme sera contaminée par un tel mal, nous n'atteindrons jamais complètement ce que nous désirons et nous disons que l'objet de nos désirs, c'est la vérité. Car le corps nous cause mille difficultés par la nécessité où nous sommes de le nourrir; qu'avec cela des maladies surviennent, nous voilà entravés dans notre chasse au réel. Il nous remplit d'amours, de désirs, de craintes, de chimères de toute sorte, d'innombrables sottises, si bien que, comme on dit, il nous ôte vraiment et réellement toute possibilité de penser. Guerres, dissensions, batailles, c'est le corps seul et ses appétits qui en sont cause; car on ne fait la guerre que pour amasser des richesses et nous sommes forcés d'en amasser à cause du corps, dont le service nous tient en esclavage. La conséquence de tout cela, c'est que nous n'avons pas de loisir de consacrer à la philosophie. Mais le pire de tout, c'est que, même s'il nous laisse quelque loisir et que nous nous mettions à examiner quelque chose, il intervient sans cesse dans nos recherches, y jette le trouble et la confusion et nous paralyse au point qu'il nous rend incapables de discerner la vérité. Il nous est donc effectivement démontré que, si nous voulons jamais avoir une pure connaissance de quelque chose, il nous faut nous séparer de lui et regarder avec l'âme seule les choses en elles-mêmes. Nous n'aurons, semble-t-il, ce que nous désirons et prétendons aimer, la sagesse, qu'après notre mort, ainsi que notre raisonnement le prouve, mais pendant notre vie, non pas. Si en effet il est impossible, pendant que nous sommes avec le corps de rien connaître purement, de deux choses l'une : ou bien cette connaissance nous est absolument interdite, ou nous l'obtiendrons après la mort, car alors l'âme sera seule elle-même, sans le corps, mais auparavant, non pas. Tant que nous serons en vie, le meilleur moyen, semble-t-il, d'approcher de la connaissance, c'est de n'avoir, autant que possible, aucun commerce ni communion avec le corps, sauf en cas d'absolue nécessité, de ne point nous laisser contaminer de sa nature, et de rester purs de ses souillures, jusqu'à ce que Dieu nous en délivre.

(Garnier-Flammarion.)

2. *La mort n'est rien selon Épicure*

Accoutume-toi à l'idée que la mort n'est rien pour nous car tout bien et tout mal résident dans la sensation; et la mort est la disparition complète de toute sensation. Cette connaissance sûre que la mort n'est rien pour nous a pour effet que nous goûtons mieux les joies que nous donne la vie éphémère parce qu'elle n'y ajoute pas un temps infini mais nous enlève même le désir d'immortalité. En effet, il n'y a plus de craintes dans la vie pour celui qui a réellement compris que la mort n'a rien de redoutable. Il faut donc tenir pour un sot celui qui prétend que nous craignons la mort non pas parce qu'elle nous afflige quant elle survient mais parce que nous souffrons dès maintenant à l'idée qu'elle surviendra un jour. En effet si la présence de quelque chose ne nous fait aucune peine, la peur liée à l'attente de cette chose est absurde. Ainsi celui des maux qui passe pour le plus épouvantable n'est en vérité rien pour nous puisque tant que nous existons la mort n'est pas et que quand la mort est là, nous ne sommes plus. La mort n'a par conséquent aucune relation ni avec les vivants ni avec les morts puisqu'elle n'est rien pour les premiers et que les derniers ne sont plus rien pour elle.

(Lettre à Ménécée, Trad. Hamelin, Garnier)

3. *La mort selon Pascal (Pensées)*

Qu'on s'imagine un nombre d'hommes dans les chaînes, et tous condamnés à la mort, dont les uns étant chaque jour égorgés à la vue des autres, ceux qui restent voient leur propre condition dans celle de leurs semblables, et, se regardant les uns et les autres avec douleur et sans espérance, attendant à leur tour. C'est l'image de la condition des hommes.

Un homme dans un cachot, ne sachant si son arrêt est donné, n'ayant plus qu'une heure pour l'apprendre, cette heure suffisant, s'il sait qu'il est donné, pour le faire révoquer, il est contre nature qu'il emploie cette heure-là, non à s'informer si l'arrêt est donné, mais à jouer au piquet. Ainsi, il est surnaturel que l'homme, etc. C'est un appesantissement de la main de Dieu.

4. *La mort, problème philosophique selon V. Jankélévitch*

Les généralisations cosmologiques, d'une part, la réflexion rationnelle, d'autre part, tendent soit à bagatelliser, soit à conceptualiser la mort, à en réduire l'importance métaphysique, à faire de la tragédie absolue un phénomène relatif, de l'anéantissement total une disparition partitive, du mystère un problème, du scandale une loi; qu'elle escamote la cessation métempirique dans une continuation empirique ou dans une éternité idéale, c'est de part et d'autre, la conscience philosophique qui se veut consolatrice : tantôt en naturalisant la surnaturalité de la mort, tantôt en rationalisant son irrationalité. Mais l'évidence de la tragédie proteste à son tour contre la banalisation du phénomène; l'ipséité de la personne disparue demeure irremplaçable, comme la disparition même de cette personne demeure incompensable; et d'autre part la nihilisation dérisoire de l'être pensant ferait encore question, même si la pensée survit à l'être qui pense. En somme, il y a deux, évidences contradictoires qui paradoxalement sont évidentes toutes les deux à la fois et nonobstant se tournent le dos. Le caractère déconcertant et même vertigineux de la mort, si profondément analysé par P. L. Landsberg (1), tient lui-même à cette contradiction : d'une part, un mystère qui a des dimensions métempiriques, c'est-à-dire infinies, ou mieux pas de dimensions du tout et d'autre part un événement familier qui advient dans l'empirie et s'accomplit parfois sous nos yeux. Il y a certes des phénomènes naturels régis par des lois (encore que leur « quoddité » ou origine radicale soit, en définitive, toujours inexplicable), des phénomènes à l'échelle de l'empirie et toujours en relation avec d'autres phénomènes. Et il y a, d'autre part, des vérités métempiriques *a priori*, indépendantes de toute réalisation hic et nunc, des vérités qui n'« arrivent » jamais, mais ont pour conséquence certains phénomènes particuliers. Et entre les deux, il y a ce fait insolite et banal, ce monstre empirico-métempirique qu'on appelle la mort : d'un côté, la mort est un fait divers journalistique que le chroniqueur relate, un incident que le médecin légiste constate, un phénomène universel que le biologiste analyse, capable de survenir à tout moment et n'importe où, la mort est repérable selon les coordonnées de temps et de lieu : ce sont ces déterminations circonstancielles, l'une temporelle et l'autre spatiale, que le juge d'instruction cherche à établir lorsqu'il enquête sur le ubi-quando du « décès ». Mais en même temps, ce fait divers ne ressemble à aucun des autres faits divers de l'empirie; ce fait divers est démesuré et incommensurable aux autres phénomènes naturels. Un mystère qui est un événement effectif, quelque chose de métempirique qui advient familièrement en cours d'empirie, voilà sans doute tous les symptômes du miracle... avec pourtant cette double réserve : la thaumaturgie létale n'est pas une révélation positive, ni même une métamorphose bénéfique, mais elle est disparition et négation; contrairement aux apparitions féeriques, elle n'est pas un gain, mais une perte : la mort est un vide qui se creuse brusquement en pleine continuation d'être; l'existant rendu soudain invisible comme par l'effet d'une prodigieuse occultation, s'abîme en un clin d'œil dans la trappe du non-être. Et d'autre part, ce « miracle » n'est pas une interruption rarissime de l'ordre naturel, une déclinaison exceptionnelle dans le cours des existences; non, ce « miracle » est en même temps la loi universelle de toute vie, ce miracle est le destin œcumé-

(1) P. L. Landsberg, *Essai sur l'expérience de la mort* (Seuil, Paris, 1951).

nique des créatures; à sa manière, qui est miraculeuse, la féerie de la mort est une féerie toute naturelle; la mort est littéralement « extra ordinem », parce qu'en effet elle est d'un tout autre ordre que les intérêts de l'empirie et les menues affaires de l'intervalle : et pourtant rien n'est davantage dans l'ordre des choses ! La mort est par excellence l'ordre extraordinaire.

(*La mort*, pp. 7.-8., Flammarion.)

SUJETS DE RÉFLEXION OU DE DISSERTATION

— Commentez la maxime de Spinoza : « Le philosophe ne pense à aucune chose moins qu'à la mort et sa philosophie est une méditation non de la mort, mais de la vie. »

— La réalité de la mort et l'interrogation humaine devant la mort démentent-elles la formule de Karl Marx : « L'humanité ne se pose que les problèmes qu'elle peut résoudre »?

— Suicide et sacrifice.

— Proudhon, parlant de Jésus-Christ écrit : « Il a sacrifié sa propre éternité afin d'être pendant un instant quelque chose. Que je meure pour l'éternel, mais que je sois homme pendant une révolution de soleil. » La mortalité est-elle d'une certaine façon un privilège?

— Peut-on considérer comme une bonne règle d'hygiène mentale ce principe de Marc-Aurèle : « Il faut vivre, ce qui te reste encore de vie comme si tu étais déjà mort, *comme si la vie ne devait pas dépasser cet instant.* »

— Marc-Aurèle écrit dans ses *Pensées :* « Ne maudis pas la mort, fais lui bon accueil, comme étant voulue par la nature. La dissolution de notre être est un fait aussi naturel que la jeunesse, la vieillesse, la croissance, la poussée des dents. » Faites une analyse critique de ces notions de « nature, naturel », mises en regard de la condition humaine et demandez-vous en quel sens on peut dire ou ne pas dire que la mort d'une personne humaine est naturelle.

— Que pensez-vous de cette réflexion de Jean Rostand : « Je ne pense pas que l'idée de la mort puisse entraîner la défection de l'homme, car les moteurs de l'activité humaine se trouvent ailleurs que dans la raison? »

— Comment faut-il comprendre et doit-on approuver cette affirmation de Saint-Exupéry : « Ce qui donne un sens à la vie donne un sens à la mort? »

— Teilhard de Chardin écrit : « La mort définitive serait un vice de construction dans le plan de l'Évolution... Le monde se trouverait dans l'inadmissible situation d'avoir à s'évanouir de dégoût chaque fois que la conscience née de lui parviendrait à l'âge de raison » et par ailleurs : « L'univers ne saurait par sa construction décevoir la conscience qu'il engendre. » Quels sont selon vous le sens et la valeur de cette nouvelle « preuve » de l'immortalité de la personne?

— Quel sens donner à cette affirmation de Georges Bataille : « La mort m'apparaît comme ce qu'il y a de plus risible du monde. »

AUTRES SUJETS RÉCEMMENT DONNÉS AU BACCCLAURÉAT (1975-1979)

— Pouvons-nous désirer mourir? (Reims)
— La mort est naturelle; est-ce évident? (Besançon)
— L'homme peut-il être heureux en sachant qu'il doit mourir? (Montpellier)
— Y a-t-il de belles morts? (Territoire des Afars et des Issas)
— Le seul problème vraiment sérieux est-il le suicide? (Clermont-Ferrand)
— La mort abolit-elle le sens de mon existence? (Nantes)
— Le rôle de la philosophie est-il de nous faire oublier la mort? (Besançon)

(Photo Rapho)

Le navire à voile louvoie : les vents sont contraires, et pourtant, par une habile manœuvre, cheminant en zigzag, le voilier avance. Le marin n'a pas eu besoin pour cela de modifier, miraculeusement, le cours des vents. Mais il a utilisé intelligemment les lois naturelles. « L'Océan, dit Alain, ne veut ni mal ni bien. La vague suit le vent et la lune, et si je tends une voile au vent, le vent la repousse selon l'angle. L'homme oriente sa voile, appuie sur le gouvernail, avançant contre le vent par la force même du vent. »

A. V.

CHAPITRE VII

La liberté

Dans un petit ouvrage, **Grammaire de la liberté,** un philosophe contemporain nous invite à méditer sur un fait divers : « Un homme a été broyé hier par la rame 131 sur la ligne 3 à la station de métro Saint-Lazare... Cet homme avait vingt-neuf ans. Hier Bernard marchait au bout du quai, de long en large; il a écarté les voyageurs, il s'est penché pour apercevoir les lumières de la motrice et il s'est jeté sur les rails, les pieds joints et les bras le long du corps, comme un plongeur. Les deux jambes sectionnées, le visage brûlé, il est mort sur le coup. Il ne tournera plus le coin de la rue Ordener, là où petit enfant il découvrait les jeux de billes et de chat perché; il ne montera plus l'escalier étroit qui sent la friture et les latrines; il ne lira plus, accoudé au fourneau à gaz sous la lucarne de la cuisine les offres d'emploi du *Parisien libéré.* Il avait appris le métier de son père : tailleur d'habits pour la confection; depuis cinq mois il est en chômage : petites annonces, escaliers, rebuffades... et puis ses vêtements à lui sont devenus de telles loques qu'il n'ose plus sortir. Êtes-vous resté des jours entiers sur votre lit avec le sentiment de n'avoir plus figure d'homme dans un monde qui refuse vos bras? Bernard écoutait les casseroles de sa mère de l'autre côté de la cloison : il est à la charge de la mère; il est sorti encore une fois; à l'usine on l'a refusé comme manœuvre parce qu'il est trop faible; au bureau un chef de service a regardé, goguenard, ses souliers troués : pas d'emploi. A sept heures du matin, le lendemain, il s'est faufilé dans le métro Saint-Lazare à l'heure de la rentrée du travail. Tous sont tenus par l'horloge, affairés à leur tâche. Lui est libre. Il est libre, il peut aller au musée ou parmi les fleurs des parcs, il est libre de penser à la physique d'Einstein ou à l'immaculée Conception. Pour le moment, il se sent surtout libre de choisir entre le robinet à gaz et la rame de métro.

Il est sept heures du matin. Une journée d'homme libre commence : Un homme a été broyé par la rame 131. Bernard, un homme libre parmi des hommes libres, a été broyé par cette liberté.

Ceci révèle, dans un éclat tragique, toute l'ambiguïté de ce mot : *liberté.* Le chômeur est libre, puisqu'il n'est pas contraint par les horaires de l'usine ou du bureau, par le poids de la tâche quotidienne. Il est esclave puisqu'il est soumis aux contraintes de la misère. Il est libre de chercher du travail que les employeurs sont libres de lui refuser. Et en conséquence, il n'est même plus libre de vivre.

Les libertés comme affranchissement des contraintes

Si, avant d'engager un débat sur ce problème de la liberté, nous voulons proposer de la liberté une définition suffisamment large pour qu'elle s'applique à toutes les formes de liberté, nous ne pouvons adopter qu'une définition négative : **la liberté est absence de contrainte.** On parlera dès lors des libertés, le mot liberté se mettra au pluriel, car il y a autant de libertés que de contraintes dont on s'affranchit. Ainsi en physique on parle d'un corps qui tombe en chute libre (c'est-à-dire indépendante de toutes les forces autres que la pesanteur), en politique on invoque la liberté de réunion, d'association, d'opinion qui suppose une marge d'indépendance à l'égard de l'autorité gouvernementale. Le libre-échange, dans le domaine économique, c'est le commerce affranchi des contraintes douanières, des tarifs imposés, etc.

La liberté métaphysique

A partir de là, les métaphysiques ont forgé le concept d'une liberté absolue. Comme dit très bien M. Lalande : « L'idée de liberté absolue qu'on pourrait appeler méta-physique, notamment en ce qu'elle s'oppose à la nature, consiste dans une sorte de **passage à la limite :** on se représente l'action comme affranchie successivement de tels et tels ordres de causes jusqu'à ce qu'elle devienne étrangère à la fois à tous les ordres de cause quels qu'ils soient. »

Comprenons bien que la liberté ainsi entendue est le pouvoir d'agir indépendamment **non seulement des contraintes extérieures, mais de toute détermination intérieure.** J'aurais le mystérieux pouvoir de poser des actes qui ne seraient déterminés d'avance ni par mes idées, ni par mes instincts, ni par mes habitudes. Tels est le **libre-arbitre** des métaphysiciens, qui est selon Renouvier le pouvoir que l'homme se reconnaît (à tort ou à raison) d'agir « comme si les mouvements de sa conscience et par suite les actes qui en dépendent pouvaient varier par l'effet de quelque chose qui est en lui et que rien, pas même ce que lui-même est avant le dernier moment qui précède l'action, ne prédétermine ».

Pouvons-nous accepter cette définition de la liberté?

I — LE LIBRE-ARBITRE EST-IL UNE RÉALITÉ OU UN MYTHE ?

On ne peut démontrer la liberté

Il est évidemment impossible de démontrer l'existence d'une liberté ainsi définie. En effet démontrer une proposition c'est en révéler la **nécessité,** c'est faire voir qu'elle ne peut pas ne pas être posée. Au contraire, la liberté, si elle est le pouvoir de faire ou de ne pas faire, de poser des actes imprévisibles, suppose la **contingence,** c'est-à-dire l'absence de nécessité. Alain notait à ce sujet qu'« une preuve de la liberté tuerait la liberté ».

Peut-on la « montrer »?

Mais si on ne peut pas démontrer la liberté, peut-être peut-on en faire l'**expérience.** D'un mot, on ne prouverait pas, mais on éprouverait le libre-arbitre. Toutes les philosophies du libre-arbitre partent de simples descriptions de l'expérience psychologique ou morale. Descartes assurait que « la liberté de notre volonté se connaît sans preuves, par la seule expérience que nous en avons ». Leibniz invoquait le « sentiment vif interne » du libre-arbitre. Bergson découvrait la liberté dans les « données immédiates de la conscience », tandis que Maine de Biran l'avait rencontrée dans ce « fait primitif » que constitue l'expérience de l'effort musculaire.

Devons-nous adopter les conclusions de ces philosophes? Essayons de les suivre dans leurs analyses.

1° DESCARTES ET LA LIBERTÉ DE L'ATTENTION

Pour Descartes nous faisons dans notre conscience l'expérience d'un libre-arbitre infini, comme celui de Dieu. Nous pouvons nous refuser même à l'évidence, rien que pour manifester la puissance de notre libre-arbitre. Sans doute une proposition évidente comme « je pense donc je suis » paraît exiger mon assentiment. Mais j'ai toujours la liberté de m'abstenir de la considérer, d'en détourner mon attention. Je crois ce que je vois clairement et distinctement par la lumière de l'entendement ; mais je ne vois que ce que je regarde, et je regarde ce que je veux. Même l'évidence du vrai est donc soumise au bon vouloir de ma libre attention.

Mais cette interprétation est très discutable. En fait l'exercice de notre attention ne paraît pas indéterminé ; je fais attention à ce qui m'intéresse, et si je suis capable de détourner mon attention d'un objet immédiatement intéressant, c'est pour la porter sur un objet différent qui directement ou indirectement m'intéresse aussi. Il est tout à fait arbitraire d'isoler la puissance d'attention du contexte de toute ma vie mentale qui en définitive la détermine.

2° LE SENTIMENT DE L'EFFORT SELON MAINE DE BIRAN

D'après Maine de Biran, c'est l'expérience de l'effort — de l'effort musculaire le plus banal — qui me révèle le mieux ma liberté. Par exemple, je soulève cette chaise à bras tendu. Bien vite, j'ai mal au bras. Et pourtant, **si je veux,** je puis continuer mon effort. Je ne suis pas seulement ce corps crispé et douloureux, je suis aussi cette volonté supérieure au corps, « hyperorganique », qui poursuit son effort malgré la douleur. Ainsi j'éprouve — au sens plein du mot — ma liberté contre la résistance et la douleur de mon corps propre.

L'analyse biranienne est exacte mais incomplète. Certes, dans l'expérience de l'effort, j'ai le sentiment de résister à une souffrance, de triompher de l'inertie de mes muscles, mais j'ai toujours un motif de faire l'effort, ne serait-ce que le désir de réaliser une performance athlétique, de battre un record... ou d'illustrer la théorie de Maine de Biran !

3° L'ACTE GRATUIT

a) *De Bossuet à Gide*

Bossuet indiquait que « pour sentir évidemment notre liberté il faut en faire l'épreuve dans les choses où il n'y a aucune raison qui nous penche d'un côté plutôt que d'un autre. « Un penseur du Moyen Age, Buridan, nous demandait de méditer sur le cas, tragique à ses yeux, d'un âne qui aurait aussi faim que soif et qui serait placé à distance égale d'un seau d'eau et d'un picotin d'avoine. L'âne se laisserait mourir de faim et de soif. Il faudrait qu'il soit, comme l'homme, doué de libre-arbitre, pour pouvoir prendre une décision en dehors de tout motif prévalent. Car nous aurions, nous, ce pouvoir d'accomplir n'importe quel acte, par exemple un acte tout à fait absurde, étranger à tout motif, si seulement nous avons **décidé** de l'accomplir. Dans le Prométhée de Gide, le garçon de café déclare :

« J'ai longtemps pensé que c'est là ce qui distingue l'homme des animaux : une action gratuite... Et comprenez qu'il ne faut pas entendre là une action qui ne rapporte rien, car sans cela... Non, mais gratuit, un acte qui n'est motivé par rien. Comprenez-vous? intérêt, passion, rien. L'acte désintéressé; né de soi; l'acte aussi sans but; donc sans maître; l'acte libre; l'acte autochtone. »

Dans **Les Caves du Vatican,** Gide fait commettre à un de ses personnages un acte gratuit très caractéristique. Lafcadio se rend à Rome par le train et se trouve seul, la nuit, dans son compartiment avec un petit vieux de chétive apparence, Amédée Fleurissoire. « Qui le verrait, pensait Lafcadio? Là, tout près de ma main, sous ma main, cette double fermeture que je peux faire jouer aisément; cette porte, qui cédant tout à coup le laisserait crouler en avant; une petite poussée suffirait... on n'entendrait même pas un cri... Un crime immotivé, quel embarras pour la police! Ce n'est pas tant des événements que j'ai curiosité, que de moi-même. » Et Lafcadio laisse la décision au hasard. « Si je puis compter jusqu'à douze, sans me presser, avant de voir dans la campagne quelque feu », l'homme est sauvé; « je commence une; deux; trois; quatre; (lentement, lentement) cinq; six; sept; huit; neuf... Dix, un feu ! » et le crime s'accomplit.

b) *Critique de l'acte gratuit*

Un acte gratuit est-il possible? On peut répondre que l'acte gratuit est déterminé justement par le désir de commettre un acte gratuit, de s'évader des comportements ordinaires. Mais ce désir lui-même surgit-il dans la conscience comme un premier commencement? Sur ce point l'auteur d'un acte prétendu gratuit est lui-même mauvais juge. Le fait que l'acte lui semble gratuit ne prouve pas qu'il le soit vraiment car il peut être déterminé par des motifs inconscients. Spinoza remarquait déjà : « L'illusion du libre-arbitre vient de la conscience de notre action jointe à l'ignorance des causes qui nous font agir. » Et Spinoza donne un exemple excellent : « L'homme en état d'ivresse s'imagine qu'il bavarde par un libre décret alors qu'au contraire il serait bien incapable de résister à l'impulsion et que, quand il aura cuvé son ivresse, il regrettera ses paroles inconsidérées (1). » La psychanalyse l'a bien montré : les actes un peu bizarres dont nous ignorons les motifs sont les moins libres de tous, car ici nous sommes agis par des mobiles (2) inconscients dont nous sommes d'autant plus les esclaves que nous les ignorons. En particulier, les crimes et délits sont toujours profondément déterminés (souvent par des complexes inconscients, des frustrations secrètes). Nous lisons dans un rapport des docteurs S. Lebovici, P. Mâle et F. Pasche (3) : « Un garçon vole une montre en or chez une voisine, la garde sans essayer d'en tirer profit... C'est très peu de temps après l'abandon du foyer par la mère **et cet objet**

(1) Spinoza, *Ethique III*, prop. 2, scholie.
(2) « Mobile » désigne plutôt une impulsion passionnelle, irréfléchie, « motif » une détermination consciente et plus rationnelle.
(3) Actes du IIe Congrès international de criminologie, tome III, p. 170.

brillant, si symbolique de la valeur de l'amour maternel, il l'a pris, dit-il, sans savoir pourquoi... Ce caractère gratuit du geste, très fréquent chez l'adolescent, marque un certain nombre de délits où paraissent s'exprimer angoisses et frustration. » La gratuité consciente de l'acte dissimule ici la détermination inconsciente par l'obscur désir de compenser une frustration d'amour. De même le crime « gratuit » représente la décharge soudaine d'une agressivité inconsciente. L'apparence de gratuité révèle une « pulsion » mal intégrée au moi conscient (parce que précédemment refoulée). D'une façon générale le « sentiment intérieur », l'« expérience vécue » de la liberté n'ont aucune valeur objective.

Le maniaque euphorique, le paralytique général (syphilis nerveuse) au début de sa maladie, le toxicomane éprouvent l'impression d'une liberté toute-puissante. De même, comme le note le Docteur Logre, « le suggestible, qui est le plus souvent un débile, a l'impression d'agir avec d'autant plus de liberté qu'il accorde plus de confiance aveugle à ceux dont il subit la pression morale ».

4° LA CONSCIENCE MORALE

Mais si nos choix sont déterminés, remarquera le partisan du libre-arbitre, la vie morale ne va-t-elle pas perdre tout sens? Selon Kant le « postulat » de la liberté doit être posé comme une condition de possibilité de l'obligation morale. Il ne faut pas confondre obligation morale et nécessité. La nécessité (ce qui ne peut pas ne pas être) exclut la liberté et l'obligation. Si vous jetez votre ennemi mortel par la fenêtre vous n'avez pas besoin de lui dire : « Tombe »; car il ne peut pas faire autrement, sa chute est nécessitée par les lois de la dynamique. En revanche, une obligation morale telle que : ne mens pas ! implique la liberté. Pour que cette obligation : ne mens pas ! ait un sens, ne faut-il pas que je sois libre de lui obéir ou de lui désobéir? L'impératif moral n'a de sens que si nous avons le choix entre le bien et le mal. « Tu dois, dit Kant, donc tu peux. »

Cette dernière formule n'est pas sans reproche. Si le libre-arbitre est la condition de l'obligation, il faudrait établir la **réalité** de cette condition et pas seulement **la postuler.** D'autre part, le choix entre le bien et le mal n'est nullement un choix indifférent, contingent et gratuit. L'attrait des valeurs entre dans la motivation du comportement moral. De même la faute n'est pas l'expression d'un choix gratuit. L'attrait violent d'un plaisir, d'un intérêt matériel la détermine.

Ainsi aucun des arguments invoqués en faveur d'un pur libre-arbitre, d'un choix contingent ne nous a paru décisif. Admettre ce libre-arbitre, c'est introduire la contingence, l'irrationnel dans le comportement humain. Mais si nous pensons, à l'opposé, que le comportement humain est explicable, motivé, nous le soumettons à la nécessité. Dans ces conditions, la liberté peut-elle avoir encore un sens?

II — LA LIBERTÉ EST-ELLE L'ACCEPTATION DE LA NÉCESSITÉ ?

Liberté et nécessité

Pour les philosophies de la nécessité, comme la philosophie stoïcienne, ou le spinozisme, l'homme n'est qu'un élément du cosmos, une petite partie de la Nature déterminée par l'ensemble, un simple rouage dans la machine du monde. La science moderne n'enrichit-elle pas de preuves précises cette philosophie du déterminisme universel? Une lecture biologique, psychologique, sociologique du comportement humain paraît en expulser toute contingence. La **biologie** ne rend-elle pas compte de tous nos gestes par le jeu des échanges chimiques, l'action des hormones? La **psychanalyse** n'éclaire-t-elle pas nos comportements les plus mystérieux à partir des « complexes » que les circonstances de notre enfance ont, à notre insu, noués dans notre psychisme? La **sociologie** retrouvera à la source de nos actes les déterminations de notre éducation, de notre classe sociale, etc.

Cependant, des philosophies comme le stoïcisme, le spinozisme, nous offrent un moyen de convertir en liberté cette nécessité inéluctable. Pour être libre il suffit de **consentir** à la nécessité, de dire oui à la succession inévitable des causes et des effets. Les stoïciens faisaient consister la liberté dans l'obéissance à la divine nécessité. « Parere Deo est libertas. » Adopter de bon cœur le déterminisme inéluctable c'est être libre. Ce que Rousseau nous demandait à l'égard de la loi civile, faisons-le devant les lois du cosmos : « L'obéissance à la loi qu'on s'est prescrite est liberté. »

La nécessité selon Spinoza

Analysons, chez Spinoza, le mécanisme de cette conversion de la nécessité en liberté. Être libre ce serait pour Spinoza être la cause adéquate de ses actes. Or, nous ne sommes pas spontanément la cause entière de nos actes. Nous sommes des êtres finis et faibles dans la nature, et nous sommes d'abord esclaves, c'est-à-dire que nos actes expriment notre peur de tout ce qui nous menace, bien avant de refléter nos volontés. La joie qui exprime l'accroissement de notre pouvoir est plus rare dans la vie que la tristesse qui reflète la diminution de notre puissance, écrasée par les forces aveugles de l'univers. Souvent, les actes des hommes apparaissent étranges parce qu'ils dépendent à la fois de leurs désirs et des causes extérieures. Ainsi, bien que notre désir le plus profond soit de persévérer dans l'existence, il y a des hommes qui se suicident. Ou bien l'avare, obsédé par l'appétit de l'or, se prive des biens les plus nécessaires à la vie quoique le seul avantage que puisse assurer la possession de l'or soit la satisfaction de nos besoins. A tout moment, la souffrance, la mort même nous menacent. « Nous sommes agités de bien des façons par les causes extérieures et pareils aux flots de la mer, agités par les vents contraires, nous flottons inconscients de notre sort et de notre destin (1). »

(1) *Ethique III*, propos 59, scolie.

La liberté spinoziste c'est la compréhension de la nécessité

Comment convertir en liberté cette servitude originelle de la condition humaine? Pour être libre, il faudrait que l'homme n'accomplisse que des actions déterminées par sa nature même et non plus par les causes extérieures : « J'appelle libre une chose qui est et agit par la seule nécessité de sa nature, contrainte celle qui est déterminée par une autre à exister et à agir (1). » Mais, encore une fois, comment l'homme, si fragile dans l'immense univers, parviendra-t-il à se libérer?

Ici Spinoza propose une solution qui est celle de la « sagesse » antique. Pour être libre dans l'Univers, il suffit d'accepter l'Univers; on ne peut pas avoir tout ce qu'on veut; on se libèrera, dès lors, en voulant ce que l'on a. Mais comment accepter tout ce qui nous arrive? Spinoza répond : par l'intelligence; pour être libéré il me suffit de comprendre que tout ce qui m'arrive était nécessaire, de coïncider par mon intelligence avec cette nécessité inéluctable. Si le malheur me frappe, quand j'aurai compris que l'enchaînement des causes et des effets dans l'univers (la concatenatio omnium rerum) rendait ce malheur inévitable, je serai apaisé; je cesserai de pâtir, d'envisager mes souffrances sous l'angle borné de mon individualité, pour les considérer du point de vue de la totalité, du point de vue de la liaison de toutes choses (c'est-à-dire dans le langage de Spinoza, qui confond Dieu et la nature, du point de vue de Dieu). Et je pourrai atteindre non seulement le calme mais la parfaite béatitude en comprenant que « tout découle de l'éternelle détermination de Dieu avec la même nécessité qu'il découle de l'essence du triangle que la somme de ses trois angles est égale à deux droits » (2).

Critique de la solution spinoziste

La liberté se réduit en somme pour Spinoza à la conscience de la nécessité. Mais il nous semble difficile de réduire la liberté à la résignation.

Pour Spinoza, se libérer n'est-ce pas se transformer en esclave volontaire? Les esclaves de l'univers — que nous sommes tous — seraient-ils d'autant plus libres que leur soumission serait plus intérieure et plus totale? Cette théorie porte la marque d'un siècle où le développement des techniques était encore rudimentaire, où l'homme n'avait pas encore un grand pouvoir sur la nature.

Au XXe siècle, une telle attitude de résignation n'est plus suffisante. Elle serait même un peu anormale. Poussée à la limite, elle découragerait toute action concrète. A quoi bon tenter une entreprise si le résultat, quel qu'il soit, doit être accepté — comme inévitable? Certains caractères faibles préfèreront même se résigner d'avance. C'est la « résignation présomptive » décrite par des psychiatres allemands, celle du candidat qui, craignant l'échec, ne se présente pas à l'examen, celle du commerçant qui se suicide avant la faillite. Ainsi Gribouille devance la pluie qui pourrait le mouiller, en se jetant dans la rivière. Courir au-devant de la fatalité n'est pas se libérer. Pour se libérer vraiment, il faut dépasser ce « complexe de Gribouille ».

---

(1) Lettre 58 à Schuller.
(2) *Ethique, I.*

III — LA LIBERTÉ D'APRÈS LE RATIONALISME MODERNE

Etre libre c'est être soi-même

Si nous abandonnons ici la conception métaphysique traditionnelle du libre-arbitre, c'est pour retrouver l'image — beaucoup plus exacte — que le sens commun se fait de la liberté : je suis libre non pas quand j'agis n'importe comment, quand j'agis « sans motif » (ce qui est impensable) mais tout simplement quand je fais ce que je désire, quand je puis satisfaire mes tendances profondes.

Penser librement ce n'est pas penser sans règle ni motif mais penser d'après ses propres lumières, sa propre raison (sans subir de contraintes extérieures). Comme le dit Descartes : « Si je connaissais toujours clairement ce qui est vrai et ce qui est bon je ne serais jamais en peine de délibérer quel jugement et quel choix je devrais faire; et ainsi je serais entièrement libre sans jamais être indifférent. » Aussi la formule d'Auguste Comte : « Il n'y a pas de liberté de conscience en géométrie » est très équivoque, car si l'adhésion de mon esprit à un théorème est nécessitée par la logique interne du raisonnement, elle n'est contrainte par aucune puissance extérieure. L'adhésion de l'esprit est libre en ce sens qu'elle ne relève que des lois de l'esprit.

De même l'acte libre, c'est l'acte le plus réfléchi, le plus profondément motivé, celui dont nous avons pesé tous les motifs, en somme tout le contraire de l'acte indifférent. Sans doute ne suis-je pas libre si j'obéis à un caprice momentané, à une impulsion passionnelle. Car je regretterai mon acte. L'ivrogne qui se précipite au café, le joueur qui court vers la salle de baccara ne sont pas libres; demain, en effet, le buveur sera malade, le joueur couvert de dettes. Ce n'est pas cela qu'ils voulaient ! Une impulsion violente, peut-être momentanément irrésistible, s'est emparée d'eux mais elle n'exprimait pas leur personnalité totale.

L'acte libre comme solution intelligente d'un problème

Cependant, je ne peux pas définir l'acte libre uniquement en fonction de moi-même; car j'agis dans une certaine situation donnée. La question des métaphysiciens : « L'homme est-il libre ou n'est-il pas libre? » n'a donc aucun sens car elle est posée sur le plan abstrait. C'est comme si on demandait : « l'homme est-il heureux ou malheureux? » En fait la liberté n'est pas un état qui caractériserait la nature humaine en tant que telle, mais c'est le résultat d'une libération, d'une conquête, et comme dit très bien Brunschvicg « non quelque chose qui est donné mais une œuvre qui est à faire ». Aussi l'acte libre se présente sous des formes variées. Il n'est pas nécessairement ni même fréquemment un choix entre deux termes d'un dilemme. Il apparaît plus souvent comme une solution originale aux problèmes posés par la situation où je me trouve. L'acte libre tend à se confondre ici avec l'acte intelligent. Voyez Andromaque dans la tragédie de Racine. Elle est prise dans un cruel dilemme. Ou bien pour sauver la vie de son jeune fils Astyanax, elle épouse Pyrrhus et trahit, croit-elle, sa fidélité à la mémoire d'Hector, ou bien elle n'épouse pas Pyrrhus, reste fidèle au souvenir d'Hector, mais Pyrrhus sacrifie Astyanax. Que va-t-elle décider? Sans doute n'est-il pas question de mesurer la force « amour conjugal » et la force « amour maternel » et de calculer une résultante! Mais la décision d'Andromaque n'est pas davantage une pure création, étrangère à tout motif. En fait, Andromaque décide d'épouser Pyrrhus (lié par sa promesse, celui-ci assurera dès lors l'éducation d'Astyanax) mais de se donner la mort tout de suite après la cérémonie nuptiale. Cette solution, tragique, mais réfléchie, ce stratagème habile, est un acte libre — parce que c'est une initiative méditée d'avance, intelligente — mais ce n'est pas un acte indéterminé, étranger à tout motif. Ce n'est même pas un acte absolument imprévisible car la solution d'Andromaque est une des solutions possibles (1).

Liberté et libération

L'acte libre n'est pas seulement l'acte qui résout un problème posé par nos rapports avec les autres hommes. Plus fondamentalement encore, le problème de la liberté est posé par les relations de l'homme et du monde. Au début de son histoire l'homme est esclave de l'univers, « aliéné » dans un monde hostile. Il lui faut se nourrir, se chauffer, se protéger des animaux. L'homme, grâce à son intelligence, va progressivement maîtriser toutes les forces de l'univers, il va se libérer en se soumettant le monde. D'esclave dans l'univers il va devenir maître. Et il va se libérer, il va satisfaire ses besoins, et assurer sa sécurité **en apprenant à connaître et à utiliser le déterminisme de l'univers, les lois de la nature. La connaissance et l'utilisation de la nécessité seront l'instrument de la libération** de l'homme.

Liberté, fatalisme, déterminisme

Il faut en effet distinguer avec le plus grand soin **le fatalisme qui asservit et le déterminisme qui libère.** Le fatalisme dit : cet événement que vous craignez est inévitable. Quoiqu'il arrive auparavant, quoique vous fassiez pour l'éviter, il se produira tout de même. Dans la légende grecque Œdipe est destiné à épouser sa mère et à tuer son père. Quels que soient les événements qui précèdent, ce résultat est « nécessaire », il ne peut pas ne pas être.

Au contraire, le déterminisme affirme seulement que les événements sont liés entre eux par des **lois** nécessaires. Ainsi l'échauffement d'une barre de métal produira nécessairement la dilatation de cette barre de métal. Mais si vous ne voulez pas que la barre de métal se dilate, il y a un moyen, vous n'avez qu'à vous abstenir de la chauffer.

Ainsi, pour se libérer, l'homme n'a pas besoin d'un miracle. Il n'a pas besoin que les lois de la nature cessent de s'exercer, comme il arrive dans les contes de fées. Il lui suffit d'utiliser habilement les lois de la nature. Il lui suffit — par des techniques efficaces — de transformer en **moyens** les **obstacles.** Alain nous invite à méditer sur l'exemple admirable du navire à voile qui louvoie. Les vents sont contraires, et pourtant, par une

---

(1) Dans le « Pertharite » de Corneille, on trouve une situation analogue à celle d'Andromaque, avec une solution différente. Rodelinde ne peut conserver la couronne et la vie à son fils qu'à condition d'épouser Grimoald. Elle résout le problème tout autrement qu'Andromaque puisqu'elle accepte d'épouser Grimoald et lui demande de sacrifier son fils! Mais si cette attitude est tout à fait folle il faut bien se garder d'y voir l'expression d'un libre-arbitre gratuit. En fait, c'est par *orgueil* que Rodelinde veut éviter le marché, échapper aux conditions du vainqueur en acceptant à la fois de perdre son fils et de sacrifier sa fidélité au souvenir de l'époux.

habile manœuvre, cheminant en zigzag, le voilier avance. Le marin n'a pas eu besoin pour cela de modifier — miraculeusement — le cours des vents. Mais il a utilisé intelligemment les lois naturelles. « L'océan, dit Alain, ne veut ni mal ni bien. La vague suit le vent et la lune et si je tends une voile au vent, le vent la repousse selon l'angle. L'homme oriente sa voile, appuie sur le gouvernail, avançant **contre le vent par la force même du vent. »** Hegel disait déjà que l'homme se libère par la « ruse de la raison ». La raison n'agit pas immédiatement mais par le détour, par la « médiation » des lois naturelles. Il suffit de faire jouer astucieusement les lois naturelles, de « laisser les objets agir les uns sur les autres et s'user dans leur frottement réciproque pour qu'en même temps la raison accomplisse ses fins ».

Ainsi lorsque Spinoza disait que la liberté consistait dans la conscience de la nécessité, il indiquait au moins la condition première d'une libération effective. Comme l'écrit Engels dans l'Anti-Duhring : « la nécessité n'est aveugle qu'autant qu'elle n'est pas comprise. Ce n'est pas dans le rêve d'une action indépendante des lois de la nature que consiste la liberté, mais dans la connaissance de ces lois et dans la possibilité ainsi donnée de les faire agir systématiquement en vue de fins déterminées. La liberté consiste en la souveraineté sur nous-mêmes et sur le monde extérieur fondée sur la connaissance des lois nécessaires de la nature ».

Liberté et technique

Nous identifions donc la liberté avec la technique (maîtrise du monde par l'utilisation de lois du monde), la technique dont Descartes disait déjà en la sixième partie du **Discours de la Méthode** qu'elle nous rendrait « maîtres et possesseurs de la nature ».

Mais nos contemporains ne partagent pas toujours cet optimisme rationaliste. Ils reconnaissent que la technique libère l'homme de la nature. Mais ils ajoutent que l'homme est devenu esclave de ses techniques. Ils accusent le machinisme de tous nos maux, invoquant le développement monstrueux des armes de guerre, le spectre hideux de la bombe H...

En fait, des arguments de cet ordre ne sont pas décisifs. Car il ne faut pas dire que nous avons trop de techniques dans le domaine de la matière. Il faut dire plutôt que nous n'avons pas assez de techniques dans le domaine des relations humaines. Nous connaissons beaucoup moins bien les mécanismes des sociétés humaines, et le déterminisme du comportement humain que le déterminisme des phénomènes physiques et chimiques. C'est cela qui limite si dangereusement, aujourd'hui, notre liberté. Il ne faut pas dire que nous avons trop de techniques dans le domaine industriel. Mais il faut dire que nous n'avons pas assez de techniques dans le domaine de l'économie et de la politique, de la distribution des ressources, des relations internationales. Si l'organisation de l'économie et des relations humaines était aussi rationnelle que l'exploitation de la matière, nous serions beaucoup plus libre. Le chemin de notre libération passe par le progrès des sciences de l'homme. Et nous rencontrons ici une idée essentielle quoique souvent méconnue. La liberté n'est pas l'anarchie, mais au contraire suppose une organisation rationnelle. Si le monde physique ignorait le déterminisme, s'il était le théâtre de perpétuels miracles, l'action humaine ne trouverait en lui aucun point d'appui. Nous serions les esclaves de ses caprices et aucune liberté ne serait possible. De même l'absence de lois dans une société, assurant abstraitement la liberté de tous (chacun fera ce qu'il voudra), aboutirait en fait à l'écrasement du plus faible par le plus fort. Le régime appelé « libéralisme économique » ne garantit qu'une liberté économique **abstraite.** L'offre et la demande y sont libres, l'État n'intervient pas dans la fixation des prix et des salaires, ce qui se traduit **concrètement** par la domination de ceux qui possèdent les instruments de production sur ceux qui ne possèdent que leur force de travail. Le principe de ce libéralisme c'est : « le renard libre dans le poulailler libre ». Le Père Lacordaire l'a proclamé en une formule décisive : « Entre le faible et le fort c'est la liberté qui opprime et c'est la loi qui libère. »

Au mythe stérile du libre-arbitre nous croyons donc devoir opposer la réalité concrète d'une libération progressive de l'homme à partir de la connaissance rationnelle sans cesse plus précise et plus complète de la nature et de la société. Cette connaissance des déterminismes est la seule préface positive à l'épanouissement de la personne, à la réalisation de l'homme total, par l'instauration de techniques rationnelles.

APPENDICE

RESPONSABILITÉ, CULPABILITÉ, LIBERTÉ

La notion de responsabilité morale liée au discernement du bien et du mal et à l'existence d'une liberté de choix pose un problème métaphysique. Car il s'agit de savoir si l'homme est réellement libre, et plus précisément en quoi consiste cette liberté. Suivant la conception métaphysique adoptée l'idée qu'on se fait de la responsabilité peut être très différente.

1° LA THÉORIE TRADITIONALISTE

Dans la perspective traditionnelle on considère que l'homme a agi librement lorsqu'**il a commis un acte qu'il pouvait ne pas commettre.** Je serai considéré comme coupable lorsque, connaissant les valeurs morales, et ayant la force et la possibilité d'agir suivant leurs exigences, je me détournerai d'elles librement pour accomplir le mal. **Les motifs qui m'ont poussé à mal agir n'auraient donc pas déterminé ma faute suivant une causalité irrésistible.** C'est moi qui ai choisi de leur obéir; à l'origine de ma responsabilité, il y aurait donc un pur libre-arbitre, une décision mystérieuse, irrationnelle, puisqu'elle transcende tous les motifs.

Platon expose cette thèse dans le Xe livre de « la République » sous la forme d'un mythe. Le soldat Er, mort sur le champ de bataille, ressuscite miraculeusement et raconte à ses camarades ce qu'il a pu voir aux enfers. Les morts y sont invités à choisir librement un nouveau destin pour leur prochaine réincarnation. Après avoir choisi ils boivent au fleuve d'oubli et reviennent sur terre. Ils ont oublié qu'ils ont eux-mêmes choisi leur destin et accusent le sort. Mais « Dieu est innocent » et ils sont responsables. De même pour Kant le méchant aurait choisi par un acte de libre arbitre « intemporel » (c'est-à-dire qui transcende la succession nécessaire des causes et des effets) son caractère de méchant. Il est coupable, responsable.

2° DISCUSSION DE CETTE THÉORIE

La théorie du libre arbitre est en réalité des plus obscures. Tout d'abord elle ne fonde pas réellement ma responsabilité. Comme le dit Lachelier, « un acte de pure liberté serait un acte indépendant de toute manière innée ou acquise de penser et de sentir; il serait donc étranger à tout ce qui constitue notre caractère personnel et nous n'aurions aucune raison de nous l'attribuer et de nous en croire responsable » (1). La responsabilité qui découlerait de ce libre arbitre serait celle d'une entité insaisissable et non pas celle d'une personne réelle.

D'autre part la théorie du libre arbitre suppose que, ayant accompli tel acte, nous aurions pu ne pas l'accomplir et agir d'une autre manière. Ceci ne peut être démontré car nous n'avons pas l'expérience du possible.

Enfin toute action nous apparaît à la réflexion déterminée par des motifs. Dans le mythe d'Er, Platon lui-même reconnaît que les âmes choisissent leur destin en fonction de leur caractère, des expériences de leur vie antérieure. Il remarque, non sans finesse, que les plus honnêtes gens, mal protégés par leur ingénuité même contre les tentations, choisissent naïvement le destin, au fond peu enviable, d'hommes puissants, de tyrans. L'âme d'Ulysse, toujours prudente et éclairée par ses aventures passées, choisit le destin obscur d'un homme simple et tranquille.

a) *Nul n'est méchant volontairement*

3° THÉORIE RATIONALISTE DE LA RESPONSABILITÉ

Faut-il conclure de ces remarques que la liberté est une illusion? Nullement; mais il s'agit de s'entendre sur le sens du mot liberté. La liberté n'est pas un libre arbitre gratuit, un mystérieux pouvoir de choix au-delà de tous les motifs. **Être libre, c'est être libéré. L'homme libre est celui qui a cessé d'être l'esclave des préjugés et des passions, et dont la conduite est pleinement éclairée à la lumière de la Vérité et des Valeurs.** Cet homme, pleinement libre, est pleinement responsable. Parfaitement lucide il a réfléchi avant d'agir; aucune passion, aucun trouble n'ont aveuglé sa décision : il ne regrettera pas son acte ; il se

(1) Lachelier, *Psychologie et métaphysique*, p. 119.

reconnaît en lui comme en un miroir. Mais il n'est pas question de prétendre que cet homme aurait pu agir autrement. Il n'aurait agi autrement que s'il avait été, précisément, l'esclave d'une passion, d'une impulsion aveugle, ou la victime d'une ignorance. **Il n'eût pas été libre s'il avait mal agi.** Si je suis vraiment libre, si la clarté de mon regard et si mes possibilités d'action ne sont diminuées par aucune passion fâcheuse, il est alors évident que je ferai le bien; si je fais le mal c'est justement que je ne suis ni sage, ni réfléchi, que je ne suis pas libre. Tel est le sens de la célèbre formule de Socrate : **« Nul n'est méchant volontairement ».**

b) *Le mal est un « certain bien »*

En fait tous les actes bons ou mauvais sont motivés et tout motif se présente à la conscience du sujet agissant comme une **valeur**. Ce vagabond a tué sauvagement un passant pour lui dérober de l'argent. D'après la théorie traditionnelle cet homme est peut-être « coupable », autrement dit connaissait la valeur morale éminente qui s'attache au respect de la vie humaine et s'est librement détourné de cette valeur. Mais cette analyse « métaphysique » ne correspond pas à l'expérience psychologique réelle. Si l'homme a tué c'est qu'au moment de son crime l'attrait de l'argent avait pour lui plus de valeur que le respect de la vie. Cette dernière valeur était peut-être connue abstraitement mais elle n'était pas réellement éprouvée, profondément vécue par le sujet. Sans quoi il se serait abstenu de son crime! Voici un époux qui trompe sa femme. Il cède à l'attrait de l'aventure, à l'espoir du plaisir. Cela a plus de valeur pour lui, à ce moment, que le devoir de fidélité. Cette dernière valeur, le bonheur de sa famille, l'avenir de ses enfants, tout cela s'estompe quelque peu pour lui. Pour comprendre ceci il importe de remarquer qu'il n'y a pas dans l'expérience morale concrète un bien et un mal **absolus** mais une hiérarchie de valeurs. Les satisfactions apportées par l'argent sont une valeur, le plaisir sensuel est aussi une valeur. Sans doute l'honnête homme, l'homme libre — libéré des passions — éprouve intensément qu'il est des valeurs supérieures : le respect de la vie, la loyauté. Si certains agissent mal, autrement dit sacrifient les valeurs supérieures aux valeurs inférieures, le bien à leur bien, n'est-ce pas parce que l'attrait violent des valeurs inférieures — plaisir, argent, puissance — a étouffé au moins pour un moment l'exigence des valeurs supérieures? Comme l'a dit saint Thomas avec profondeur : « le mal est un certain bien » et sa thèse est très clairement commentée par le R. P. Sertillanges : « Le mal même n'est jamais choisi qu'en vue d'un bien et si souvent ce bien n'est qu'apparent, il faut songer que l'apparence est une réalité pour celui à qui elle apparaît (1). »

c) *L'expérience du remords et la liberté*

On ne manquera pas de nous objecter que cette analyse ne convient pas à tous les cas. Certes, certains coupables prennent le mal pour le bien et commettent des fautes avec ingénuité au nom d'une échelle de valeurs passionnelle — qui n'est pas l'échelle de valeurs véritable. Mais d'**autres n'accomplissent-ils pas le mal en pleine connaissance de cause**

(1) R. P. Sertillanges, *Le problème du mal* (Aubier), t. I, p. 360.

et alors même qu'ils saisissent parfaitement la juste hiérarchie des valeurs? « Je vois ce qui est le mieux et je l'approuve, fait dire Ovide à Médée, mais j'accomplis le pire » et saint Paul remarque : « Je ne fais pas le bien que je veux tandis que je fais le mal que je ne veux pas (1). » Ce commerçant qui majore abusivement ses prix, cette femme du monde qui anime sa conversation par des médisances perfides, ce père qui néglige ses enfants savent très bien peut-être que leur conduite est contraire à l'exigence morale. Admettons même qu'ils le sachent autrement que du bout des lèvres et qu'ils soient tout pénétrés de l'excellence des valeurs qu'ils trahissent ! En ce cas pourtant on ne saurait prétendre qu'ils jouissent d'une pleine liberté ! **Agir contre ses propres valeurs, c'est réellement être un esclave, l'esclave des mobiles qui nous déterminent alors même que nous les condamnons.** Mais la théorie traditionaliste ne se contente pas d'accorder au coupable le discernement ; elle lui reconnaît le libre arbitre qui est dans le cas précédent la décision — réellement gratuite et absurde — de se détourner de ses valeurs préférées pour opter paradoxalement en faveur de mobiles reconnus méprisables ! Les traditionalistes, il est vrai, invoquent ici une expérience courante, celle du remords : si j'éprouve du remords, si j'ai honte d'avoir mal agi, n'est-ce pas parce que j'ai conscience d'avoir pu agir autrement? Si mon libre arbitre n'avait pas été engagé dans ma faute, j'aurais tout au plus du **regret** et non du **remords** (comme j'ai du regret qu'il ait plu dimanche et pas de remords, car ce n'est pas de ma faute !)

La théorie rationaliste répond à ceci que l'**homme du remords est victime d'une illusion rétrospective;** au moment où il éprouve du remords, il connaît la valeur du bien et se sent libre de la suivre. Si quand il a mal agi il avait vécu la valeur du bien aussi intensément qu'il l'éprouve à présent, et s'il avait été libre (libéré de ses passions), il n'aurait évidemment pas commis sa faute. En réalité, lorsqu'il éprouve du remords il projette sa lucidité aujourd'hui reconquise sur son irréflexion d'hier; il projette celui qu'il est devenu sur celui qu'il était, victime de quelque impulsion. **Par le remords il vient à se persuader qu'il était libre, alors qu'il l'est devenu**. La théorie rationaliste peut donc, nous semble-t-il, maintenir son dilemme : **ou bien on est libre, au plein sens du mot, et alors on fait le bien, ou bien on fait le mal et alors on n'est pas libre.**

d) *Fécondité de la théorie rationaliste*

Cette théorie est-elle moralement pernicieuse? D'aucuns le soutiennent en disant : si le coupable n'est pas responsable, alors tout le monde va se précipiter vers le mal, en toute sécurité de conscience. Argument fallacieux qui repose sur le postulat suivant : la vie morale n'est jamais sincère

---

(1) Ovide, *Métamorphose* (VII, 20), Saint Paul, *Épître aux Romains* (VII-19). Racine traduit en vers la remarque de saint Paul :

Je veux et n'accomplis jamais,
Je veux, mais oh misère extrême!
Je ne fais pas le bien que j'aime
Et je fais le mal que je hais.

et les hommes renoncent au bien dès qu'ils ont assez d'alibis ! Ce sont, on le voit, nos censeurs austères qui, en leur pessimisme, font preuve de l'amoralisme le plus caractérisé. Si les valeurs morales sont authentiques, si les consciences les reconnaissent vraiment, on ne voit pas en quoi l'affirmation de l'irresponsabilité du coupable va détourner les hommes des vraies valeurs. Nul ne désire être un esclave, un ignorant, une victime.

Il est aisé de montrer, en revanche, que la théorie rationaliste ouvre à la morale beaucoup plus d'horizons que la théorie du libre arbitre. Cette dernière est une théorie désespérée car **si on voit dans la méchanceté la conséquence d'un libre arbitre gratuit, il n'y a aucun remède contre elle.** Elle exprime simplement un principe du mal, un satanisme invincible à toute réforme extérieure. Au contraire **si la faute, si les crimes même ont des motifs qui les déterminent on peut, en agissant sur ces motifs, réduire les fautes et les crimes.** Ici comme ailleurs, **la connaissance des déterminismes est la condition de l'existence de techniques libératrices.** Or il existe déjà une science, la **criminologie,** qui se propose de découvrir le déterminisme des comportements criminels. Déjà **Lombroso** (1) en indiquait clairement le principe. Sans doute le contenu de sa doctrine (il croit aux criminels-nés et explique les crimes à partir de tares biologiques) est-il trop sommaire. Mais **Ferri,** qui rend compte du comportement criminel à partir de l'éducation et du milieu, annonce les recherches les plus fécondes de la criminologie contemporaine. Si nous considérons par exemple les cartes de la criminalité parisienne nous voyons que dans la moitié Est de la capitale, les assassinats, les cas d'incestes, les vols sont beaucoup plus nombreux que dans la moitié Ouest (comme les taudis et les cas de tuberculose). Cela signifie, disait un polémiste, « qu'il y a dans nos prisons des gens qui expient en fait le crime de n'être pas nés dans le XVIe ou le VIIIe arrondissement ». Sans doute les causes du crime ne sont-elles pas toutes d'ordre économique et social. La psychanalyse a mis en lumière d'autres déterminismes plus subtils. Quoi qu'il en soit, la théorie déterministe ouvre à la morale des possibilités d'action réelle que la théorie du libre arbitre lui refusait. « Dès l'instant, écrit M. Bayet, qu'on part de l'hypothèse que la criminalité elle-même est un fait déterminé, il va sans dire qu'en haïssant le crime on ne pourra plus haïr le criminel : on le plaindra comme étant la première victime du mal dont il est l'auteur... Développons la recherche scientifique, elle nous apportera des moyens de défendre et de faire triompher la morale... Elle nous les apportera d'autant plus sûrement que nous aurons renoncé à l'hypothèse paresseuse du libre arbitre qui, en rejetant sur le malade la responsabilité du mal, nous dispense de lui venir en aide (2). »

---

(1) Avant lui, un autre Italien, Beccaria, juriste rationaliste du XVIIIe siècle (Trattato dei delitti e della pene, 1764), avait envisagé la possibilité d'une étude scientifique des phénomènes criminels.

(2) BAYET, *Morale de la science* (Éd. rationalistes), pp. 89-97.

»»»»»»»»»»» LES IDÉES ESSENTIELLES «««««««««««

Au sens le plus courant la liberté est absence de contrainte.: Et il y a autant de libertés que de contraintes dont on s'affranchit : Une pierre tombe en « chute libre » (c'est-à-dire indépendante de toutes les contraintes autres que la loi de la pesanteur). Le « libre-échange » c'est le commerce affranchi des contraintes douanières et des tarifs imposés. La liberté de la presse c'est l'absence des contraintes de la censure.

La liberté métaphysique ou libre-arbitre c'est une liberté affranchie de tout déterminisme, c'est une liberté absolue. Croire au libre-arbitre c'est croire, par exemple, que cet homme qui a commis ce crime *aurait pu* (tout en étant le même homme, élevé dans le même milieu et se trouvant dans des circonstances exactement semblables) ne pas le commettre. La liberté métaphysique — affranchie non seulement de toutes les contraintes extérieures, mais de tout déterminisme intérieur serait donc une sorte de pouvoir miraculeux donné à l'homme à tout instant de sa vie quotidienne. Les partisans du libre arbitre invoquent deux arguments : d'abord celui de l'*expérience intérieure* (j'aurai le sentiment « vif interne » d'être libre, de consentir à ce motif ou à cet autre), ensuite celui de *l'expérience morale :* se sentir *responsable* de ses actes et notamment de ses fautes implique qu'on se sache l'auteur — libre — de ses actes.

Les deux arguments sont critiquables. Je n'ai que l'expérience de l'acte que j'ai commis, je n'ai pas celle de celui que j'aurais pu commettre. Nous n'avons pas l'expérience du possible. N'oublions pas que nos actes peuvent être déterminés (la psychanalyse le redira après Spinoza) par des mobiles inconscients. L'argument moral n'est pas meilleur : en quoi le libre arbitre défini comme une initiative vide, comme principe transcendant tous mes désirs, toutes mes raisons, étranger à ma personnalité concrète pourrait-il me rendre responsable?

Le philosophe doit donc définir la liberté humaine d'une autre façon, en écartant la fiction du libre-arbitre. Nos actes sont en fait plus ou moins libres. Et l'acte le plus libre n'est nullement un acte sans motif, mais c'est au contraire l'acte le plus pesé, le plus réfléchi, le plus intelligemment motivé. L'acte le plus libre c'est celui qui se présente comme la solution la plus intelligente et la plus généreuse au problème concret qui se pose à moi. La vraie liberté, ce n'est pas un libre arbitre sans cause ni raison, c'est la liberté du sage. Une décision n'est pas libre parce qu'elle transcende la raison, mais tout au contraire parce qu'elle est éminemment raisonnable .

LECTURES

Les textes classiques essentiels :

DESCARTES *Méditations* (lire la 4e méditation);
SPINOZA On consultera les pages célèbres de l'*Ethique* (par ex. Ethique livre III proposit. II scolie).

Parmi les textes contemporains :

J.-P. SARTRE *L'existentialisme est un humanisme* (éd. Nagel), plus accessible que *l'Être et le Néant.*

La meilleure défense et illustration du libre-arbitre est proposée par

J. LAPORTE *La conscience de la liberté* (Flammarion).

Les deux romans d'**André Gide,** *Le Prométhée mal enchaîné* et *les Caves du Vatican* (Gallimard) ainsi que la pièce de **J.-P. SARTRE,** *Les mouches* (Gallimard) peuvent être lus avec fruit.

Sur le problème de la culpabilité et de la liberté, on pourra lire, du point de vue rationaliste :

A. VERGEZ *Faute et liberté* (Belles-Lettres 1969)
Th. LEVY *Le désir de punir* (Fayard 1979)

et du point de vue chrétien :

Paul RICŒUR *Finitude et culpabilité* (Aubier 1960)
Jean LACROIX *Philosophie de la culpabilité* (P. U. F. 1977).

COMMENTAIRES DE TEXTES

1. *Commentez ce texte sur le problème de la liberté, tiré d'une célèbre lettre de Spinoza à G. H. Schuller,* (lettre LVIII, année 1674).

« Pour ma part je dis que cette chose est libre qui existe et agit par la seule nécessité de sa nature et contrainte cette chose qui est déterminée par une autre à exister et à agir selon une modalité précise et déterminée. Dieu par exemple existe librement (quoique nécessairement) parce qu'il existe par la seule nécessité de sa nature. Vous voyez donc que je ne situe pas la liberté dans un libre décret mais dans une libre nécessité...

Mais venons-en aux choses créées qui, toutes, sont déterminées à exister et à agir selon une manière précise et déterminée. Une pierre reçoit d'une cause extérieure qui la pousse une certaine quantité de mouvement... tout objet singulier est nécessairement déterminé par quelque cause extérieure à exister et à agir selon une loi précise et déterminée...

Concevez maintenant, si vous le voulez bien, que la pierre tandis qu'elle continue de se mouvoir sache et pense qu'elle fait tout l'effort possible pour continuer de se mouvoir. Cette pierre, assurément, puisqu'elle n'est consciente que de son effort ... croira être libre ... Telle est cette liberté humaine que tous les hommes se vantent d'avoir et qui consiste en cela seul que les hommes sont conscients de leurs désirs et ignorants des causes qui les déterminent. C'est ainsi qu'en enfant croit désirer librement le lait ... Un ivrogne croit dire par une décision libre ce qu'ensuite il aurait voulu taire. »

(Trad. Robert Misrahi, Pléiade, Gallimard.)

2. *Commentez ce texte de J.-P. Sartre.*

L'argument décisif utilisé par le bon sens contre la liberté consiste à nous rappeler notre impuissance. Loin que nous puissions modifier notre situation à notre gré, il semble que nous ne puissions pas nous changer nous-mêmes. Je ne suis « libre » ni d'échapper au sort de ma classe, de ma nation, de ma famille, ni même d'édifier ma puissance ou ma fortune, ni de vaincre mes appétits les plus insignifiants ou mes habitudes. Je nais ouvrier, Français, hérédo-syphilitique ou tuberculeux. L'histoire d'une vie, quelle qu'elle soit, est l'histoire d'un échec. Le coefficient d'adversité des choses est tel qu'il faut des années de patience pour obtenir le plus infime résultat. Encore faut-il « obéir à la nature pour la commander », c'est-à-dire insérer mon action dans les mailles du déterminisme. Bien plus qu'il ne paraît « se faire », l'homme semble « être fait » par le climat et la terre, la race et la classe, la langue, l'histoire de la collectivité dont il fait partie, l'hérédité, les circonstances individuelles de son enfance, les habitudes acquises, les grands et les petits événements de sa vie...

Cet argument n'a jamais profondément troublé les partisans de la liberté... [Car] c'est... seulement dans et par le libre surgissement d'une liberté que le monde développe et révèle les résistances qui peuvent rendre la fin projetée irréalisable. L'homme ne rencontre d'obstacle que dans le champ de sa liberté. Mieux encore : il est impossible de décréter *a priori* ce qui revient à l'existant brut et à la liberté dans le caractère d'obstacle de tel existant particulier. Ce qui est obstacle pour moi, en effet, ne le sera pas pour un autre. Il n'y a pas d'obstacle absolu, mais l'obstacle révèle son coefficient d'adversité à travers les techniques librement inventées, librement acquises; il le révèle aussi en fonction de la valeur de la fin posée par la liberté. Ce rocher ne sera pas un obstacle si je veux, coûte que coûte, parvenir au haut de la montagne; il me découragera, au contraire, si j'ai librement fixé des limites à mon désir de faire l'ascension projetée. Ainsi le monde, par des coefficients d'adversité, me révèle la façon dont je tiens aux fins que je m'assigne; en sorte que je ne puis jamais savoir s'il me donne un renseignement sur moi ou sur lui. En outre, le coefficient d'adversité du donné n'est jamais simple rapport à ma liberté comme pur jaillissement néantisant : il est rapport éclairé par la liberté entre le *datum* qu'est le rocher et le *datum* que ma liberté a à être, c'est-à-dire entre le contingent qu'elle n'est pas et sa pure facticité. A désir égal d'escalade, le rocher sera aisé à gravir pour tel ascensionniste athlétique, difficile pour tel autre, novice, mal entraîné et au corps malingre. Mais le corps ne se révèle à son tour comme bien ou mal entraîné que par rapport à un choix libre. C'est parce que je suis là et que j'ai fait de moi ce que je suis que le rocher développe par rapport à mon corps un coefficient d'adversité. Pour l'avocat demeuré à la ville et qui plaide, le corps dissimulé sous sa robe d'avocat, le rocher n'est ni difficile ni aisé à gravir : il est fondu dans la totalité « monde » sans en émerger aucunement. Et, en un sens, c'est moi qui choisis mon corps comme malingre, en l'affrontant aux difficultés que je fais naître (alpinisme, cyclisme, sport). Si je n'ai pas choisi de faire du sport, si je demeure dans les villes et si je m'occupe exclusivement de négoce ou de travaux intellectuels, mon corps ne sera aucunement qualifié de ce point de vue. Ainsi commençons-nous à entrevoir le paradoxe de la liberté : il n'y a de liberté qu'en *situation* et il n'y a de situation que par la liberté.

(*L'être et le néant*, Gallimard.)

SUJETS DE DISSERTATIONS OU DE DÉBATS

— Étudiez dans la *Méditation Quatrième* de Descartes la doctrine de la liberté. La liberté est-elle un libre-arbitre ou une spontanéité éclairée?

— Comment comprenez-vous cette affirmation de saint Augustin : « Ce n'est pas par sa *liberté* que la volonté humaine acquiert la grâce, mais plutôt par la grâce qu'elle acquiert sa *liberté*. » (Bien comprendre que le mot liberté n'a pas le même sens au début et à la fin de ce texte. La première fois c'est une allusion au soi-disant libre arbitre qui serait le pouvoir d'accepter ou de refuser la grâce, sens rejeté par Augustin. La deuxième fois il s'agit de la délivrance que la grâce opère en nous.)

— Commentez cette formule de Descartes : « La liberté de notre volonté se connaît sans preuve, par la seule expérience que nous en avons. »

— Comment comprenez-vous ce paradoxe Kantien : « On pourrait calculer la conduite future d'un homme avec autant de certitude qu'une éclipse de lune ou de soleil et cependant soutenir en même temps que l'homme est libre? »

— Expliquez ce jugement de Lagneau *(Célèbres leçons, Cours sur évidence et certitude) :* « Pour que la nécessité soit reconnue, il faut que nous considérions que nous sommes distincts de cette nécessité, c'est-à-dire que nous sommes libres. »

— En quel sens Bergson a-t-il pu dire : « Toute définition de la liberté donnera raison au déterminisme? »

— Liberté et vérité.

— « Plus on agit suivant la raison, plus on est libre et il y a d'autant plus de servitude qu'on agit plus par les passions. » Êtes-vous d'accord avec ce jugement de Leibniz?

— Libéralisme et liberté.

— Peut-on apprécier la responsabilité d'autrui?

— Commentez ce dialogue de deux personnages du romancier Michel de Saint-Pierre *(Murmures de Satan) :*

« — (Monique Dewinter) : Je sais que dix millions d'Hindous et près de quinze millions de Chinois meurent de faim chaque année sur les routes d'Asie. Cependant j'ai la cruauté de vouloir nourrir et loger mes enfants. De vouloir les nourrir et les loger très bien... Parce que je suis responsable de *mes* enfants.

— Nous sommes tous responsables de tous, dit Jean-Paul Sartre.

SUJETS RÉCEMMENT DONNÉS AU BACCALAURÉAT (76-79)

— Peut-on se fier au sentiment de liberté? (Besançon)
— La liberté s'oppose-t-elle nécessairement à la loi? (Rennes)
— Peut-on dire que la liberté est d'abord la reconnaissance de la nécessité? (Clermont-Ferrand)
— En réfléchissant sur la liberté rencontrez-vous l'idée de destin? (Grenoble)
— La liberté peut-elle être un fardeau? (Strasbourg)
— Suffit-il pour être libre que les conditions politiques le permettent? (New York)
— Faut-il opposer engagement et liberté? (Aix)
— Quel est ce *Je* qui dit : « je suis libre ! » (Poitiers)
— Pensez-vous que toute obéissance soit une abdication de notre liberté? (Vietnam)
— Peut-on être libre sans être violent? (Montpellier)

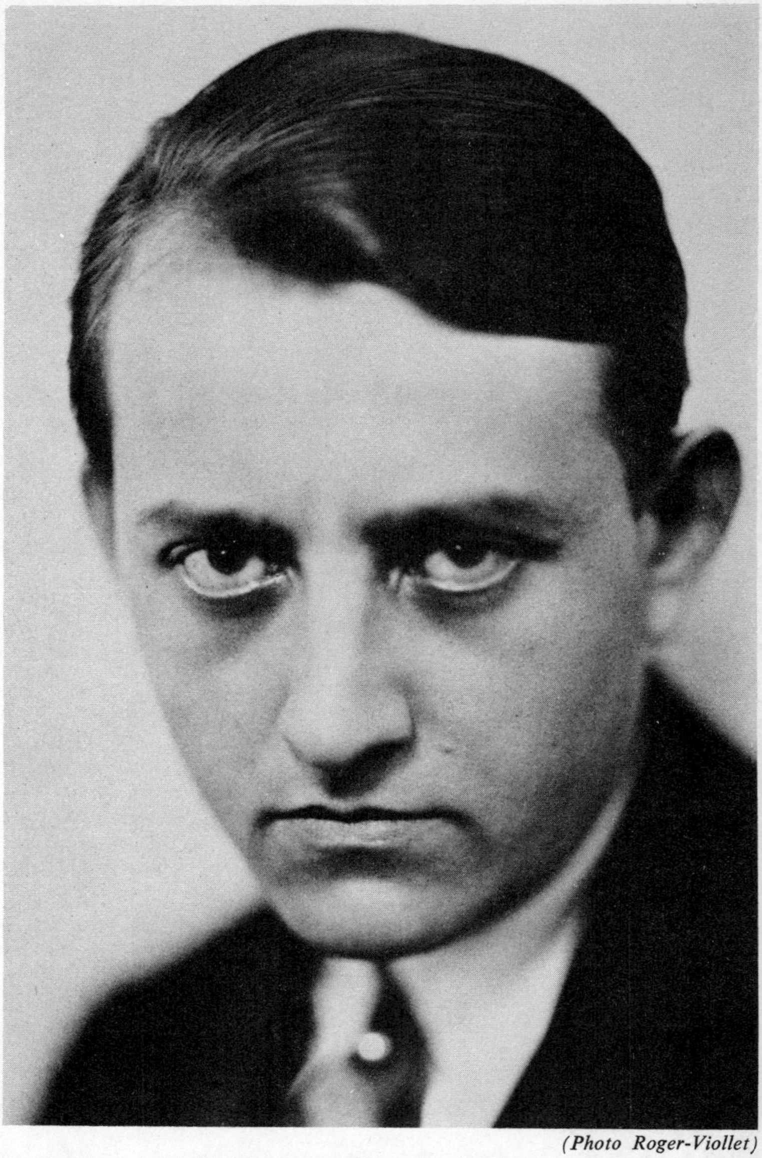

(Photo Roger-Viollet)

MALRAUX On connaît de Malraux, à la fois le célèbre roman *L'Espoir* qui se situe au moment de la guerre d'Espagne à partir des années **36-37**, guerre civile à laquelle il a lui-même participé dans les brigades internationales aux côtés des Républicains anti-franquistes, et le film qu'il a tiré de son roman avec l'aide de Boris Peskine. Ce célèbre portrait de Malraux au temps de *l'Espoir* pourrait illustrer l'adage célèbre selon lequel, d'après la formulation d'André Malraux lui-même, « la mort transforme l'existence de l'homme en destin ». La différence entre la réalité et la création artistique, c'est que l'une doit toujours se cantonner dans un donné brut tandis que l'autre transforme précisément l'expérience en construction, la matière en esprit et les choses en entités. L'art permet à l'homme de se dépasser sans cesse. Bacon disait de l'art que c'est *l'homme ajouté à la nature...*

D. H.

CHAPITRE VIII

Métaphysique et anthropologie :

Le problème de la destinée humaine

Homo faber
Homo loquens
Homo politicus

L'homme est un être extraordinaire, tout à fait singulier dans le monde des vivants et d'abord en ceci qu'il s'interroge sur **sa propre nature et se met en question.** D'une certaine façon c'est un animal parmi les autres : il a tous les caractères biologiques des mammifères. Il représente le terme (au moins actuel) de leur évolution. Mais, d'autre part, il se distingue radicalement, — et cela, semble-t-il, dès l'origine, — de tous les animaux. C'est un **animal technicien,** un fabricant d'outils : signalement universel de l'espèce humaine depuis les gros cailloux taillés (à usage de couteau) appelés bifaces du paléolithique ancien (il y a peut-être plusieurs centaines de milliers d'années) jusqu'aux plus récentes merveilles de l'industrie contemporaine. C'est **un animal qui parle,** qui fait des signes. Tous les peuples primitifs (il existe en Australie, par exemple des peuplades indigènes qui sont restées à l'âge de la pierre taillée) ont un langage articulé. Les hommes préhistoriques nous ont laissé sur les parois de leurs cavernes des dessins, des peintures. C'est **un animal social qui obéit à des règles,** distingue le permis et le défendu. Cette triple caractéristique, il est vrai, ne suffirait pas à introduire entre l'homme et l'animal une coupure décisive. La technique, le langage ne sont que des moyens perfectionnés de s'adapter au milieu, ce sont des instruments au service de la vie. Après tout les animaux, s'ils ne fabriquent pas d'outils, en utilisent (les chimpanzés se servent du bâton avec beaucoup d'habileté). Les abeilles paraissent communiquer entre elles, indiquant par des « danses » spéciales la direction des sources de nourritures. Abeilles, fourmis, termites vivent, comme les hommes, en sociétés organisées. Cependant, tandis que la règle sociale est dans le monde animal une loi naturelle (elle paraît s'imposer par une nécessité instinctive), il n'en est pas de même dans les sociétés humaines où les règles sont sans cesse violées (soit que l'intelligence égoïste fasse échec, comme le pense Bergson, à la sollicitation de l'instinct social, soit que les règles humaines aient une autre origine).

L'homme est capable de conduites désintéressées

Mais la différence essentielle entre l'animal et l'homme est, selon nous, ailleurs. L'homme cesse d'être un être biologique en ce qu'il est capable de **conduites désintéressées.** « Le petit chien de M. Bergeret, a écrit Anatole France, ne regardait jamais le bleu du ciel incomestible. » Même si l'origine des sciences doit être cherchée dans la technique, l'origine des beaux-arts dans les pratiques magiques, il reste qu'à un moment donné la science et l'art se détachent des besoins biologiques qui leur ont donné naissance. La science devient la recherche de la vérité, tandis que l'art vise la beauté en dehors de toute préoccupation utilitaire. L'homme cesse alors de nous apparaître comme un organisme biologique et se révèle à nous comme esprit. Capable de **connaissance** désintéressée l'homme est aussi le seul être au monde qui puisse témoigner d'un **amour** désintéressé. Assurément la femelle de tous les mammifères manifeste du dévouement pour ses petits, l'attirance sexuelle existe dans toutes les espèces. **Mais l'homme est le seul être au monde capable d'un mouvement altruiste, d'un acte d'amour pur en dehors de la sphère restreinte des affections instinctives, familiales ou sexuelles.** Le soldat qui donne à boire à son ennemi mourant, le passant qui ramasse un oiseau blessé et le réchauffe dans sa main accomplissent des actes qui sont biologiquement inconcevables.

Seul, l'homme accomplit des actes inutiles

Et si l'homme apparaît d'une part comme l'animal technicien par excellence, il est aussi, selon la formule de Lecomte de Noüy, le seul être qui « éprouve **le besoin d'accomplir des actes inutiles ».** Tandis que chez toutes les espèces animales l'union sexuelle et la mort sont des événements purement biologiques, l'homme, — depuis la plus lointaine préhistoire, — célèbre des cérémonies nuptiales et funéraires. L'union sexuelle est enveloppée d'un rituel social très complexe dont les formes si diverses d'une civilisation à l'autre ne soulignent que mieux la présence constante et l'étonnante gratuité. Cérémonies nuptiales et funéraires paraissent avoir la même signification. « On peut se demander, écrit Lecomte de Noüy (1), si la cérémonie du mariage n'est pas l'expression de la protestation de l'Homme contre l'accouplement animal, l'une des premières révoltes informulées contre l'esclavage endocrinien. » De même le désir si courant et biologiquement si étrange de funérailles « décentes », comme on dit, sinon somptueuses, manifeste que l'homme ne veut pas, selon l'expression populaire, « être enterré comme un chien ». Ainsi, dans le domaine même où la parenté de l'homme et de l'animal paraît se manifester avec le plus d'évidence, l'homme la refuse énergiquement.

I — L'INTERPRÉTATION RELIGIEUSE DE L'HOMME ET L'OFFENSIVE MATÉRIALISTE

L'interprétation religieuse de l'homme

L'homme semble avoir pris très tôt conscience de son originalité décisive, de sa dignité particulière. **C'est cette dignité qu'il exprime dans la vision religieuse de l'univers.** L'homme ne serait pas un accident,

(1) *La dignité humaine* (Éditions du Champ-de-Mars), p. 99.

surgi par hasard sur la terre pour une durée éphémère. Dieu tout-puissant et parfait aurait créé l'homme à son image. Il l'aurait créé **libre,** c'est-à-dire capable de tendre vers Dieu, de se rapprocher de la perfection spirituelle dont Dieu est le modèle, ou au contraire, de se détourner volontairement de Dieu. Il l'aurait créé **immortel,** l'aurait promis à une destinée spirituelle dont le bref séjour terrestre n'est que l'« épreuve » préparatoire. La conception religieuse d'une part **humilie** l'homme, puisqu'elle en fait la créature d'un Être souverain qui le jugera, le récompensera ou le punira éternellement. Mais d'autre part, dans l'interprétation religieuse, l'homme est **magnifié.** Il est créé à l'image de Dieu infini et parfait, il a une âme, il est immortel et libre, le fossé creusé entre l'animal et l'homme est infranchissable. A vrai dire la notion même de « destinée » humaine paraît singulièrement liée à la perspective religieuse. Parler de destinée c'est faire place à une **finalité,** c'est admettre que l'homme n'est pas sur terre sans but ni raison. C'est aussi admettre que l'homme a devant lui un **avenir** chargé de sens. Son âme immortelle est faite pour rejoindre Dieu dans un autre monde et pour le glorifier, tant par ses prières que par ses œuvres, — ici-bas.

Dans ses grandes lignes, — dans son intuition fondamentale, — eût dit Bergson —, la perspective religieuse se retrouve semblable à elle-même à travers les traditions diverses et d'un bout à l'autre de l'histoire. Cependant elle a parfois été présentée dans un contexte naïf, « humain », « trop humain ». L'« esprit » de la religion, en termes chers à M. Guitton, s'est trouvé compromis avec la **« mentalité »** d'époques naïves et peu éclairées. « On dit, note Voltaire, que Dieu a fait l'homme à son image. L'homme le lui a bien rendu. » Les croyants du Moyen Age imaginaient un Dieu tout proche, semblable à un juge humain, surveillant tous nos actes et presque sans mystère. L'homme « roi de la création » habitait, sous le regard de son Juge, une terre créée pour lui au centre du monde.

Le progrès des connaissances scientifiques devait, à partir de la Renaissance, détruire progressivement cette mentalité et du même coup mettre en question la religion elle-même, liée pour tant de générations de croyants à une mentalité « anthropomorphique ».

Mise en question de l'interprétation religieuse

1° *Les grandes découvertes, — notamment astronomiques —*, du XVIe au XVIIe siècle ont bouleversé la mentalité médiévale. Tandis que les hommes du Moyen Age, écrit M. Alquié, vivaient sur la terre « comme des paysans installés sur le sol d'un seigneur bienveillant qui doit pourtant un jour leur demander des comptes... la science mit fin à cette situation privilégiée par l'élargissement de l'image historique, géographique, astronomique du monde. Peut-on croire aussi fermement à l'invisible présence et au retour prochain du Seigneur quand on sait que des civilisations entières l'ont ignoré, que des vastes continents le méconnaissent, que cette terre enfin où l'on pensait être placé comme au centre de sa création n'est qu'une planète mouvante et sans privilège? » (1).

1) ALQUIÉ, *La nostalgie de l'être*, p. 34.

On saisit ici l'extrême importance des révélations coperniciennes confirmées par Galilée. Si Galilée s'est vu condamné par l'Église catholique ce n'est pas uniquement pour une question d'exégèse, parce qu'il s'éloignait de l'interprétation traditionnelle et littérale des passages de la Bible, où il est question du mouvement solaire. C'est surtout parce que la terre, séjour de l'homme, lieu des épreuves qui constituent le premier acte de sa destinée, n'apparaît plus qu'une planète parmi les autres, un grain de poussière perdu dans l'immensité cosmique. Pascal a bien pris conscience de cette impression d'abandon éprouvée par l'homme après de telles révélations : « le silence éternel de ces espaces infinis m'effraie ». Dieu semble dès lors plus mystérieux, plus lointain. Notre « cœur » continue à exiger sa présence mais il apparaît incompréhensible à notre raison.

2° *Au XIXe siècle la théorie de l'Évolution* semble combler le fossé entre l'animal et l'homme. L'homme issu de lentes transformations subies par la succession des espèces vivantes n'est plus qu'un « animal évolué ». Il y a loin du roi de la création, fait par Dieu à son image, à ce cousin du singe, à cet « arrière petit-neveu de limace » dont parle Jean Rostand. Les données de la préhistoire sur l'origine de l'homme apportent ici des précisions encore plus troublantes. Certes les hommes du Paléolithique supérieur, — race de Cro-Magnon, de Grimaldi ou de Chancelade, — avec leur capacité cérébrale de 1 500 cm^3 (analogue à la nôtre), leurs rites magiques et religieux, leurs peintures rupestres, leurs techniques, sont aussi éloignés de nos singes actuels que nous le sommes nous-mêmes. On n'en dirait pas autant de l'homme de Neanderthal qui, avec sa face projetée en avant, ses orbites surmontées d'une forte saillie osseuse, ses mâchoires proéminentes et son absence de menton, accuse un profil nettement simiesque. A plus forte raison l'homme du paléolithique inférieur, acheuléen d'Europe, pithécanthrope de Java, sinanthrope de Pékin, dont la capacité cérébrale est parfois inférieure à 1 000 cm^3 et dont les traits simiesques, absence de front et de menton, crâne surbaissé, sont très accentués, constitue un stade très proche d'une souche commune à l'homme actuel et aux grands singes anthropoïdes. Accordera-t-on au Pithécanthrope une âme immortelle et une destinée spirituelle? Si l'homme actuel est issu d'une lignée animale, au cours d'une longue histoire et par des étapes multiples, la tentation est forte de **n'admettre entre l'homme et les espèces dont il est issu qu'une différence de complexité qui ne nous paraît radicale qu'autant que nous ignorons les stades intermédiaires.** On ne s'étonnera pas dès lors des polémiques suscitées par la théorie de l'Évolution au XIXe siècle. Elle est boudée par tous les spiritualismes tandis que le matérialisme athée en fait un instrument de combat.

3° *L'anthropologie moderne*, pour qui examine superficiellement ses résultats, semble déchoir l'homme de cette singularité et de cette dignité qu'il s'était arrogées en d'autres temps. Les progrès de la neurophysiologie nous révèlent que l'« esprit » est étroitement dépendant de l'organisme.

L'étude des maladies psychiques, par exemple l'étude des troubles du langage, de l'aphasie, a révélé l'existence de localisations cérébrales. Le langage articulé est sous la dépendance de la troisième circonvolution frontale gauche, les mémoires auditive, visuelle, tactile sont liées à des zones psycho-sensorielles assez bien déterminées. Nos enthousiasmes, nos indignations, nos amours dépendent des secrétions des glandes endocrines. La sociologie de son côté nous enseigne que nos idées et nos attitudes sont déterminées par l'éducation que nous avons reçue, par le milieu où nous vivons, par la classe sociale à laquelle nous appartenons. Enfin la psychanalyse nous fait voir que nous sommes d'autant plus les esclaves des mobiles qui nous déterminent que ceux-ci demeurent généralement **inconscients.** Nous croyons agir pour des motifs réfléchis, en fait nous sommes agités à notre insu par des motivations cachées d'ordre instinctif et passionnel. Telle vocation religieuse, d'apparence sublime, serait suscitée par une passion sexuelle refoulée, telle conduite de charité, d'humilité se ramènerait à un besoin de soumission masochiste...

Bref, tandis que la théorie copernicienne plonge l'homme dans un univers gigantesque et incompréhensible, les théories évolutionniste et psychanalytique lui rappellent les origines animales et purement instinctives de cette « raison » dont il était si fier.

Faut-il conclure dès lors à la vérité d'un **matérialisme sommaire ?** Dans une telle perspective l'homme n'aurait ni âme ni liberté, ni vocation spirituelle. L'homme serait le jouet de ses instincts, des conditions où il vit. Il ne serait, en termes spinozistes, qu' « une partie de la nature ». Dernier produit des mécanismes aveugles de la chimie organique, simple résultat dans une chaîne ininterrompue de causes et d'effets, l'homme n'aurait aucune « destinée ».

II — CRITIQUE DU MATÉRIALISME

Le matérialisme est un produit de l'activité spirituelle

Mais le débat est loin d'être tranché par les arguments matérialistes. Et tout d'abord pour cette simple raison que le matérialisme se présente précisément comme un ensemble d'arguments, comme une philosophie, c'est-à-dire comme un **produit de l'activité spirituelle** de l'homme. Le psychologue Delacroix critiquait le matérialisme en disant qu'il n'était « qu'une vue de l'esprit » et cette expression, pour recevoir tout son sens, doit être prise à la lettre. C'est **l'esprit humain** qui conçoit la doctrine qui le renie. Le matérialisme prouve à sa manière l'ingéniosité et la vigueur de l'esprit humain en même temps que son désintéressement et son objectivité — puisque l'esprit s'emploie à mettre en lumière sa propre dépendance ! Et certes l'esprit en tant **qu'objet de la théorie** se trouve humilié, mais en tant qu'**auteur de la théorie,** que **sujet pensant** ne manifeste-t-il pas — jusque dans l'humilité de ses conclusions —, l'éclat de sa souveraineté?

M. Piveteau, évoquant l'humilité des savants matérialistes qui, dans leurs tableaux récapitulatifs de l'Évolution, situent la famille des hominiens à la fin de l'histoire des mammifères, au bas d'une page, au fond d'une accolade, note que ces savants n'oublient qu'une chose, à savoir que c'est tout de même l'homme qui a découvert l'Évolution, qui a écrit le livre, construit le tableau récapitulatif et dessiné l'accolade!

Défaite de l'homme ou victoire de l'esprit

C'est pourquoi les grandes découvertes de l'astronomie, de la biologie, de l'anthropologie nous paraissent devoir être interprétées tout autrement que comme une défaite de l'esprit. **C'est l'homme en tant qu'esprit souverain qui situe l'homme considéré comme parcelle minuscule et dépendante dans un immense Univers.** L'homme est donc tout à la fois liberté situante et objet situé. C'est, dit Léon Brunschvicg en termes admirables (1), « l'élan désintéressé de l'intelligence, sa fonction généreuse et sublime de réciprocité qui ont conduit l'homme à un système du monde où il s'aperçoit lui-même, où il aperçoit sa planète, rapportés à un centre de perspective autre que soi et par rapport auquel les mouvements véritables s'organisent et se comprennent... Lorsqu'il confronte les conséquences de son calcul avec les résultats de l'expérience, le savant se rend à lui-même le témoignage que, détachant sa pensée du point auquel il paraissait lié à jamais et par les organes du corps et par la région de l'espace où la terre est située, il a bien su l'ordonner en un système adéquat à l'ordre des mouvements universels ».

Et si nous passons maintenant des révélations de l'astronomie à celles de l'anthropologie, nous voyons aisément qu'elles sont bien loin de compromettre la dignité de l'homme. Et tout d'abord dans la mesure où l'anthropologie se donne comme vérité, elle s'estime au moins en droit, objective, c'est-à-dire libérée précisément de ces motivations passionnelles, instinctives, subjectives qu'elle s'emploie à déceler à l'origine de nos jugements et de nos conduites. Le psychanalyste qui déclarerait que « tous les jugements humains sont irrationnels » ne peut s'empêcher de soustraire en principe son propre jugement psychanalytique à ce naufrage de la raison. Il faut bien qu'il accorde quelque autonomie sinon quelque transcendance à la raison et à la vérité. Il faut bien qu'il refuse la possibilité d'une **« psychologie de la vérité ».** La **vérité de la psychologie** est à ce prix (2).

En fait, l'anthropologie augmente notre lucidité. Reconnaître par une saine critique que des attitudes que nous pensions désintéressées et généreuses sont en fait égoïstes et passionnelles, découvrir la présence de l'instinct dans ce que nous imaginions une manifestation de l'esprit, ce n'est pas anéantir le désintéressement et la vie spirituelle, mais tout au contraire les sauver. Tartuffe psychanalysé, la charité et l'humilité authentique de M. Vincent n'en brillent que d'un éclat plus pur. Ce n'est pas disqualifier la pensée que dire qu'il faut d'abord la mériter en la

(1) Léon Brunschvicg, *Le Progrès de la conscience* (t. II, p. 674, 2e édition, P. U. F.).

(2) Sur ce point nous nous permettons de renvoyer le lecteur à un de nos travaux antérieurs : André Vergez, *Marx et Freud ou les frères ennemis* (Revue l'*Année propédeutique*, novembre-décembre 1954).

purifiant. L'esprit se dépouille par de telles méthodes de ce qui en lui n'était pas esprit sous le masque de l'esprit et la conscience fait sa propre critique. La découverte de l'irrationnel est une victoire du rationalisme, la connaissance des motivations inconscientes et irrationnelles est une propédeutique nécessaire à la vie spirituelle.

III — POSITION CONTEMPORAINE DU PROBLÈME DIGNITÉ ET DESTINÉE DE L'HOMME

Affirmation de la dignité

Mais si la critique du matérialisme nous conduit à affirmer la nécessité d'un **humanisme,** il reste à interpréter cet humanisme, à en préciser la signification métaphysique. Croire à la **dignité de l'homme,** en effet, n'implique pas nécessairement que l'on accorde à l'homme une **destinée.**

Négation de la destinée

Tout un courant de l'humanisme contemporain, issu de Nietzsche, proclame en effet l'absurdité de l'homme et sa « déréliction », c'est-à-dire sa solitude dans un monde où « Dieu est mort ». Croire à la **destinée** de l'homme, c'est au contraire le situer dans un ensemble, dans un « englobant », comme dit Jaspers, où l'aventure humaine reçoit une signification, où l'homme n'est plus abandonné, ce qui implique une **théologie** (par exemple dans la perspective chrétienne) ou tout au moins une **philosophie de l'histoire** (comme chez les marxistes) qui n'est peut-être qu'une forme dissimulée de théologie.

1° Chez Nietzsche et ses successeurs « existentialistes » athées, par exemple Sartre, Camus, Malraux, la dignité de l'homme est affirmée concurremment avec la « mort de Dieu », **le refus d'une « destinée » préparée d'avance.** L'athéisme contemporain, écrit très justement M. Borne, « cherche dans la négation de Dieu une affirmation totale de l'homme » (1).

On connaît les proclamations éclatantes de Nietzsche : « Hommes supérieurs, ce Dieu a été votre plus grand danger. Vous n'êtes ressuscités que depuis qu'il gît dans la tombe. C'est maintenant seulement que vient le grand midi. A présent l'homme supérieur devient maître. Maintenant seulement la montagne de l'avenir humain va enfanter. Dieu est mort : maintenant nous voulons que le surhomme vive (2). » Chez Sartre il en est de même : la liberté humaine exige la mort de Dieu, c'est l'homme lui-même qui assumant héroïquement sa « déréliction » se divinise. L'homme n'a pas d'« essence », pas de nature. Il crée lui-même son idéal comme il invente ses actes. Sa responsabilité est totale. C'est de lui-même et de lui seul qu'il tire les valeurs qui donneront à sa vie le sens que la mort de Dieu lui avait ôté. Mais peut-on librement « inventer » un sens de la vie? L'existentialisme ne justifie-t-il pas ainsi n'importe quoi? En fait les œuvres et les « engagements » de M. Sartre nous montrent que les « valeurs inventées » sont les valeurs traditionnelles de l'humanisme : idéal de justice, construc-

(1) Étienne Borne, *Dieu n'est pas mort* (Éditions Arthème Fayard), p. **26.**
(2) Nietzsche, *Ainsi parlait Zarathoustra,* N. R. F. (trad. Bianquis), p. **258,** cité par Borne, *ibidem,* p. 28.

tion d'une société où tous les hommes seraient plus heureux. Mais la poursuite de ces valeurs dans un monde absurde, indifférent et « qui aurait très bien pu se passer de l'homme », prend un visage tragique qui apparaît aussi dans les œuvres de Malraux et de Camus. Malraux nous propose une vision fort pessimiste du monde : dans ses romans guerres, persécutions, tortures, — et partout l'angoisse de la mort inscrite à l'horizon —, dessinent la toile de fond de la philosophie de l'absurde. Le cosmos ne paraît proposer à l'homme aucune destinée déchiffrable. Mais ce n'est pas une raison pour renoncer à l'action. Il est remarquable que le roman de Malraux qui raconte la défaite des Républicains espagnols s'appelle **«l'Espoir»**. Pourquoi l'action? Parce qu'elle exprime, malgré tout, la liberté de l'homme. C'est ce témoignage de révolte et de liberté qui fait le prix de la Révolution, et non pas une quelconque finalité politique. Ainsi l'acte révolutionnaire est apprécié en tant que **geste** plutôt qu'en fonction de ses résultats. L'humanisme de Malraux, — réponse à l'absurdité de la condition humaine — ne peut être qu'un humanisme **esthétique.** Aussi bien le témoignage essentiel de la liberté humaine est-il, pour l'auteur des **Voix du Silence,** l'œuvre d'art elle-même. Le peintre, le sculpteur, en donnant à ses émotions, à ses épreuves, au poids de l'univers qu'il subit comme les autres, la forme de l'harmonie et de la beauté, imprime la marque de l'homme libre sur l'univers aveugle. « L'art est un antidestin. » C'est, dans un monde déchu de son sens, après la débâcle des métaphysiques, la seule « monnaie de l'absolu » qui nous reste.

Le sens de l'histoire

2º D'autres humanistes cependant accordent à l'action humaine une finalité et un espoir d'efficacité objective : nous voulons parler des marxistes. Certes ici encore, comme chez Nietzsche et sa postérité existentialiste, «c'est la négation de Dieu qui pose l'existence de l'homme» car, selon Marx, «l'homme ne peut être son propre maître que lorsque c'est à lui-même qu'il doit son existence». Précurseur de Marx, Feuerbach disait déjà qu'on ne donne à l'homme que ce qu'on enlève à Dieu. Mais l'homme marxiste n'est pas pour autant identifié à une liberté gratuite faisant jaillir des actes inutiles dans un monde absurde. C'est un homme qui a une nature, des besoins, des exigences à satisfaire. Ici l'homme rêve d'un ordre humain susceptible de satisfaire sa raison, son cœur, et ses instincts. Ce rêve de justice et de bonheur n'est d'abord, en effet, qu'un rêve et l'homme se trouve « aliéné » dans une nature hostile et une société mal organisée où l'existence de la propriété privée des moyens de production et les distinctions de classes sociales font régner des formes successives (esclavage antique, servage féodal, condition prolétarienne) d'exploitation de l'homme par l'homme. Mais la science et la technique permettent à l'homme de triompher de ces obstacles et d'exorciser l'aliénation en s'accomplissant lui-même dans sa plénitude. Car l'homme ne sera vraiment lui-même qu'au terme d'une longue histoire, après la révolution qui se propose d'instaurer la «société sans classe». **L'homme vraiment homme,** maître de la nature par sa technique, citoyen heureux d'une société juste, **apparaîtra comme le produit du travail humain** à travers les

(Photo Scala)

MICHEL-ANGE : *La création du monde*, détail.

« On dit que Dieu a fait l'homme à son image, l'homme le lui a bien rendu. »
(Voltaire)

péripéties de l'histoire. **L'homme se crée littéralement lui-même** par la médiation de ses techniques au cours de l'histoire. La philosophie marxiste, héritière du rationalisme prométhéen, semble délibérément antimystique puisqu'elle substitue à l'attitude d'adoration (mon Dieu que ta volonté soit faite !) le culte du travail. Il ne s'agit plus de contempler dans une attitude de piété confiante, le cours de la providence, mais il nous est demandé de « transformer le monde » pour en faire un séjour digne de l'homme.

e marxisme est-il ne théologie dégui- ée?

Cependant l'attitude marxiste conserve quelque chose — en le transposant — de **l'optimisme religieux.** Il y a là l'espoir et l'attente d'une réconciliation de l'homme avec lui-même et avec la nature. Tandis que pour un Camus, pour un Malraux il subsiste toujours un divorce douloureux entre les exigences de l'esprit, du cœur humain et les réalités tragiques et absurdes de l'histoire, chez Marx, l'annonce d'une bienheureuse société sans classes est présentée comme une prévision scientifique objective. Les contradictions du capitalisme engendreront la révolution prolétarienne et la société communiste « avec la fatalité qui préside aux métamorphoses de la nature ». Certes la révolution est l'œuvre de la liberté humaine, mais elle est inscrite dans les nécessités de l'histoire car « l'humanité ne se pose que les problèmes qu'elle peut résoudre ».

N'oublions pas que Marx est le disciple de Hegel. Pour ce philosophe, le devenir n'est que l'Odyssée de l'Esprit qui se développe et se réalise par étapes successives pour parvenir à la pleine possession, à la pleine conscience de lui-même. Chaque peuple, chaque civilisation ont en quelque sorte pour mission de réaliser une étape de ce progrès de l'esprit, l'Esprit ne se révélant dans sa pureté qu'au terme de l'histoire (1). Certes, Marx critique l'idéalisme hégélien : pour Marx ce n'est pas l'idée qui dès le début se fait nature et anime l'histoire mais, tout au contraire, la conscience, les idées sont un produit tardif de la matière en mouvement. Il n'en reste pas moins que Marx comme Hegel croit au Progrès. Marx ne s'inscrit pas en faux contre le maître-mot du panthéisme hégélien : « Tout ce qui est réel est rationnel, tout ce qui est rationnel est réel. » Le devenir est **dialectique,** c'est-à-dire qu'il avance par contradictions surmontées. Cette logique dialectique, qui va de la thèse à l'antithèse et à la synthèse, **est commune au devenir réel et à la pensée humaine. Ici il n'y a plus de conflit entre la raison et un monde absurde. L'esprit est réconcilié avec le devenir, et les soubresauts de l'histoire engendreront, en définitive, un monde à la mesure de l'homme.** On peut donc parler, dans la perspective marxiste, d'une **destinée** de l'homme, car l'histoire a un sens, elle prépare à l'humanité des « lendemains qui chantent ». Et l'avenir de la « société sans classe » joue le même rôle, dans la philosophie marxiste, que « l'au-delà » dans les croyances spiritualistes.

umanisme et igion

3º Si la philosophie de l'histoire apparaît comme une théologie déguisée, de nos jours la théologie chrétienne se présente volontiers, à son

(1) On se reportera à l'étude détaillée de la philosophie hégélienne en notre *Métaphysique* (Nathan), p. 119 et sq.

tour, comme une philosophie de l'histoire. Et tout d'abord les théologiens modernes ne veulent voir aucune incompatibilité entre la perspective religieuse et les exigences d'un humanisme constructif. On rappelle sans cesse le texte de la Genèse selon lequel l'homme a été mis par Dieu sur la terre pour la travailler, pour la dominer complètement. Ainsi l'aventure technicienne de l'homme, bien loin d'apparaître comme une révolte impie contre la Providence, est véritablement obéissance aux volontés du Seigneur. Les succès de la science moderne seront donc, eux aussi, portés à l'actif de la vie spirituelle du chrétien. La théorie de l'Évolution aujourd'hui incontestée (depuis juillet 1950 l'Encyclique « humani generis » autorise les catholiques à soutenir la thèse transformiste) ne nous permet-elle pas de mieux pénétrer le mécanisme de l'œuvre divine? Chez un grand savant comme Teilhard de Chardin **les données de l'Évolution constituent une véritable propédeutique à une philosophie chrétienne de l'histoire** et nous préparent à saisir les enseignements de la foi sur la destinée humaine. Car Teilhard entend tout d'abord considérer l'Évolution telle qu'elle est, et avant toute interprétation philosophique et théologique examiner ce qui est vraiment donné, **ce qui apparaît** incontestablement dans l'expérience : avant toute hypothèse sur l'homme, il part du **« phénomène humain ».** Or le phénomène humain apparaît comme le résultat d'une **immense histoire orientée.** La matière, minérale, puis végétale, puis animale a pris successivement des formes de plus en plus complexes, de plus en plus improbables (physiquement). Au cours de l'évolution des espèces animales, « de nappe en nappe, par sautes massives le système nerveux va constamment se développant, se diversifiant ». L'émergence de la conscience est au bout de ce processus. Ainsi c'est l'examen positif des faits qui nous montre que « l'univers s'arrange en une seule grande série... clairement orientée et montante depuis l'atome le plus simple jusqu'aux vivants les plus élevés ». Cette évolution se poursuit au cours de l'histoire humaine. L'homme n'est pas achevé. Il a encore des progrès à faire pour achever son « hominisation », rejoindre son Créateur. Car l'évolution n'est pas autre chose que le vrai visage de la Création.

L'espèce humaine et la personne humaine

Mais dans cette perspective, — comme d'ailleurs dans celle de Marx —, s'il y a une destinée de **l'espèce humaine** en est-il une de la **personne humaine ?** Teilhard en est persuadé par sa foi chrétienne, mais la croyance en la destinée et en l'immortalité de la personne peut-elle être suggérée par la simple philosophie à partir de l'expérience et de la raison?

D'abord reconnaissons que ce désir d'immortalité n'est pas une exigence purement égoïste dont nous aurions à rougir. Certains nous disent que la personne individuelle doit allègrement se sacrifier à l'Humanité qui seule compterait. Mais l'Humanité ne vit précisément que dans la conscience de chaque personne ; en dehors d'elle, elle n'est qu'une abstraction. Dans une polémique célèbre Brunschvicg répondait dédaigneusement à M. Gabriel Marcel, défenseur de l'immortalité de la personne : « Je crois bien que l'immortalité de M. Gabriel Marcel intéresse beaucoup plus M. Gabriel Marcel que l'immortalité de M. Brunschvicg n'intéresse

Charles DARWIN (1809-1882) *(Photo Giraudon)*

Le grand ouvrage de l'illustre savant anglais, *De l'origine des espèces* (1859), provoqua en son temps un grand scandale et fut un rude choc pour l'orgueil humain. L'homme, issu des lentes transformations subies par la succession des espèces vivantes, n'est plus qu'un « animal évolué », un petit cousin du singe! Pourtant s'il est vrai que l'homme, en tant qu'objet de la théorie évolutionniste, se trouve humilié, n'oublions pas qu'en tant qu'auteur de la théorie, en tant que sujet pensant et découvrant l'histoire de la vie, il manifeste, jusque dans l'humilité de ses conclusions, l'éclat de sa souveraineté.

A. V.

M. Brunschvicg. » Gabriel Marcel répondit que ce qui l'intéressait c'était **l'immortalité des autres.** Accepter la mort définitive de ceux que nous aimons n'est-ce pas les « livrer à la mort » et dès lors frapper d'absurdité nos sentiments les plus désintéressés et les plus généreux?

Teilhard de Chardin pense que même en faisant abstraction des révélations de la foi, l'immortalité de la personne est inscrite dans la logique de l'évolution. En effet la mort d'une personne **consciente** semble introduire un « vice de construction » dans une Évolution dont la ligne générale paraissait parfaitement harmonieuse. Si nous devions être persuadés du caractère définitif de la mort, « le monde se trouverait dans l'inadmissible situation d'avoir à s'évanouir dans le dégoût chaque fois que la conscience née de lui parviendrait à l'âge de raison ». Toute l'Évolution n'aurait-elle pour but que d'engendrer un être à la fois mortel et lucide et dont le perfectionnement aboutirait au seul résultat qu'il connaîtrait la cruauté d'une condition que les animaux ont au moins l'avantage d'ignorer?

Mais de telles réflexions ne sont pas des preuves. La mort de la personne consciente ne serait pas d'ailleurs la seule monstruosité de l'univers. La souffrance d'un enfant innocent, par exemple — Dostoïevsky l'a souligné avec une vigueur inégalée — reste le scandale des scandales dans un univers créé par un Dieu bon, quelles que soient les compensations offertes. En fait toute croyance en une destinée de la personne suppose **un acte de foi.** On pourrait sans doute en dire autant quant aux destinées de l'espèce. Il reste **possible,** du point de vue de la seule raison, que l'humanité se détruise elle-même avec la prodigieuse puissance qu'elle tire des armes de guerre modernes. Il est possible que le régime économique qui succédera au capitalisme ne soit pas plus favorable à l'épanouissement de l'humanité... Les erreurs aussi mènent le monde. Une théorie de la destinée humaine, — dans le cadre d'une théologie ou d'une philosophie de l'histoire —, exige un acte de foi qui, dit Merleau-Ponty : « achève en une parole précise le discours confus du monde... Le croyant, le révolutionnaire imaginent que leur combat est déjà gagné — au Ciel ou dans l'Histoire ».

Réduite à ses seules ressources, la philosophie rationaliste ne peut qu'affirmer la **dignité** de l'homme. Sa **destinée** demeure pour elle une énigme.

»»»»»»»»»»»» LES IDÉES ESSENTIELLES ««««««««««««

L'homme est un être extraordinaire, tout à fait singulier dans le monde des vivants. Il fabrique des outils de plus en plus complexes. Il parle. Il invente les règles de ce qui est permis et défendu. Il est capable de sentiments désintéressés et d'actes généreux. Soumis aux lois du sexe et de la mort, il crée des cérémonies nuptiales et funéraires, gestes biologiquement inutiles mais culturellement signifiants. L'homme a longtemps célébré cette originalité décisive, dans la religion (où il se veut créé à l'image de Dieu et possesseur d'une âme immortelle) et dans la philosophie. (Par le *cogito*, par l'affirmation du *Je pense* Descartes prend conscience de lui-même comme d'une substance spirituelle, indépendante du corps.)

Pourtant on parle aujourd'hui de « la mort de l'homme » et Freud, il y a plus de soixante ans, a parlé de la triple blessure que l'homme a vu infliger à l'idée qu'il avait de lui-même. Blessure cosmologique (lorsque Galilée montre que la terre n'est pas le centre de l'univers mais un grain de poussière perdu dans l'immensité cosmique), blessure biologique (lorsque la théorie darwinienne comble le fossé que l'homme avait cru pouvoir creuser entre lui-même et l'animal. L'homme issu de lentes transformations subies par la succession des espèces vivantes n'est plus qu'un « animal évolué »). Blessure psychologique, enfin, lorsque Freud lui-même montre que nos pensées conscientes sont déterminées à notre insu par des affects inconscients.

Assurément, d'une certaine façon l'homme est humilié et dissous dans la nature par les sciences anthropologiques. Mais d'autre part, c'est l'esprit humain qui conçoit la doctrine qui le renie. L'anti-humanisme prouve à sa manière l'ingéniosité et la vigueur de l'esprit humain en même temps que son désintéressement et son objectivité, puisque l'esprit s'emploie à mettre en lumière sa propre dépendance.Et certes l'esprit, en tant qu'objet de la théorie se trouve humilié mais en tant qu'auteur de la théorie, sujet pensant, ne manifeste-t-il pas — jusque dans l'humilité de ses conclusions — l'éclat de sa souveraineté?

Et dans la mesure même où l'anthropologie se veut science objective et vraie — libérée des motivations passionnelles et instinctives qu'elle découvre dans nos conduites et nos institutions — ne témoigne-t-elle pas à sa façon pour la transcendance de l'esprit?

LECTURES

Sur l'interprétation religieuse de la destinée humaine on peut consulter **Pierre TEILHARD DE CHARDIN,** *Œuvres* (sept volumes aux éditions du Seuil et notamment t. 1 *Le phénomène humain*, t. 4 *Le milieu divin*, t. 5 *L'avenir de l'homme.* La pensée de Teilhard a été fort bien analysée in : **Émile RIDEAU,** *La pensée du P. Teilhard* (Seuil).

Voir également l'excellent petit livre de

Étienne BORNE *Dieu n'est pas mort* (Arthème Fayard).

Sur la philosophie « de l'absurde » (qui affirme la dignité de l'homme sans lui accorder une destinée) il est toujours utile de se référer à

Albert CAMUS *Le mythe de Sisyphe* (in t. II Œuvres, Pléiade, Gallimard).
Roger CAILLOIS *Le rocher de Sisyphe* (Gallimard).

Sur le problème de la « mort de l'homme » on consultera :

Michel FOUCAULT *Les mots et les choses* (Gallimard).
Claude LEVI-STRAUSS *Tristes tropiques* (Plon, notamment p. 447)
La pensée sauvage (Plon).

Un article très important de **Georges CANGUILHEM,** *Mort de l'homme ou épuisement du cogito* (in « Critique », juillet 1967).

Et en sens inverse **Mikel DUFRENNE,** *Pour l'homme* (Seuil).

L'article de **Freud,** *Une difficulté de la psychanalyse* (sur la triple humiliation cosmologique, biologique, psychologique de l'homme) se trouve en langue française in *Essais de psychanalyse appliquée* (collection Idées, Gallimard, 1971).

On ne manquera pas en outre de se reporter à un ouvrage plus récent :

J. M AUZIAS, *L'anthropologie contemporaine* (P. U. F. 1976).

TEXTES A COMMENTER

1. « Dans un texte de 1917 intitulé *Une difficulté de la psychanalyse* (*Gesammelte Worke*, *Œuvres complètes* en 18 volumes, t. XII, 7), Freud disait que l'humanité dans la phase moderne de son histoire s'est vue infliger trois graves blessures. La première, cosmologique, était le fait de Copernic qui osa dire que la terre était plus petite que le soleil et tournait autour de lui; la deuxième, biologique, était causée par Darwin dont la doctrine semblait porter un coup définitif à l'orgueil humain (nous savons qu'il n'en fut rien); la troisième, d'ordre psychologique, était la psychanalyse, qui affirma que, malgré toutes les apparences et les croyances, l'homme n'était jamais le souverain de son âme. »

(Marthe ROBERT, *La révolution psychanalytique*, Payot 1964, t. I, p. 26.)

2. « Toute la joie silencieuse de Sisyphe est là. Son destin lui appartient. Son rocher est sa chose. De même l'homme absurde, quand il contemple son tourment, fait taire toutes les idoles. Dans l'univers soudain rendu à son silence, les milles petites voix émerveillées de la terre s'élèvent. Appels inconscients et secrets, invitations de tous les visages, ils sont l'envers nécessaire et le prix de la victoire. Il n'y a pas de soleil sans ombre, et il faut connaître la nuit. L'homme absurde dit oui et son effort n'aura plus de cesse. S'il y a un destin personnel, il n'y a point de destinée supérieure ou du moins il n'en est qu'une dont il juge qu'elle est fatale et méprisable. Pour le reste, il se sait le maître de ses jours. A cet instant subtil où l'homme se retourne sur sa vie, Sisyphe revenant vers son rocher, contemple cette suite d'actions sans lien qui devient son destin, créé par lui, uni sous le regard de sa mémoire et bientôt scellé par sa mort. Ainsi persuadé de l'origine tout humaine de tout ce qui est humain, aveugle qui désire voir et qui sait que la nuit n'a pas de fin, il est toujours en marche. Le rocher roule encore.

Je laisse Sisyphe au bas de la montagne! On retrouve toujours son fardeau. Mais Sisyphe enseigne la fidélité supérieure qui nie les dieux et soulève les rochers. Lui aussi juge que tout est bien. Cet univers désormais sans maître ne lui paraît ni stérile ni futile. Chacun des grains de cette pierre, chaque éclat minéral de cette montagne pleine de nuit, à lui seul forme un monde. La lutte elle-même vers les sommets suffit à remplir un cœur d'homme. Il faut imaginer Sisyphe heureux. »

(Camus, *Le mythe de Sisyphe*, Gallimard.)

SUJETS DE DISSERTATIONS OU DE DÉBATS

— L'homme n'est-il, selon le mot de SPINOZA « qu'une partie de la nature »?

— La vie vaut-elle la peine d'être vécue?

— Commentez cette parole de SPINOZA : « Le philosophe ne pense à aucune chose moins qu'à la mort et sa philosophie est une méditation de la vie, non de la mort. »

— Que pensez-vous de ce mot de SCHOPENHAUER : « La mort est le génie inspirateur, le musagète de la philosophie. Sans elle on eût difficilement philosophé »?

— En quel sens entendez-vous cette formule de SAINT-EXUPÉRY : « Ce qui donne un sens à la vie donne un sens à la mort? »

— Commentez le mot de NIETZSCHE : « Dieu est mort, maintenant nous voulons que le surhomme vive. »

— Karl MARX a écrit, dans la *Critique de la philosophie du droit de Hegel :* « L'homme est pour l'homme l'être suprême. » Qu'en pensez-vous?

— Confrontez le mot célèbre d'un personnage de Dostoievsky : « Si Dieu n'existe pas, tout est permis » et cette remarque d'un philosophe contemporain, Michel Verret : « C'est à l'envers qu'il faut prendre la formule de Dostoievsky; si l'homme existe, tout n'est plus permis à Dieu » (on pourra aussi opposer à Dostoievsky ce jugement de Simone de Beauvoir dans *Une morale de l'ambiguïté :* « Un Dieu peut pardonner, effacer, compenser; mais si Dieu n'existe pas les fautes de l'homme sont inexpiables »).

— Expliquez et s'il y a lieu discutez ce jugement d'Émile Boutroux : « Le pivot de la vie religieuse est l'intérêt que prend l'individu à sa destinée personnelle. »

— La notion d'humanisme. Que vaut-elle aujourd'hui? (on abordera le thème actuel de la « mort de l'homme », cf. ouvrages de FOUCAULT, de DUFRENNE, article de CANGUILHEM, cités dans la bibliographie de ce chapitre, voir aussi l'appendice sur le *Structuralisme* à la fin de notre chapitre sur l'*existence*).

SUJETS DONNÉS AU BACCALAURÉAT EN 1979

— L'idéal de l'homme est-il de se suffire à lui-même? (Dijon B)
— Qu'appelle-t-on un homme? (Nice série B)
— Qu'est-ce que croire en l'homme? (Besançon)

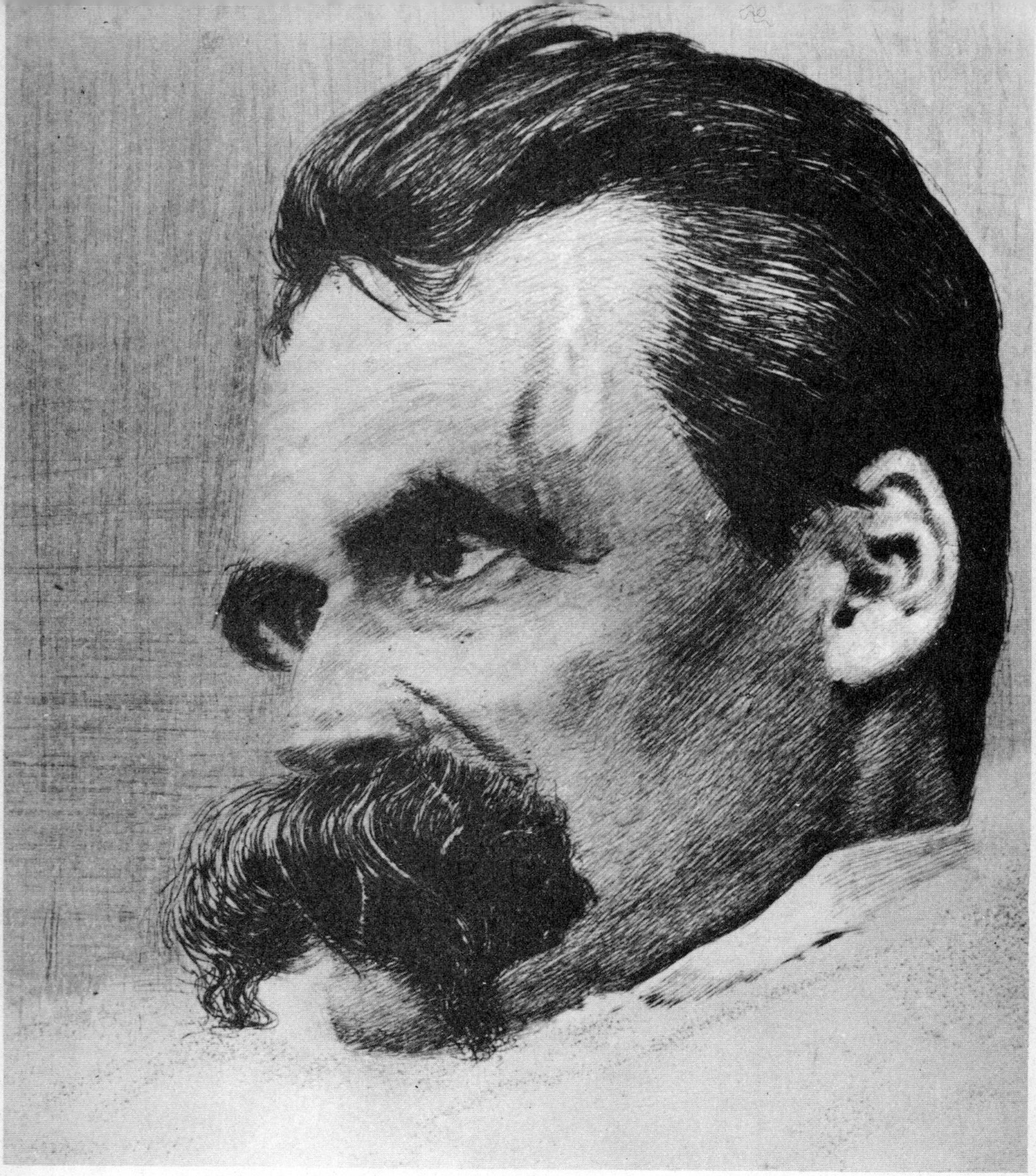

(Photo Snark)

De toute l'œuvre de Frédéric Nietzsche on ne retient trop souvent que la formule célèbre « Dieu est mort ». Mais le Dieu que Nietzsche a exécuté est seulement le Dieu-moral, le Dieu-juge, celui qui condamne la vie. Nietzsche, proclamant l'« innocence du devenir », rêvant au retour éternel, dans un cycle infini, de tous les moments de chaque existence, s'est voulu pieux devant le dieu de la vie. Pour Nietzsche, l'existence redevient sacrée dans un sens nouveau. Le nietzschéisme est un panthéisme mystique.

A. V.

CHAPITRE IX

Un problème métaphysique :

l'idée de Dieu

Einstein revenait en Amérique après un voyage en Europe; un journaliste lui demanda sur l'aérodrome : « Maître, croyez-vous à l'existence de Dieu? » Le célèbre savant répondit, paraît-il : **« Définissez-moi d'abord ce que vous entendez par Dieu** et je vous dirai si j'y crois. » Car la réponse à la question « Dieu existe-t-il? » dépend du sens que l'on donne à ce mot « Dieu ». En langage philosophique, la réponse à la question **d'existence** dépend de la représentation qu'on s'est faite de l'**essence.**

Le dialogue entre celui qui dit « Dieu existe » et celui qui dit « Dieu n'existe pas » est parfois un dialogue de sourds car tous deux ne prêtent pas la même signification à ce mot « Dieu ». Mais, d'autre part, lorsque deux hommes soutiennent que Dieu existe ils ne sont pas nécessairement du même avis, car ce mot « Dieu » peut renvoyer chez l'un et chez l'autre à des idées très différentes.

Cette difficulté préliminaire permet au moins d'exclure tout de suite de notre débat un argument longtemps classique, l'argument du **consentement universel.** Dieu existe, disait-on, car à peu près toutes les civilisations, à peu près tous les hommes ont cru en lui. Certes, un tel argument ne serait — en tout état de cause — guère démonstratif, car les hommes peuvent s'accorder sur une erreur comme sur une vérité, et l'uniformité d'une croyance ne garantit pas sa valeur. **Mais, en fait, il n'y a pas de consentement universel et ce terme unique « Dieu » a recouvert et recouvre encore les croyances les plus diverses.**

Avant d'engager le débat classique « Pour ou contre l'existence de Dieu », il nous faut donc connaître les différentes façons de concevoir Dieu. Il conviendra aussi de donner quelques indications sur ce qu'on nomme l'athéisme qui, au sens strict, n'est pas seulement le refus d'une conception de Dieu ou d'une autre, mais le refus de toutes les conceptions de Dieu. (Il y a là une difficulté : peut-on considérer comme « athée » toute philosophie qui refuse le **mot** Dieu, même si, sous un autre nom elle fait à « Dieu » une place? Et peut-on considérer un système comme non-athée sous prétexte que le **mot** Dieu y figure?).

I — LES DIFFÉRENTES CONCEPTIONS DE DIEU; L'ATHÉISME

1° LE THÉISME TRADITIONNEL

C'est la conception de Dieu qui vous est la plus familière parce qu'elle est celle des grandes religions (juive, chrétienne, musulmane) issues de la **Bible.** Vous la trouvez chez saint Augustin, chez saint Thomas, chez Descartes, Malebranche, Pascal, chez les philosophes chrétiens contemporains. Quand Pascal oppose au Dieu des religions, au « Dieu d'Abraham, d'Isaac et de Jacob », le « Dieu des philosophes et des savants », **il s'agit beaucoup plus d'une opposition portant sur les moyens de connaître ce Dieu, d'être conduit à affirmer son existence que d'une opposition sur la conception même de Dieu.** La métaphysique s'adresse pour atteindre Dieu à la seule raison, alors que la religion se fonde essentiellement (et selon certains exclusivement) sur la foi dans la **Révélation** d'un texte sacré. C'est donc lorsque nous traiterons des moyens d'atteindre Dieu qu'il conviendra de se préoccuper de cette distinction.

Dans la conception théiste Dieu est avant tout le **Créateur de l'Univers.** Il est **transcendant** au monde créé (c'est-à-dire extérieur et supérieur au monde). Il est la source de tout ce qui existe, le principe des vérités logiques, des lois de la nature, la source suprême et la garantie des valeurs morales. Ce Principe est généralement conçu comme une **Personne,** comme l'Être parfait, tout-puissant et très bon.

Si Dieu, dans cette perspective, est une personne, c'est une personne transcendante à laquelle sans doute nous pouvons nous adresser, mais que nous ne pouvons pas nous représenter d'une façon exacte. Dieu est l'**Être infini et mystérieux** qui dépasse mon intelligence bornée de créature.

Et il faut distinguer soigneusement cette définition de la Divinité par les philosophes et les théologiens théistes de l'image « humaine, trop humaine » que la foule se fait de Dieu, image naïve que les penseurs théistes sont les premiers à critiquer. Personne ne conteste que l'homme n'a que trop tendance à se représenter Dieu à sa ressemblance. Voltaire l'a dit en une formule saisissante : « On prétend que Dieu a fait l'homme à son image. L'homme le lui a bien rendu. » Au VIe siècle avant notre ère Xénophane de Colophon remarquait déjà : « Les Éthiopiens font leurs Dieux noirs et avec le nez camus; les Thraces disent que les leurs ont les yeux bleus et les cheveux rouges... Si les bœufs, les chevaux et les lions avaient des mains et si avec leurs mains ils pouvaient peindre et produire des œuvres d'art comme les hommes, les chevaux peindraient les formes de Dieux pareilles à celles des chevaux, les bœufs pareilles à celles des bœufs (1). » Max Scheler dira que « le Dieu de Mahomet a quelque chose du fanatisme d'un cheik habitué à la sauvagerie du désert, le Dieu chrétien des jeunes peuples germaniques rappelle un duc teuton aux yeux bleus ». Aussi beaucoup de philosophes théistes, insistant sur le fait que Dieu est mystère, ajoutent que toute représentation de Dieu est vaine et menteuse (2). « Quand je parle

(1) Cité par BRUNSCHVICG, *La Raison et la Religion*, p. 82.

(2) Mais comment le croyant, qui prie son Dieu, qui s'adresse à lui comme à un Père, qui lui confie ses peines et ses espérances, pourrait-il toujours éviter de se le représenter concrètement, de lui prêter des attitudes humaines? Le Dieu de la religion est à la fois mystérieux et proche. Comme le note Édouard Le Roy : « Fait capital et d'une immense portée, une conception anthropomorphique de Dieu nous est à la fois philosophiquement interdite et religieusement nécessaire ».

de Dieu, note M. Gabriel Marcel, ce n'est pas de Dieu que je parle (1). » Souvent ceux qui se déclarent athées refusent seulement une image naïve et anthropomorphique de Dieu. Ils refusent de croire à un dieu de vitrail, à une idole. Le Dantec remarquait par exemple : « Lorsque je me déclare athée, j'entends seulement dire que je ne suis nullement satisfait par l'hypothèse selon laquelle les lois de la nature tireraient leur origine d'un Dieu dont on pourrait parler comme on parle d'un homme. » En ce sens les « athées » seraient quelquefois « des hommes qui se refusent à reconnaître Dieu dans l'image mutilée qu'on leur en présente. » (Lagneau).

Mais il y a, en fait, d'autres attitudes philosophiques que le théisme (2). Nous examinerons successivement le panthéisme, l'athéisme authentique (tous les athées ne sont pas des croyants qui s'ignorent) et la religion idéaliste du « dieu-valeur ».

2° LE PANTHÉISME

Sens du mot panthéisme

Ce mot signifie étymologiquement que tout (pan) est dieu (théos) ou que Dieu est partout. Bien entendu il ne faut pas confondre le panthéisme avec un fétichisme polythéiste qui verrait des dieux dans tous les objets, dans tous les animaux. Les panthéistes sont au contraire persuadés de l'**Unité** fondamentale de l'Univers. Mais pour eux il ne faut pas distinguer Dieu du monde. Dieu n'est ni créateur du monde, ni extérieur et supérieur (transcendant) au monde. Mais Dieu se confond avec le monde, ou encore le monde est en Dieu, non à l'extérieur de Lui. Les panthéistes, qui insistent beaucoup sur l'**infinité divine,** ne veulent pas admettre un Dieu créateur. Si Dieu est infini, disent-ils, il n'a pas pu créer un monde extérieur à lui, car par définition on ne peut rien ajouter à l'infini. Si un univers distinct de Dieu s'ajoute à Dieu, Dieu plus l'univers cela ferait plus que Dieu. Un Dieu créateur ne pourrait donc être infini. Croire à un Dieu créateur serait blasphémer contre l'infinité divine. Si Dieu avait créé quelque chose à l'extérieur de lui-même, il n'aurait pas été lui-même la Totalité, l'absolue Infinité. L'univers est donc en Dieu non hors de lui : Dieu est **immanent** à l'univers.

Les stoïciens, Plotin, Spinoza

C'est ainsi que les stoïciens enseignaient que Dieu est Corps, mais ce grand corps de l'Univers n'était pas constitué par une matière inerte. Le cosmos était au contraire un être vivant dont Dieu était l'âme. **Dieu était l'âme du monde,** la Raison immanente à toutes choses. Notre âme ellemême n'était qu'une parcelle du souffle divin.

---

(1) Cette formule signifie seulement que la réalité divine dépasse infiniment les discours, les concepts et les pauvres images par lesquels je cherche à me la représenter. La critique de l'anthropomorphisme est un thème très classique et sans cesse repris. Dans son *Rapport d'Uriel* Julien Benda fait dire à cet archange descendu sur terre pour rendre à son Seigneur compte des hommes vivant sur la planète Terre : ils se font une image de Vous à leur mesure en sorte que l'Infini aurait une bouche, des yeux et des oreilles.

(2) De grands systèmes philosophiques de l'antiquité ne se laisseraient d'ailleurs réduire ni au théisme traditionnel, ni au panthéisme. Pour Platon le vrai Dieu c'est l'ensemble des Idées, modèles éternels de toutes choses; mais il y a un démiurge qui, les yeux fixés sur ce modèle éternel, fabrique le monde avec une matière qu'il n'a pas créée et qui lui préexiste. Pour Aristote, Dieu est pensée pure, pensée de la pensée (noésis noeseôs). Non seulement il n'a pas créé le monde mais il ignore le monde qui au-dessous de lui est. Le monde, en revanche, tend vers Dieu comme vers son modèle et son but. Ainsi Dieu — sans connaître le monde — est pour Aristote le moteur immobile du monde qui tend vers Lui. « Le monde, disait Ravaisson interprétant Aristote, est une pensée qui ne se pense pas, suspendue à une pensée qui se pense ».

Pour Plotin, philosophe néoplatonicien, les êtres particuliers et concrets ne sont pas l'objet d'une création de Dieu, mais sont plutôt une dégradation de l'**Unité divine.** Le multiple procède de l'Un non par création mais par éparpillement dans le temps et dans l'espace. Le devenir, le cours changeant des choses est un dégradé de l'Éternel.

Pour Spinoza, les réalités concrètes particulières se résorbent par déduction dans l'Unité divine éternelle; les choses particulières ne sont que des affections de Dieu qui se déduisent de son Essence comme de l'idée du triangle on déduit que la somme de ses angles vaut deux droits. Les êtres finis ne sont pas des créatures de Dieu mais des **parties de Dieu,** des « modes finis de la Substance infinie ». Dieu ou la Nature (Deus sive natura), c'est la Substance infinie qui a une infinité d'attributs dont nous ne connaissons que deux, l'Étendue et la Pensée. L'homme est une partie de Dieu. Son âme n'est qu'un rayon de la Pensée infinie et son corps n'est qu'un tout petit fragment de l'Étendue infinie (1).

Le panthéisme hégélien

Sous une forme nouvelle on retrouve le panthéisme au XIXe siècle avec Hegel. Pour lui Dieu est cet esprit absolu, d'abord endormi dans la nature et qui se réalise progressivement dans l'histoire pour ne se révéler qu'à la fin dans toute sa plénitude et son éclat. **Dieu n'est pas donné d'abord mais il s'accomplit par étapes à travers les œuvres de la culture humaine.** Dieu c'est donc l'esprit humain lui-même dans son progrès ou plutôt ce savoir absolu, cette limite idéale vers lesquels tendent la culture et les œuvres humaines en leur développement. Le rôle traditionnel de la transcendance, de l'au-delà, est ici assumé par le futur. Ainsi il n'est pas de vraie transcendance mais Dieu est immanent à l'Histoire. Il n'est pas d'autres valeurs que celles que l'histoire réalise. Lorsque deux peuples, deux civilisations sont en conflit, le peuple, la civilisation qui triomphent en fait, incarnent réellement un moment du devenir de l'esprit. Le « droit » se confond avec la force triomphante, les « valeurs » avec le cours du monde. Il n'y aura pas à la fin de l'Histoire un jugement dernier qui condamnera certains peuples, en absoudra d'autres. Dieu n'est pas un juge transcendant extérieur et supérieur à l'Histoire elle-même. Dieu,

---

(1) Cette opposition entre le théisme judéo-chrétien (Dieu créateur du Monde et des personnes) et le panthéisme (les choses particulières ne sont que des parties de Dieu) se poursuit dans l'attitude religieuse elle-même, par exemple dans la conception de l'Amour. Dans un système panthéiste on conçoit que l'homme aime Dieu puisque Dieu est la totalité de l'Être; on conçoit mal que l'homme aime son prochain (qui n'est qu'un éparpillement de Dieu); on conçoit encore moins que Dieu (qui d'ailleurs n'est pas une Personne) aime les êtres particuliers qui ne sont que la dégradation de son Unité immanente (Spinoza à la cinquième partie de l'Éthique démontre le théorème XIX : « *il est impossible que celui qui aime Dieu désire que Dieu l'aime à son tour* »). Dans une métaphysique panthéiste où les êtres individuels proviennent de la pulvérisation d'une Unité primordiale, l'amour ne peut être que le désir nostalgique de l'unité perdue. L'amour pour un individu serait une limitation, un « enracinement » dans le particulier. Au contraire, dans une pensée théiste, les personnes créées ont une valeur propre et l'amour de l'Être infini n'exclut pas, bien au contraire, l'amour des Personnes que Dieu lui-même aime. Saint Jean dit par exemple : « Si quelqu'un dit : j'aime Dieu et qu'il déteste son frère, il est un menteur, car celui qui n'aime pas son frère qu'il voit, celui-là ne peut aimer Dieu qu'il ne voit pas ». Le salut ne consiste pas à fuir le particulier dans l'Universel, à défaire ce que l'acte de création a fait. Les personnes créées ont une autonomie et une *valeur* positive (cf. le beau livre de Cl. Tresmontant — dont cette note s'inspire — *La pensée hébraïque* (Éd. du Cerf).

c'est l'histoire elle-même, ce qui s'accomplit dans le devenir : **« L'histoire du monde est le jugement dernier du monde. »** Cependant, ce qui est actuellement accompli dans l'univers, ce qui présentement triomphe n'épuise pas l'essence divine, puisque Dieu, à proprement parler, n'est pas, mais sera.

A partir de Hegel cette conception de Dieu devait, sous des formes diverses, avoir un immense succès. Toute la philosophie moderne du **progrès** s'inspire du système hégélien. On en trouve encore un écho, adapté à la pensée chrétienne, dans l'évolutionnisme du P. Teilhard de Chardin, ou dans ces réflexions du poète Rilke (1) : « Pourquoi ne pas songer que Dieu est celui qui viendra, qui de toute éternité doit venir, qu'il est le futur, le fruit accompli d'un arbre dont nous sommes les feuilles? Ne croyez-vous pas que tout ce qui arrive est un commencement? Ne serait-ce pas son commencement à lui? Quel sens aurait notre poursuite si celui que nous cherchons appartenait déjà au passé? »

L'équivoque du panthéisme

En fait le panthéisme hégélien est essentiellement ambigu et peut s'interpréter de deux manières : Ou bien ce Dieu qui se réalise n'est que la « catégorie de l'idéal » (Renan), sans cesse en progrès dans la conscience humaine et **l'homme cesse d'être une créature pour devenir celui à travers lequel l'idéal se réalise, autrement dit le créateur de Dieu même,** ou bien Dieu est **Idée virtuellement présente au début du devenir** dont chaque étape, bien loin de s'expliquer par les moments antérieurs, prépare au contraire ce qui va suivre, secrètement dirigée par l'Idée qui ne s'aliène dans l'histoire que pour ressurgir dans la conscience du « savoir absolu ».

Mais tout panthéisme et pas seulement celui de Hegel est équivoque. Le panthéisme est le refus de distinguer Dieu et le monde. Or, ceci peut s'entendre en deux sens : Ou bien Dieu seul est réel. En termes spinozistes, n'existe que la « nature naturante » l'unité de la Substance; le monde concret, divers en sa multiplicité, la « nature naturée » n'est qu'apparence. C'est le panthéisme asiatique où Dieu seul existe vraiment tandis que le monde n'est qu'un rêve (on peut appeler cette conception un acosmisme : le cosmos, le monde n'existe pas). Ou tout au contraire « le monde seul est réel, Dieu n'est que la somme de tout ce qui existe » (2). En ce cas Dieu n'est plus qu'un mot pour désigner toutes choses, un mot inutile, et le panthéisme n'est qu'un athéisme déguisé. « Si tout est Dieu, rien n'est Dieu. » En fait le panthéisme ne se distingue de l'athéisme que dans la mesure où il conserve tout en l'affaiblissant quelque chose de la distinction théiste entre le Créateur et la Créature. Chez les stoïciens l'âme du monde ne se confond pas avec le monde. L'âme du monde c'est ce qui « tend » le monde, lui donne structure et vie. Plotin distingue l'un et le multiple, le multiple n'étant pas créé par l'un mais en « procédant » et chez Spinoza la « nature naturée » est le déploiement de la « nature naturante ». Chez Hegel, le cours réel, concret, de l'histoire universelle se distingue de l'Idée qui le sous-tend et l'explique, bien qu'il n'y ait pas d'autre incarnation de l'Idée que le cours de l'histoire. Ainsi la solution panthéiste offre toujours, prise entre un théisme affaibli et un athéisme pur et simple, la même ambiguïté.

3° L'ATHÉISME

C'est la négation complète de Dieu : le monde n'a pas été créé par une Personne transcendante, il ne procède pas davantage d'une unité immanente, d'un Principe dont il serait le développement. Il ne tend pas vers

(1) *Lettres à un jeune poète* (cité par DANIELOU, *Dieu et nous*, Grasset).
(2) D'après Lalande *Vocabulaire* (article : panthéisme).

un but, vers une Fin, posée d'avance comme son terme et son accomplissement. La matière n'a besoin d'être expliquée par aucune Cause créatrice ni par rien qui soit analogue à une Cause créatrice. La matière est **éternelle** (1); elle n'a ni commencement ni fin. Tous les phénomènes de l'univers et en particulier la présence de l'homme et son histoire s'expliquent à partir des lois du développement de la matière en mouvement. L'homme issu de la matière en prend progressivement connaissance et il n'y a dans l'univers aucun mystère définitivement inaccessible. Tel est en particulier le point de vue des marxistes. L'athéisme strict implique donc le matérialisme.

4° L'AGNOSTICISME

Cette expression est souvent employée pour désigner non seulement ceux qui pensent qu'on ne peut se faire aucune idée de Dieu (Sully-Prudhomme définissait Dieu « ce qui me manque pour comprendre ce que je ne comprends pas »), mais encore ceux qui ajoutent qu'on ne peut savoir si Dieu existe ou non. A la différence des marxistes, les agnostiques trouvent l'univers mystérieux. Que l'univers ait été créé, qu'il n'ait ni commencement ni fin, sont choses également incompréhensibles. Le problème des origines et des fins dernières nous dépasse. Le positiviste Littré disait que l'absolu est « un océan pour lequel nous n'avons ni barque ni voile ».

5° LA « RELIGION DE L'ESPRIT »

Certains philosophes nomment « Dieu » l'esprit humain lui-même en tant qu'ils voient en lui la source des vérités et des valeurs. Cette tradition est en particulier celle de l'idéalisme français du XIXe et du XXe siècle, celle de Lagneau, de Brunschvicg (2).

On peut ainsi résumer le point de vue de Lagneau : Dieu n'existe pas à proprement parler, **Dieu c'est la valeur,** ce qui doit être et non ce qui est, une exigence et non une existence. Tout ce qui existe est limité, dépendant, mais notre pensée s'élève à l'idée de valeur absolue. Croire que Dieu « existe » c'est blasphémer, c'est figer Dieu, l'étaler comme une chose. Dieu est valeur, non existence. L'existence serait pour lui une sorte d'impureté. En somme, on renoncerait à l'existence de Dieu pour sauvegarder la divinité de Dieu.

Ce dieu-valeur, d'autre part, ne pourrait être nié sans contradiction : car celui qui est assez sot pour dire : Il n'y a pas de valeurs, pense implicitement qu'il **est valable de dire qu'il n'y a pas de valeurs** et **pose ainsi la valeur dans sa négation de la valeur.** Toute pensée dès qu'elle

(1) Les athées, en particulier les marxistes emploient volontiers cette expression. Peut-être vaudrait-il mieux — dans ce sens — utiliser le mot *perpétuel.* Car dans le langage traditionnel de la théologie, éternel ne signifie pas *qui dure toujours* mais *qui est en dehors du temps.*

(2) Bien que Brunschvicg s'inspire de Spinoza, Lagneau de Descartes et de Kant, pour l'essentiel ces deux philosophes sont d'accord sur la question de Dieu. Dieu est esprit et l'esprit c'est notre esprit en tant qu'il saisit des vérités et des valeurs universelles.

se retourne sur soi, dès qu'elle **se réfléchit** découvre que l'affirmation fondamentale et première de la pensée est celle de la valeur de la Pensée. Cet absolu de la Pensée, découvert par réflexion, est Dieu.

Pour Brunschvicg, Dieu est le principe de vérité et de justice immanent à notre esprit. Cet idéalisme n'est pas — à l'encontre de ce qu'on dit souvent — un panthéisme car Dieu n'est pas identifié à la nature. L'esprit n'a pas à rendre raison de la matière, de l'existence des choses, car la matière est au-dessous de l'esprit, indigne de lui en quelque sorte. Dieu c'est la source non de l'être mais des vérités et des valeurs. Ce qu'il y a chez Brunschvicg de commun avec le panthéisme c'est le refus de voir en Dieu une transcendance et une Personne. Dieu est immanent à notre esprit (et non pas une source mystérieuse de l'esprit extérieure et supérieure à lui). Dieu, principe de la conscience, n'est pas une Personne. Quand on dit que Dieu est amour, il ne faut pas entendre par là que Dieu est une Personne mystérieuse qui nous aurait créés et nous aimerait, mais simplement que Dieu est « ce qui aime en nous », le principe spirituel d'un amour désintéressé (1).

Vous voyez par tout ce qui précède que les conceptions que les philosophes se sont faites de Dieu sont fort diverses; pour discuter clairement sur le problème traditionnel de l'existence de Dieu, il faut donc savoir de quelle conception de Dieu nous parlons. Aussi précisons-nous que dans les pages suivantes il sera question du théisme. Le problème de l'existence de Dieu sera le problème de l'existence d'un Dieu créateur et transcendant, tout-puissant et parfait, fondement des lois de la nature et des valeurs (logiques, esthétiques, morales), d'un Dieu personnel, celui des grandes religions occidentales et des philosophes et théologiens théistes.

Dieu existe-t-il? Aujourd'hui le problème est rarement posé de cette façon directe : « croyants » et « incroyants », au lieu de répondre par des arguments à la prise de position de l'adversaire, tentent plutôt de la faire s'écrouler par une méthode indirecte en découvrant à la source de l'affirmation qu'ils veulent critiquer la présence de motifs biologiques, psychologiques, sociaux. Une telle attitude peut être décrite sous le nom de « psychologisme ».

II — POSITION INDIRECTE DU PROBLÈME : LES RUSES DU PSYCHOLOGISME

Cette « tactique » n'est d'ailleurs pas nouvelle. Elle a toujours été pratiquée par les apologistes, notamment par les prédicateurs : au lieu de

(1) Aussi Brunschivcg n'entend-il pas être considéré comme athée. Refuser de croire en un Dieu personnel et créateur n'est pas selon lui être athée mais au contraire adopter une croyance plus pure, la croyance à ce Dieu intérieur, à ce Dieu-esprit, « pauvre, dépouillé, auquel sont refusés tout à la fois la floraison des symboles, l'encens des prières, la majesté des pompes liturgiques ». Aux yeux de Brunschvicg c'est au contraire la croyance en un Dieu personnel, créateur, rémunérateur et vengeur qui est entachée d'anthropomorphisme et d'idolâtrie et qui dans la mesure où elle méconnaît le Dieu-esprit est athée. C'est toute la « querelle de l'athéisme ».

discuter directement les arguments de l'incroyant on lui dit : Vous refusez de croire en Dieu par orgueil, parce que vous ne voulez pas admettre une Existence supérieure à la vôtre et dont vous dépendriez. De même la croyance en un juge suprême gênerait la satisfaction de vos passions désordonnées; le P. Sertillanges, en son **Catéchisme des incroyants,** déclare que « le matérialisme athée a deux avantages : il fait de l'univers un jouet magnifique pour notre orgueil et une bauge libre pour nos passions ». Il cite avec faveur les formules d'un éloquent prédicateur qui évoquait l'« athée jouisseur, fouillant du groin la flaque sans voir au fond le reflet du ciel »!

L'argumentation de Nietzsche

Cette méthode de discussion est aussi largement utilisée par les incroyants. Tout le monde connaît la critique du christianisme, proposée par Nietzsche : ce sont les esclaves, les vaincus de la vie qui ont inventé l'au-delà pour compenser leur misère. Ils ont imaginé de fausses valeurs pour se consoler de ne pouvoir participer aux valeurs authentiques, aux valeurs des maîtres et des forts. Ils ont forgé le mythe du salut de l'âme parce qu'ils n'avaient pas la santé du corps. Ils ont « inventé un autre monde pour pouvoir calomnier celui-ci et le salir ». Ils ont forgé la fiction du « péché » parce qu'ils ne pouvaient participer aux joies terrestres de la pleine satisfaction des instincts.

L'argumentation marxiste

Mais la critique psychosociologique de l'attitude religieuse avait été inaugurée par Feuerbach et Marx. Feuerbach a transposé dans une perspective matérialiste le thème hégélien de l'aliénation. Pour Hegel, l'Idée (Dieu si l'on veut) se dissimule, s'aliène temporairement dans l'histoire avant de se révéler pleinement. Pour Feuerbach, c'est tout au contraire l'homme qui projette dans le ciel en le séparant, en l'**aliénant** de lui-même, le rêve de Justice qu'il ne peut réaliser sur la terre. Justice, amour, sagesse sont les attributs de la conscience humaine, représentent l'idéal humain, projeté de façon « fantastique » en Dieu : « Les dieux sont les vœux de l'homme réalisés », dit-il, et il ajoute cette formule saisissante que Marx admira : « L'homme pauvre possède un dieu riche. » Ainsi Dieu n'est qu'une projection imaginaire de l'homme qui se trouve « dépossédé de quelque chose qui lui appartient en propre au profit d'une réalité illusoire ». Nier l'existence de Dieu et de l'au-delà n'est donc, pour l'homme, que reprendre possession de son bien.

Marx adopte en les précisant les thèmes de Feuerbach : les valeurs humaines sont bafouées sur la terre par l'exploitation de l'homme par l'homme; on les projette alors dans le ciel sous forme de mythes religieux, la religion étant, selon Marx, « l'opium du peuple, le cœur d'un monde sans cœur » (1). Les exploiteurs promettaient dans le ciel des biens dont ils privent les exploités sur la terre.

---

(1) A vrai dire ce n'est pas dans le prolétariat misérable que la foi religieuse est généralement la plus vive : les marxistes le reconnaissent et précisent ainsi leur pensée : la religion appartiendrait aux classes sociales qui ont peur, qui se sentent condamnées par l'histoire, alors que les classes montantes, en plein essor, et riches d'espérance se passent de la foi. Au XIXe siècle, il y

De Durkheim à Freud

Mais l'incroyant trouve à sa disposition bien d'autres systèmes de critique indirecte. Il peut s'adresser à Freud qui lui montrera dans la croyance en Dieu un transfert du sentiment filial, un retour nostalgique à l'enfance sous la protection d'un Père juste, bon et tout-puissant : « la mort du Père est la naissance de Dieu. » Il peut emprunter à Bergson une critique, que l'auteur des **Deux sources** réservait d'ailleurs à l'explication des religions statiques, des religions primitives figées dans leurs formes sociologiques : la peur de la mort engendrerait chez un être conscient une angoisse compensée par des croyances en une vie future; la peur de l'échec serait compensée par la foi en une providence bienveillante. Les croyances religieuses seraient simplement une réaction défensive de l'instinct contre ce que pourrait avoir de déprimant (peur de la mort, découragement causé par l'imprévisible) la lucidité de l'intelligence. La religion serait alors, non un moment de la vie de l'esprit, mais un instrument au service de l'instinct vital. La mythologie religieuse n'aurait pas valeur de vérité mais serait une fonction biologique (1). Telle serait la **fonction fabulatrice** que Bergson voyait à l'œuvre dans les religions primitives.

Enfin, l'incroyant pourra trouver des armes dans Durkheim **(Formes élémentaires de la vie religieuse)** et dira au théiste : Vous prenez conscience sous le nom symbolique de Dieu de la société qui vous dépasse, vous soulève au-dessus de vous-même (dans les cérémonies de la vie collective l'individu se sent pénétré par une influence réconfortante et vifiante).

Ambiguïté du psychologisme

Que penser du psychologisme? Tout psychologisme — celui des prédicateurs comme celui des incroyants — « refuse (comme dit excellemment M. Jean Lacroix) d'opposer des arguments aux arguments, n'essaie pas d'ébranler directement un système par des raisons mais de le faire s'écrouler en révélant ses soubassements biologiques, psychologiques et sociaux ».

Par là même le psychologisme laisse irrésolue la question métaphysique. Certes cette méthode critique est féconde si nous l'appliquons à nous-même afin de purifier nos options métaphysiques de tous les mobiles sentimentaux ou sociologiques qui pourraient effectivement s'y mêler. Mais la portée de la méthode est purement psychologique. Il se peut en effet que M. Dupont soit athée pour se livrer commodément à ses passions; il se peut que M. Durand soit croyant parce qu'il a peur de la mort. **Ceci nous instruit beaucoup sur M. Dupont et sur M. Durand, mais ne nous permet en rien de résoudre le problème de Dieu.** Et il est temps de poser ce problème **directement** en écoutant les arguments des uns et des autres (2).

III — POSITION DIRECTE DU PROBLÈME. DIEU EXISTE-T-IL ?

Nous examinerons ici les différents arguments proposés en faveur de l'existence de Dieu. Nous indiquerons également les critiques que les

avait beaucoup de piété dans l'aristocratie vaincue et dans le peuple écrasé alors que la bourgeoisie était voltairienne. Aujourd'hui les choses ont changé parce que le monde ouvrier prend conscience de sa force et que la bourgeoisie a peur de l'avenir et se réfugie dans la piété. « Il y a beau temps, disait un marxiste, que M. Homais s'est converti car il tremble à chaque grève de son garçon d'officine et redoute la nationalisation des pharmacies. »

(1) Un personnage de Dostoïewski dit que « l'homme a inventé Dieu pour ne pas se tuer ».

(2) Il y a plusieurs manières d'ignorer le problème philosophique de Dieu : le psychologisme substitue au problème philosophique de Dieu une psychologie de la croyance ou de l'incroyance. Le fidéisme soustrait aux démarches de la raison l'acte de foi en un Dieu, « sensible au cœur ». Le mysticisme invoque une présence ineffable de Dieu qui « visite », « habite » l'âme de l'inspiré.

incroyants adressent à ces arguments; notre exposé s'efforcera de rester objectif et de ne trahir la pensée ni des uns ni des autres. Nous désirons seulement ici proposer au lecteur une information sommaire mais précise susceptible de guider ses réflexions personnelles.

1° DIEU, CAUSE DU MONDE

On peut présenter cet argument sous deux formes concrètes. Ou bien Dieu est posé comme **cause ultime des phénomènes :** chaque phénomène a une cause, cette cause en a une autre, celle-là une autre encore, mais il faut bien s'arrêter quelque part et poser une cause première du phénomène qui est Dieu. Ou bien Dieu est posé — dans les termes que saint Thomas emprunte à Aristote — comme le **« premier moteur de l'univers ».** Il y a du mouvement dans le monde : par exemple l'embryon devient un adulte. Il était un adulte « en puissance », il sera un adulte « en acte ». A tout moment dans le monde ce qui était virtuel, ce qui était «en puissance» devient « actuel », réel. Mouvoir c'est faire passer de la puissance à l'acte, être mû c'est subir cette transformation, ce passage. Le corps qui est mû transmet son mouvement à un autre. Mais il faut bien, à l'origine, poser une source du mouvement. Comme dit saint Thomas : « il faut arriver à un premier moteur qui ne soit mû par nul autre et tout le monde comprend que cela est Dieu ».

D'une façon plus générale, on peut dire que l'univers est **contingent, qu'il n'a pas en lui-même sa raison d'être.** On peut se demander : « Pourquoi y a-t-il quelque chose plutôt que rien du tout? ». La réponse à cette question serait précisément que Dieu est l'**Être nécessaire** dans lequel le monde trouve sa justification et sa raison d'être.

On a adressé à ces arguments diverses critiques. L'argument du premier moteur paraît à certains très démodé : en effet Aristote et saint Thomas (1) semblent supposer que seule l'immobilité est normale, naturelle, tandis que le mouvement a besoin d'une explication. Depuis le XVIIe siècle, la physique n'envisage-t-elle pas les choses autrement? Nous admettons (c'est le **principe d'inertie**) qu'un corps en repos reste en repos et qu'un corps en mouvement uniforme conserve son mouvement si aucun autre facteur n'intervient pour modifier son état de repos ou de mouvement. Le mouvement uniforme est donc aussi naturel que le repos. C'est le repos qui est pour la dynamique moderne un cas particulier du mouvement. L'argument d'Aristote est pré-galiléen.

L'argument par la causalité (Dieu invoqué pour clore, ou plutôt pour inaugurer la série des causes et des effets) **a été critiqué par Kant.** Selon Kant, la raison peut faire un usage légitime et un usage illégitime du principe, de la « catégorie » de causalité. Si je dis que l'échauffement d'une barre de métal est cause de la dilatation de cette barre de métal, je me sers à bon droit de la catégorie de cause. En effet, **les deux phénomènes, l'échauffement et la dilatation, sont donnés dans l'expérience** et

(1) Saint Thomas adapte l'argument d'Aristote aux exigences de la théologie chrétienne. Pour saint Thomas le premier moteur c'est Dieu créateur, cause des mouvements de l'Univers. Pour Aristote, au contraire, Dieu agissait par attraction, non par impulsion. Cause première voulait dire fin ultime puisque le Dieu d'Aristote ne connaît pas le monde qui tend vers lui.

l'esprit humain n'a plus qu'à les relier par la catégorie de causalité. Mais quand la raison avance que Dieu est cause du monde, **un seul terme de cette relation — le monde — est une donnée d'expérience et l'autre, Dieu, est supposé de toutes pièces.** La raison a le droit d'utiliser la catégorie de cause pour relier deux faits donnés dans l'expérience, mais elle n'a pas le droit d'abuser de la catégorie de cause, pour imaginer quelque chose en dehors des phénomènes, de l'expérience réelle (1). Le principe de causalité est une invitation à découvrir, non une permission d'inventer. Comme le dit un interprète de Kant : « on a le droit de chercher de la causalité **dans** le monde, on n'a pas le droit d'inventer une causalité **du** monde ».

Dieu?

chaleur → dilatation   Le monde — causalité en dehors de l'expérience

—causalité appliquée à l'expérience

Brunschvicg a présenté une critique analogue : pourquoi le monde existe-t-il? On invoque Dieu. Mais les exigences du principe de causalité ne nous pousseront-elles pas à réclamer une cause à Dieu? « L'existence d'un Créateur incréé est en contradiction flagrante avec le principe au nom duquel nous nous flattions d'avoir réussi à faire surgir du néant la Cause première. » Si on accepte un Dieu sans cause, ne peut-on aussi bien et plus simplement accepter un monde sans cause?

2° DIEU, SOURCE DE L'ORDRE DU MONDE

Finalité et providence

C'est un argument très ancien et très célèbre. Le monde ne paraît-il pas être l'œuvre d'une souveraine Intelligence? (2). La beauté d'une fleur, d'un paysage résultent-elles d'un assemblage fortuit? La formation des organes des êtres vivants, de l'œil par exemple (qui associe harmonieusement un appareil optique et un appareil nerveux) peut-elle être due au hasard, c'est-à-dire à la rencontre accidentelle de causes mécaniques qui ne poursuivaient aucun but? Sans doute, les mathématiciens peuvent répondre que toutes les combinaisons sont théoriquement possibles et que n'importe laquelle peut se réaliser : par exemple des singes dactylographes qui taperaient dans n'importe quel ordre sur des machines à écrire, pourraient par hasard recomposer dans l'ordre le texte de l'Iliade. Mais cette possibilité théorique est une improbabilité pratique. En fait, l'ordre du monde exigerait une Cause première intelligente qui grouperait en direction d'un but les conditions d'existence de tous les phénomènes. C'est l'argument par la finalité, ou comme on dit (en utilisant le mot grec « telos » qui signifie fin, but) l'argument « téléologique ».

---

(1) Dieu serait alors l'objet d'une affirmation invérifiable; une pure *hypothèse* qui prétend *expliquer* les faits mais qu'il est impossible de *prouver*. Cf. Laplace « Dieu? je n'ai pas besoin de cette hypothèse ».

(2) Cf. Voltaire, *L'univers m'embarrasse et je ne puis songer*
Que cette horloge existe et n'ait point d'horloger.

— On trouve dans notre chapitre sur la Biologie les objections que l'on peut faire à ce finalisme. Notons d'ailleurs que cet argument s'appuie non seulement sur l'existence d'une finalité interne (harmonie de la structure interne de chaque organisme) mais sur l'existence d'une finalité externe (toutes les parties de l'univers seraient créées les unes pour les autres; en particulier, tout serait fait en vue de l'homme, roi de la création). L'argument suppose donc non seulement que le monde est organisé selon un plan mais que cette organisation est parfaite, que cet ordre est juste et bon. Comme il est dit dans le texte de la Genèse : « Dieu vit toutes choses qu'il avait faites et elles étaient très bonnes. »

Le problème du mal

— L'argument se heurte alors à une difficulté majeure connue sous le nom de **problème du mal.** N'y a-t-il pas dans la nature souffrance et désordre? Les créatures vivantes ne sont-elles pas dotées pour la lutte d'armes offensives et défensives pittoresques et redoutables? Si les fleurs sont faites pour charmer nos yeux, à quoi servent les microbes qui nous apportent souffrance, maladie et mort?

Victor Hugo, en des vers qui anticipent l'inspiration d'un Jacques Prévert, déclarait :

> Le monde est une fête où le meurtre fourmille
> Et la création se dévore en famille.

Brunschvicg parlait d'un « dieu artiste » au sens « néronien du mot » (Néron se disait artiste et contemplait le spectacle de l'incendie de Rome avec admiration). Mais ce redoutable problème du mal n'a jamais trouvé une expression aussi émouvante et aussi profonde que dans la Bible, au livre de Job : « L'homme, né de la femme, vit peu de jours. Comme la fleur il naît et on le coupe. » Généralement le problème du mal est posé sous forme d'un dilemme : Ou bien Dieu est tout-puissant, auquel cas il aurait pu, s'il l'avait voulu, éliminer le mal. Il ne l'a pas voulu, c'est donc qu'il n'est pas toute bonté. Ou bien Dieu, dans sa bonté parfaite, aurait voulu éliminer tout le mal; s'il ne l'a pas fait, c'est donc qu'il ne l'a pas pu. Le mal existant comment Dieu peut-il être à la fois tout-bon et tout-puissant?

La théodicée
a) *L'homme est-il responsable du mal?*

Les théologiens se sont efforcés de laver Dieu du double soupçon d'impuissance et de malice. Ils se sont faits les avocats de Dieu : tel est l'objet de la **théodicée.**

Pour laver Dieu de tout soupçon, le plus simple n'est-il pas d'admettre que le mal vient par la faute de l'homme soit directement (lorsque l'homme est responsable du mal qu'il fait aux autres hommes) soit indirectement (Dieu punit l'homme pour ses péchés)?

Mais en tout cela n'est-ce pas l'homme qui projette sa propre psychologie sur l'univers? C'était l'avis de Spinoza qui écrit dans l'Appendice du Livre I de l'Éthique : « Les hommes font toutes choses pour une fin, c'est-à-dire pour l'avantage qu'ils désirent obtenir... Trouvant en eux

L'affirmation de l'existence de Dieu a toujours été liée, dans les sociétés humaines, à des cérémonies cultuelles (par exemple les processions). De telles manifestations parviennent-elles toujours à traduire la pure idée de Dieu sans la trahir ? Problème insoluble. Comme le notait Edouard Le Roy : « Fait capital et d'une immense portée, une conception anthropomorphique de Dieu nous est à la fois philosophiquement interdite et religieusement nécessaire. »

A. V.

et hors d'eux quantité de moyens qui leur servent pour atteindre ce qui leur est utile, par exemple les yeux pour voir, les dents pour mâcher, les végétaux et les animaux pour s'alimenter, le soleil pour les éclairer, la mer pour nourrir les poissons, il en est résulté qu'ils considèrent toutes les choses de la nature comme des moyens destinés à leur utilité... Après avoir considéré les choses comme des moyens ils n'ont pu croire que ces choses se fussent faites toutes seules : mais des moyens qu'ils ont accoutumé de préparer pour eux-mêmes, ils ont dû conclure qu'il existe un ou plusieurs maîtres de la nature qui ont pris soin de toutes choses en faveur de l'homme et ont tout fait pour son usage... Parmi tant d'avantages que fournit la nature, les hommes durent rencontrer nombre d'inconvénients, ainsi les tempêtes, les tremblements de terre, les maladies... Ils décidèrent alors que tous ces maux arrivaient parce que les Dieux étaient irrités des offenses que leur faisaient les hommes, c'est-à-dire des fautes commises contre leur culte. Et quoique l'expérience protestât tous les jours et montrât par une foule d'exemples que les biens et les maux surviennent indistinctement aux hommes pieux et aux impies, ils ne démordirent pas de leurs préjugés ».

Le problème était déjà posé avec beaucoup de force par la Bible : Job accablé de souffrances ne pense pas avoir offensé Dieu ni manqué à la Justice. Ses malheurs lui paraissent alors injustifiés, scandaleux. Pourquoi le juste souffre-t-il si Dieu est bon?

Pascal répondrait que c'est le péché originel, le péché d'Adam qui a troublé l'harmonie primitive de la création. Et nous, fils d'Adam, nous supportons le poids de cette faute. Mais en quel sens l'entendre? Nous pouvons d'abord penser que par suite des lois de la nature nous subissons les **conséquences** de cette faute lointaine. Mais comment Dieu a-t-il pu vouloir que l'innocent soit frappé? Il nous faut alors admettre que nous héritons non seulement les conséquences du péché primitif **mais la responsabilité d'Adam lui-même.** « Il faut, disait Pascal, **que nous naissions coupables** — ou Dieu serait injuste. » Mais quel sens peut avoir l'expression : hériter une responsabilité? Brunschvig discernait ici une **confusion entre la biologie et le spirituel.**

b) *Le mal est-il l'illusion d'un esprit fini?*

En fait il reste à la théodicée une issue : dire que le mal n'est qu'une apparence, une illusion qui trompe notre esprit borné.

Leibnitz, comme on sait, s'y est employé : le mal pour lui est relatif, il n'a de sens qu'en fonction du bien, dont il fait ressortir l'éclat. Ainsi dans le tableau du peintre, les ombres mettent les lumières en valeur. Et si nous sommes heurtés par des dissonances dans l'univers, c'est que nous n'entendons pas en sa totalité la symphonie cosmique. C'est la totalité qui justifie chaque événement du monde. Nous sommes choqués parce que nous ne voyons qu'un aspect du tableau, qu'un détail auquel l'ensemble seul donne son sens. Cet « optimisme » leibnitzien a été fort critiqué. En général, ses adversaires le traitent par l'ironie en se contentant — comme Voltaire dans **Candide** — de rappeler toutes les misères du monde et de mettre en valeur les plus révoltantes. Déjà à l'époque de Leibnitz, Malebranche faisant remarquer qu'il ne voyait pas en quoi des monstres comme des enfants sans cerveau pouvaient faire ressortir la musique de l'univers alors qu'ils ne vivent en général que peu de jours et « ne sont vus que de leur mère et des sages-femmes ». De telles critiques ne répondent pas aux arguments de Leibnitz qui explique l'apparence du mal par notre **ignorance.** Mais il est vrai qu'invoquer l'ignorance n'est pas donner une justification positive.

La solution de saint Thomas et de certains néothomistes est intéressante. Pour eux, le mal n'existe pas, au sens strict du mot exister. Car le mal est négation. La surdité est un mal mais c'est l'absence d'audition. La cécité est une triste infirmité, mais c'est l'absence de vision. De même, le péché n'est jamais dans ce qu'on fait, mais dans ce qu'on néglige. Tout ce qui est, en tant qu'il est, est bon et le mal est toujours absence d'être. M. Maritain dit que le mal est la « lèpre de l'absence » et le R. P. Sertillanges, reprenant une formule de Nietzsche, dit que « le diable n'est que l'oisiveté de Dieu ».

Mais pourquoi ce néant, pourquoi de l'absence, du vide dans la plénitude de l'être? La réponse à cette question impossible dans un système panthéiste est assez facile dans la perspective créationniste. Le monde n'est pas Dieu, le monde est créé, ce qui implique des limites, une frange de néant. Victor Hugo, dans les **Contemplations,** dit que lorsque Dieu créa le monde :

> « Il le fit radieux, bon, splendide, admirable
> Mais imparfait; sans quoi, sur la même hauteur
> La créature étant égale au Créateur,
> Cette perfection dans l'Infini perdue
> Se serait avec Dieu mêlée et confondue
> Et la création, à force de clarté,
> En Lui serait rentrée et n'aurait pas été. »

Le mal s'expliquerait donc en définitive parce que le monde n'est pas Dieu. Cette théorie, si elle justifie nos **limites** (nous n'avons pas un esprit infini par exemple), explique moins bien nos **souffrances positives.** N'eût-il pas été possible à Dieu que — tout en demeurant des créatures bornées — nous éprouvions moins de misères?

c) *L'abandon des théodicées*

Aussi toutes les théodicées sont aujourd'hui quelque peu démodées. Le croyant reconnaîtra simplement que le mal est **un douloureux mystère** que sa foi l'aide à supporter, mais dont il n'a pas la clef. Cette position affaiblit d'ailleurs singulièrement la preuve de l'existence de Dieu par la finalité et l'ordre du monde — dans la mesure où la présence réelle du mal dans le monde est reconnue.

Pour l'athée, en toute rigueur, le problème du mal ne se pose pas. Comme des théologiens l'ont remarqué avec pertinence, l'athée serait inconséquent s'il reprochait les misères du monde à un Dieu — auquel il ne croit pas. Tout au plus, l'athée pourrait-il reprendre la célèbre formule de Stendhal : « La seule excuse de Dieu c'est qu'il n'existe pas. »

3° L'ARGUMENT ONTOLOGIQUE

Cet argument a été exposé au XIe siècle par saint Anselme et repris par Descartes dans la **Ve Méditation.** Il consiste à déduire l'existence de Dieu à partir de la seule **idée** de Dieu. On peut l'exprimer très simplement sous la forme suivante : j'ai l'idée d'un Être parfait. Or, si cet Être n'existait pas, il ne serait pas parfait. Donc, il existe. Autrement dit : j'ai l'idée d'un être infini, qui a toutes les perfections ; l'existence en est une, il faut donc qu'il existe.

Saint Anselme critiqué par saint Thomas

L'argument de saint Anselme a été critiqué au XIIIe siècle par saint Thomas. Vous n'avez pas le droit, dit saint Thomas, de conclure d'une idée à une existence, d'un simple **concept** à un **être** réel. Ce serait passer abusivement de la **logique** à l'**ontologie.** Par exemple vous pouvez imaginer dans votre esprit des îles fortunées, des fées ou des lutins. Ce n'est qu'une idée et l'idée n'implique pas que son objet existe. Les îles fortunées n'existent pas, même si vous les rêvez. Sans doute, l'idée de Perfection n'est pas une idée comme les autres, elle est l'idée de l'Absolu, d'un Être qui a tous les attributs possibles. Et il faut bien accorder que l'**idée de l'Être parfait implique l'idée de l'existence de l'Être parfait.** Mais ce raisonnement ne nous a pas fait sortir du domaine des idées et il ne prouve nullement que le Dieu parfait existe.

Descartes critiqué par Kant

Kant a repris — contre la preuve ontologique de Descartes — des critiques analogues. L'existence, dit Kant, n'est pas une perfection, ce n'est pas un concept, ce n'est pas un attribut de l'objet à côté des autres. Il n'y a pas de différence entre le concept de « cent thalers » (disons de cent mille francs) dans votre imagination et le concept de « cent thalers » existant réellement dans votre gousset. Seulement dans un cas les cent thalers n'existent pas, dans l'autre cas ils existent. Et une existence n'est pas quelque chose qui se définit, qui se déduit, mais quelque chose qui se constate. Si je dis cette chaise existe, le fait d'exister ne se déduit pas de la définition de la chaise. Je ne peux pas tirer **par analyse** l'existence de la chaise de sa définition. L'existence ajoute au concept sa propre réalité. Kant exprime ceci en disant qu'un jugement d'existence n'est jamais analytique mais toujours **synthétique.**

La critique kantienne est-elle décisive contre l'argument cartésien ? On l'a contesté. Descartes, plutôt qu'il ne déduit l'existence de l'Être parfait de sa définition, fait **dans sa propre pensée l'expérience d'un Infini qui le dépasse.** Il ne part pas d'une essence abstraite pour en déduire abusivement une existence, il découvre en sa pensée la **présence** d'un Infini.

Toutefois ainsi présentée, la preuve perd une partie de sa portée. Car cet Infini que je rencontre ne se qualifie pas nécessairement comme Dieu personnel.

4° LES PREUVES MORALES

Beaucoup voient dans l'affirmation de l'existence de Dieu une exigence morale bien plus qu'une exigence logique. La croyance en Dieu, disent-ils, donne seule un sens à notre vie et satisfait pleinement notre conscience morale (1).

Kant par exemple, bien qu'il ait sévèrement critiqué les preuves traditionnelles de l'existence de Dieu, est amené à postuler cette existence pour des considérations d'ordre moral. Les conditions de vie en ce monde risquent de décourager l'honnête homme : bien souvent de très malhonnêtes gens jouissent d'une grande prospérité alors que des hommes qui ont fidèlement obéi à l'impératif du devoir ne sont pas épargnés par le malheur. Kant postule donc qu'un dieu justicier corrigera ce désordre dans l'au-delà et rétablira **l'harmonie souhaitable entre le bonheur et la moralité,** en punissant les « méchants » et en récompensant les « bons ».

Ce postulat inquiétait Brunschvicg. Ne risque-t-il pas de compromettre la pureté de la vie morale en réintroduisant indirectement le souci du bonheur, de l'intérêt sensible, de la récompense? Kant qui a tant insisté sur l'autonomie de la vie morale, son indépendance à l'égard de toute considération empirique, ne se trahit-il pas lui-même? Certes, il ne s'agit pas pour lui de fonder la vie morale sur des espérances métaphysiques, mais au contraire de postuler une métaphysique à partir des données de la conscience morale. Pourtant, cet appel au dieu justicier n'est pas pur de toute équivoque.

Les réflexions de Descartes sur l'idée de Perfection sont — sur le plan purement philosophique — plus profondes. On sait que les Méditations de Descartes partent du doute : or, douter c'est reconnaître ses limites, c'est se juger imparfait en fonction d'un idéal de perfection dont notre esprit prend conscience. Cet idéal de perfection, d'où peut-il venir? Pas du monde dont je doute encore, pas de moi-même dont je sens partout les limites. Ne porte-t-il pas le témoignage d'une présence — en moi-même — de quelque chose qui me dépasse? Cette contradiction entre mon être fini et l'absolu de mes exigences n'est-elle pas un chemin vers Dieu? « L'homme, disait un romancier contemporain, est trop grand pour lui-même. » L'idéal qui habite sa conscience — et qui pourtant la dépasse —, atteste peut-être la présence de Dieu. Mais une telle exigence demeure encore bien vague. Et beaucoup de croyants estiment que la méditation philosophique ne peut être qu'une préface à la reconnaissance de Dieu. Celle-ci exigerait une attitude différente, « d'un autre ordre », eût dit Pascal, qu'on nomme la foi.

---

(1) C'est la méditation sur les œuvres d'art qui conduit Proust à envisager la possibilité d'un autre monde. « Il n'y a aucune raison dans nos conditions de vie sur cette terre pour que nous nous croyions obligés à faire le bien, à être délicats, à être polis ni pour l'artiste cultivé à ce qu'il se croie obligé de recommencer vingt fois un morceau dont l'admiration qu'il excitera importera peu à son corps mangé par les vers, comme le pan de mur jaune que peignit avec tant de science et de raffinement... Vermeer ».

De même les notes magiques de la Sonate de Vinteuil enveloppent une promesse d'immortalité : Nous périrons peut-être mais « nous aurons pour otages ces captives divines... et la mort avec elles a quelque chose de moins amer, de moins inglorieux, peut-être de moins probable ». (Ce rapprochement nous a été suggéré par Pierre Dumont.)

5° LE PROBLÈME DE LA FOI

a) *La foi et la raison*

La foi, d'après Kierkegaard (qui représente ici une position extrême), se situe sur un tout autre plan que la raison, et même répudie tout à fait la raison. Kierkegaard est très hostile à la théologie savante; il oppose aux simples approximations du savoir rationnel la certitude vécue de la foi, il oppose à l'objectivité rationnelle cette décision personnelle de la foi : **« La foi, écrit-il, n'a pas besoin de la preuve, qu'elle doit regarder comme son ennemie. »**

Mais cette position est difficile à tenir. En effet, la foi ne se donne jamais comme une croyance vague, comme un théisme abstrait, mais **comme la croyance en une religion révélée.** Par exemple Kierkegaard a foi — c'est-à-dire a confiance — en ce qui est raconté dans les Évangiles. Il a foi en Jésus-Christ. Dès lors la foi — en acceptant le contenu d'une révélation — fait une place au savoir. Kierkegaard admettait que le chrétien doit au moins être sûr que Jésus a existé, ce qui est, comme le remarque très justement M. Gilson, adjoindre pas mal de « savoir » à la foi pure et simple. A ce niveau d'ailleurs, on sort de la métaphysique pour poser les problèmes sur le plan de l'Histoire. La valeur des « livres sacrés » doit être appréciée, comme dans le cas de n'importe quel texte du passé, selon les critères de la méthode historique. Mais en telle matière est-il possible d'utiliser la méthode historique sans idée préconçue, sans arrière-pensée? Par exemple, l'incroyant reprochera au croyant d'accepter comme témoignage valable des récits de miracles (alors que s'il s'agissait d'un texte « profane » tous deux s'accorderaient pour rejeter comme mythologique la narration d'un miracle). Le croyant répondra à l'incroyant qu'il ne faut pas rejeter **a priori** la notion de miracle, ce qui serait conclure avant d'avoir examiné.

b) *Le pari*

A ce niveau toute discussion devient inutile et certains penseront que croyance et incroyance ne peuvent être que l'objet d'une libre option, d'un « pari » à la manière de Pascal. Mais quelle que soit la valeur du pari et les objections que sa forme et son contenu soulèvent (1), il reste que l'acte de parier et la position même par l'homme de ce problème de Dieu témoignent sans conteste d'une exigence et d'un appel : « Tu ne me chercherais pas, dit le Dieu de Pascal, si tu ne m'avais déjà trouvé. » La conscience humaine, en tant qu'elle est dépassement, transcendance, appel à une « surexistence », ne révèle-t-elle pas, en elle-même, alors même qu'elle proclamerait l'absence de Dieu, Sa Présence secrète?

---

(1) A vrai dire le célèbre pari de Pascal, ou plutôt le pari que Pascal propose au libertin n'est pas une option désintéressée mais un pari de joueur. Si le libertin joue « croix », parie que Dieu existe, il gagne (Si Dieu existe) la vie éternelle et la béatitude infinie, et risque seulement de perdre les misérables plaisirs de sa vie actuelle. Cette mise ne compte pas au regard du gain possible qui est infini. Seulement, l'argument suppose que Dieu accepte le pari, que Dieu dit « je tiens ». Sans quoi, nous dit M. Souriau, le libertin « est comme ce fou : il voit une feuille, au fil de l'eau, hésiter entre deux côtés d'un caillou. Il dit : « je parie un million avec Rotschild qu'elle passera à droite ». La feuille passe à droite et le fou dit : « j'ai gagné un million. » Où est sa folie? Ce n'est pas que le million n'existe pas, c'est que Rotschild n'a pas dit : « je tiens. » (Cf. l'admirable analyse du pari de Pascal in Souriau, *L'ombre de Dieu*, p. 47 sq.)

Comme l'écrit magnifiquement Étienne Souriau : « Dans ce mode d'existence où s'effectue concrètement notre effort en son décours temporel et historique, c'est l'envers de la tapisserie qui nous apparaît, là où sont les nœuds, les rugosités, les effilochements, les incohérences fragmentaires. Mais la trame n'est pas absolument opaque. Mystérieusement des ombres et des lumières s'y promènent qui parfois la rendent assez translucide pour qu'on puisse de façon fugitive entrevoir en transparence la chose éclatante qui est de l'autre côté. »

LES IDÉES ESSENTIELLES

Le *théisme* affirme l'existence d'un Dieu transcendant, créateur tout puissant, conçu comme une Personne parfaite. Invoqué comme cause nécessaire du monde contingent, comme providence expliquant l'ordre du monde et surtout son évolution (au fil du temps il y a croissance de l'information), ce Dieu est nié par les *athées* et non-affirmé par les agnostiques. A l'invocation de la providence l'athée oppose la réalité scandaleuse et énigmatique du mal dans le monde.

En fait, il y a aujourd'hui deux formes d'athéisme : un athéisme classique qui prétend réfuter les « preuves » de Dieu, détruire l'argumentation théiste; et d'autre part un athéisme plus moderne qui rejette Dieu non pas tant comme conjecture invraisemblable mais comme le rival scandaleux de la liberté humaine : Nietzsche proclame simultanément la « mort de Dieu » et l'avènement du surhomme. L'homme fort et libre afin de « devenir ce qu'il est », de s'accomplir pleinement, rejette le fantôme d'un Maître et d'un Juge.

Pour les *panthéistes* Dieu n'est pas un maître transcendant, mais il est immanent à la nature. Le panthéisme, qui affirme littéralement que « tout est Dieu », refuse de distinguer Dieu et le monde, ce qui peut avoir le sens d'un mysticisme (Dieu seul est réel, le monde n'est qu'une illusion) ou le sens d'un simple athéisme déguisé (le monde seul est réel, le mot Dieu n'est qu'une étiquette posée sur le monde).

Des philosophes rationalistes du XIXe siècle (Lagneau) ou de la première moitié du XXe (Brunschvicg, Alain) se représentent Dieu d'une autre façon. Dieu c'est la valeur, ce qui doit être et non ce qui est, une exigence et non une existence. L'existence serait pour lui une sorte d'impureté. On renoncerait à l'existence de Dieu pour sauvegarder la divinité de Dieu.

Au dieu des philosophes et des savants il convient d'opposer le Dieu de la foi qui est posé non par une argumentation, mais par *un acte de confiance dans un message révélé* dans le livre sacré (la Bible, ou le Coran, ou les Vedas).

On peut aussi atteindre Dieu par le *pari*, non pas tout à fait le pari de Pascal (gâté par l'affreuse peur de l'Enfer — et non du néant — qui s'y dissimule), mais le pari du sens contre le non-sens. Si j'avais la preuve que Dieu n'existe pas, disait le R.P. Valensin, « je ne regretterais pas de l'avoir cru; je penserais que je me suis honoré en le croyant, que si l'Univers est quelque chose d'idiot, c'est tant pis pour lui; que le tort n'est pas en moi d'avoir pensé que Dieu est, mais en Dieu de n'être pas ».

LECTURES

R. P. SERTILLANGES	*La philosophie de saint Thomas* (Aubier).
René DESCARTES	*Méditations* III et V.
Baruch SPINOZA	*Éthique Livre I* (particulièrement l'Appendice).
Nicolas MALEBRANCHE	*Entretiens sur la métaphysique* (Entretien II).
David HUME	*Les dialogues sur la religion naturelle* (trad. Maxime David rééditée chez Pauvert, Coll. Libertés).
Emmanuel KANT	*Critique de la raison pure :* Dialectique transcendantale, livre II, chap. III.
Frédéric NIETZSCHE	*Le gai savoir* (Gallimard, coll. Idées).
Sigmund FREUD	*Moïse et le monothéisme* (Payot).
	L'avenir d'une illusion (Denoël et Steele).
Jules LAGNEAU	*Cours sur Dieu* (in *Célèbres leçons*, P. U. F.).
ALAIN	*Préliminaire à la mythologie*, Hartmann, *Les Dieux* (P. U. F.).
Édouard LE ROY	*Le problème de Dieu* (Art du Livre).
Léon BRUNSCHVICG	*Raison et religion* (P. U. F.).
Jean GUITTON	*Difficultés de croire* (Plon).
Étienne SOURIAU	*L'Ombre de Dieu* (P. U. F.).
Michel VERRET	*Les marxistes et la religion* (Éd. de la Nouvelle critique).
Alexandre KOYRÉ	*Du monde clos à l'Univers infini* (P. U. F.).
Claude BRUAIRE	*L'affirmation de Dieu* (Seuil).
Louis LAVELLE	*Morale et religion* (Aubier).
Claude TRESMONTANT	*Comment se pose aujourd'hui le problème de l'existence de Dieu?* (Seuil)
	Le problème de l'athéisme (Seuil).

TEXTES A COMMENTER

1. Du concours de ces *quatre* circonstances dépend donc la totalité ou la plus grande partie du mal de nature : si toutes les créatures vivantes étaient incapables de peine, ou si le monde était administré par des volitions particulières, le mal n'eût jamais trouvé accès dans l'univers; et si les animaux étaient doués d'une large provision de forces et de facultés, au-delà de ce qu'exige la stricte nécessité, ou si les divers ressorts et principes de l'univers étaient assez exactement construits pour conserver toujours le tempérament juste et le juste milieu, il y aurait eu nécessairement très peu de mal en comparaison de ce que nous ressentons effectivement. Que prononcerons-nous donc en cette occasion? Dirons-nous que ces circonstances ne sont pas nécessaires et qu'elles auraient aisément pu être changées dans l'agencement de l'univers? Cette décision semble trop présomptueuse pour des créatures aussi aveugles et ignorantes que nous. Soyons plus modestes en nos conclusions. Convenons que, si la bonté de la Divinité — j'entends une bonté telle que celle de l'homme — pouvait être établie sur des raisons *a priori* passables, ces phénomènes, si fâcheux qu'ils fussent, ne suffiraient pas à renverser le dit principe, mais pourraient aisément, de quelque manière inconnue, se concilier avec lui. Mais néanmoins affirmons que, comme cette bonté n'est pas préalablement établie, mais doit être inférée d'après les phénomènes, il ne peut y avoir aucun motif en faveur d'une telle inférence, quand il y a tant de maux dans l'univers, et qu'il eût été si aisé d'y remédier, pour autant que l'entendement humain peut être admis à juger en un tel sujet. Je suis assez sceptique pour convenir que les mauvaises apparences, nonobstant tous mes raisonnements, peuvent être *compatibles* avec des attributs tels que vous les supposez : mais assurément elles ne sauraient jamais *prouver* ces attributs. Une telle conclusion ne saurait résulter du scepticisme : il faut qu'elle provienne des phénomènes, et de notre confiance dans les raisonnements que nous en déduisons.

Voyez, autour de vous, cet univers. Quelle immense profusion d'êtres animés et organisés, sentants et agissants! Vous admirez cette variété et cette fécondité prodigieuses. Mais examinez d'un peu plus près ces existences vivantes, les seules qu'il vaille la peine de considérer. Combien elles sont hostiles et destructrices les unes pour les autres! Combien insuffisantes, toutes tant qu'elles sont, pour leur propre bonheur! Combien méprisables ou odieuses au spectateur! Le tout n'éveille pas d'autre idée que celle d'une nature aveugle, imprégnée par un grand principe vivifiant, et laissant tomber de son giron, sans discernement ni soin maternel, ses enfants estropiés et avortés!

Ici le système manichéen s'offre comme une hypothèse propre à résoudre la difficulté; et, sans doute, à certains égards, il est très spécieux, et présente plus de probabilité que l'hypothèse ordinaire, en ce qu'il donne une explication plausible de l'étrange mélange de bien et de mal qui paraît dans la vie. Mais si nous considérons d'autre part l'uniformité et l'accord parfaits des parties de l'univers, nous n'y découvrirons aucune marque du combat d'un être malveillant contre un être bienveillant. Il y a sans doute une opposition de peines et de plaisirs dans les affections des créatures sentantes; mais toutes les opérations de la nature ne s'accomplissent-elles pas par une opposition de principes, celle du chaud et du froid, de l'humide et du sec, du léger et du lourd? La vraie conclusion, c'est que la source originelle de toutes choses est entièrement indifférente à tous ces principes, et ne préfère pas plus le bien au mal que la chaleur au froid, la sécheresse à l'humidité, ou le léger au lourd.

Il y a *quatre* hypothèses possibles touchant les premières causes de l'univers : *qu*'elles sont douées d'une parfaite bonté, *qu*'elles possèdent une parfaite malice, *qu*'elles sont opposées et possèdent à la fois de la bonté et de la malice, *qu*'elles ne possèdent ni bonté ni malice. Des phénomènes mélangés ne sauraient jamais prouver les deux premiers principes, qui sont exempts de mélange. L'uniformité et la fermeté des lois générales semblent s'opposer au troisième. Le quatrième semble donc de beaucoup le plus probable.

(David HUME, *Dialogues sur la religion naturelle*, 11e partie, trad. David, P. U. F.)

2. L'univers n'est pas une machine. L'Univers est un processus évolutif, irréversible, et une intelligence placée par hypothèse il y a dix milliards d'années par exemple, alors que l'Univers était une nuée d'hydrogène avec un peu d'hélium, alors que les galaxies étaient en formation, ne pouvait pas prévoir l'invention du code génétique qui a eu lieu il y a trois milliards d'années — à moins de l'inventer, à moins d'être une intelligence créatrice. Une intelligence qui aurait connu intégralement le message génétique des micro-organismes monocellulaires d'il y a trois milliards d'années, ne pouvait pas non plus prévoir, ni déduire de ces premiers messages génétiques, les messages qui vont commander par la suite à la constitution du lion, de la girafe ou de l'homme — à moins de les inventer, c'est-à-dire, là encore, d'être une intelligence créatrice. Dans la perspective évolutive qui s'impose à nous, le passé et l'avenir ne sont pas symétriques par rapport au présent, en aucun moment de l'histoire de l'univers, car l'avenir est toujours plus riche en information que le passé, et il n'est pas possible de déduire l'avenir du passé, tout simplement parce que l'avenir n'est pas contenu dans le passé, ni en acte ni en puissance.

En cette seconde moitié du XXe siècle, le problème de l'existence de Dieu se pose donc de la manière suivante :

Le monde est un système évolutif, épigénétique, à information croissante.

Dans aucun de ses états, le monde ne peut rendre compte par lui-même, et seul, de la croissance de l'information qui s'opère en lui, et qui le porte à un degré supérieur de composition.

Même si on laisse de côté la question du premier commencement de l'Univers, il reste que l'Univers est un système constitué d'une série de commencements d'être dont aucun ne peut être expliqué par le précédent. L'antérieur ne suffit pas à expliquer l'ultérieur, précisément parce que au cours du temps il y a croissance de l'information.

Il faut donc admettre que l'Univers n'est pas un système clos, fermé sur lui-même et suffisant. Il faut admettre qu'il reçoit d'une manière continuelle de l'information créatrice. On peut convenir d'appeler « dieu » la source de cette information qui opère dans le monde mais qui n'est pas le monde.

Si le mot « dieu » ne plaît pas, on peut en choisir un autre. Cela n'a absolument aucune importance. On peut, comme Aristote le fit, prendre un terme plus abstrait, qui ne comporte pas de connotations affectives. Il reste que l'Univers, reconnu dans son évolution objectivement créatrice, c'est-à-dire une évolution qui représente au plan expérimental une création en train de se faire depuis des milliards d'années, l'Univers ne peut pas sans contradiction être pensé seul. Il ne peut pas être le seul être, ou l'Etre pris absolument. L'athéisme est une philosophie selon laquelle l'Univers serait un système auto-suffisant, et qui ne recevrait pas d'information, car, par hypothèse, il est le seul être. Comme le dit le fragment 17 d'Empédocle : *de qui recevrait-il de l'accroissement, puisqu'il est le seul être?*

Il faut donc, pour que l'athéisme soit pensable, que l'Univers soit un système éternel, sans croissance réelle d'information, sans évolution irréversible effective, ni déperdition. Cela aussi, Empédocle l'avait dit, après Parménide : *l'Univers ne doit pas périr, puisqu'il est l'Être.*

Or, justement, les sciences expérimentales nous montrent que l'Univers est un système qui constamment est en régime d'accroissement d'information, et que si, dans un système physique, biologique ou intellectuel, l'information n'est plus communiquée, le système tend par lui-même à se dégrader, à se décomposer, à retourner à la poussière, son état le plus probable.

L'athéisme s'est donc efforcé de nier constamment la genèse et la création en train de se faire, et cela avec acharnement. Car il est incapable de penser un monde en régime de genèse. Il lui faut un monde fixe ou cyclique. Il faut que l'Être, qui par définition est le monde, ne comporte ni accroissement, ni diminution...

Pour que l'athéisme soit possible, il faut qu'il n'y ait pas de création en train de se faire. Il faut que tout soit donné de toute éternité au sein d'une nature supposée éternelle et increéée. L'athéisme ne peut pas admettre le fait de la création en train de s'effectuer. Il s'efforcera, par tous les moyens possibles de nier ou de dissimuler ce fait. Il y parviendra de moins en moins, car la connaissance que nous avons aujourd'hui de l'histoire de la création manifeste d'une manière éclatante cette innovation constante, cette production continuée d'imprévisible nouveauté. »

(Claude TRESMONTANT, *Les problèmes de l'athéisme*, pp. 434-436, Éd. du Seuil.)

SUJETS DE RÉFLEXION, DE DISSERTATIONS OU DE DÉBATS

— Le panthéisme n'est-il « qu'un athéisme emphatique et solennel »? (Vinet).
— Le Dieu des philosophes et le dieu des religions.
— Comment comprenez-vous ce jugement de Nietzsche : « L'idée de Dieu fut jusqu'à présent la plus grande objection contre l'existence. Nous nions Dieu... par là seulement nous sauvons le monde »?
— Commentez cette affirmation de Descartes : « Un athée ne peut être géomètre ».
— Quelles réflexions vous suggère cette pensée de Lanza del Vasto : « Il ne suffit pas du tout à l'homme de savoir si Dieu est. Il veut savoir si Il est Quelqu'un et s'Il répond. »
— Pierre Lasserre écrit : « On croit en Dieu en vertu de ce qu'on aime, bien plutôt qu'en vertu de ce qu'on sait ». Qu'en pensez-vous?
— Pascal a écrit : « Athéisme, signe de force d'esprit mais jusqu'à un certain degré seulement. » A votre avis faut-il plus de force pour être croyant ou pour être athée?
— Peut-on affirmer l'existence de Dieu par l'exercice de la seule raison?
— Le problème du mal.
— Voltaire, penseur bourgeois (1694-1778), affirme que : « Si Dieu n'existait pas, il faudrait l'inventer ». Bakounine, anarchiste révolutionnaire (1814-1876), répond que : « Même si Dieu existait, il faudrait le supprimer ». Vous expliquerez et apprécierez ces deux opinions en vous interrogeant sur la conception de Dieu qu'elles supposent (sujet donné à Toulouse en juin 1952, série philosophie).

SUJETS DONNÉS AU BACCALAURÉAT DEPUIS 1977

— L'homme peut-il se passer de Dieu? (Toulouse 1977)
— La religion est-elle fondée sur la peur de la mort? (Dijon 1977)
— Les faits peuvent-ils quelque chose contre une foi? (Toulouse 1979)
— La religion a-t-elle besoin d'un Dieu? (Toulouse 1979 série B)

TABLE DES MATIÈRES

Berger-Levrault, Nancy — 779425-10-86.
N° d'éditeur : C 42156 (D.o. VII)
Imprimé en France — Dépôt légal : Octobre 1986